LES VOIES DE LA LIBERTÉ

MÉLUSINE MALLENDER

LES VOIES DE LA LIBERTÉ

Robert Laffont

Avec la collaboration de Marion Cocquet

ISBN 978-2-221-24317-6
Dépôt légal : septembre 2020
Éditions Robert Laffont – 92, avenue de France 75013 Paris

À ma mère et mon père,
à leur amour inconditionnel
qui m'a permis de prendre mon envol.
À Christian qui m'a accompagnée
dans mes décollages.
À Poupy.
Aux personnes aimées.
Aux rencontres qui m'ont appris
à chérir ma liberté.

Préambule

Enfin, je viens de quitter le poste-frontière. Ce fut long. Il a fallu ouvrir tous les sacs, y compris évidemment celui qui est tout en dessous, et un peu casse-pieds à ranger. Avec ma veste et mon équipement de moto, je commençais à avoir bien chaud sous ces 40 °C, même si j'affichais le sourire décontracté de la personne qui a tout son temps.

Mais j'y suis, ça y est : Ouzbékistan, me voilà ! Sur cette petite route d'asphalte mal entretenue au milieu du désert, je ne sais pas si je dois me sentir bienvenue. J'y suis totalement seule. Alors je roule.

Rafraîchie par la vitesse, je suis tout à la joie d'être dans ce nouveau pays. Je dois toutefois rester pragmatique, prendre les choses une à une : trouver de l'argent, trouver de l'essence dont je commence à manquer, puis trouver un lieu où je pourrai passer la nuit.

Mais après plusieurs kilomètres, pas un chat. Les Turkmènes ne doivent pas faire beaucoup de tourisme chez leurs voisins ouzbeks. Je n'ai aucune idée de l'endroit où trouver une station. Enfin, une personne apparaît au bord du chemin, qui marche du pas tranquille de ceux qui vont loin. Ouf, un marqueur de civilisation ! Essence !

Rencontre ! Je m'arrête à sa hauteur : l'inconnu affiche un large sourire et me tend spontanément la main. J'essaie d'ôter aussi vite que possible mon gant pour répondre à sa politesse, et il me secoue énergiquement le bras en me souhaitant la bienvenue dans sa langue.

Je soulève la visière de mon casque pour lui répondre comme je peux avec le même enthousiasme, en me demandant si *benzine* – essence, en russe – est un mot compréhensible ici. Le visage de l'homme se fige soudainement. Il a un regard horrifié et s'enfuit brusquement. La réaction est telle que je ne peux m'empêcher de regarder derrière mon dos, persuadée d'y trouver au moins une horde de vampires fondant sur moi. Mais rien. La plaine est désespérément vide.

Mon interlocuteur court toujours, en secouant sa main droite comme si elle le brûlait. Ah oui, bien sûr ! Il vient de toucher la quintessence de l'impureté : une femme. Avant que je ne soulève la visière de mon casque il n'avait pas réalisé, ni imaginé, que le motard puisse être autre chose qu'un homme…

Avec tout ça, je n'ai toujours pas d'essence.

Introduction

À l'heure où paraît ce livre, cela fait dix ans tout juste que je suis rentrée de ma première expédition solitaire à moto. Un parcours initiatique de quatre mois dont je n'avais aucune idée alors, qu'il allait déboucher sur un travail de longue haleine, sur une enquête de terrain autour de la notion de liberté : plus de cinquante pays traversés, deux cent mille kilomètres parcourus, quinze films et, surtout, des milliers d'interviews et de débats avec des femmes et des hommes de tous horizons pour tenter d'appréhender cette notion protéiforme, évolutive, complexe.

J'avais cinq ans quand j'ai décidé que le voyage ferait partie de ma vie : je serais hôtesse de l'air. Mais un stage a suffi à me faire comprendre que je m'épanouirais peu en étant serveuse à bord d'un avion, et personne ne m'a dit qu'une femme pouvait être pilote. Alors, j'ai fait comme tant de monde : j'ai voyagé pour mon plaisir ici et là, sac au dos ou pour des missions humanitaires, à côté de mon métier de costumière.

Un horizon qui a basculé en 2009. Après des années passées à le harceler gentiment, j'obtiens de mon compagnon d'alors, l'explorateur Christian Clot, qu'il accepte de m'emmener en expédition avec lui sur son terrain de prédilection : la Patagonie australe, à pied et en kayak. Drôle d'équipage : lui, un explorateur professionnel qui cumule déjà des années d'expéditions dans le monde entier ; moi, une novice qui n'a quasiment jamais campé en pleine nature.

L'aventure est cependant prodigieuse. Durant six mois, nous marchons dans les pampas arides en portant des charges lourdes et pagayons dans les fjords en luttant contre les vents et les courants marins. Je contemple les paysages sauvages et bleus des glaciers et connais des moments de pure grâce, comme ce jour où, durant trente minutes, un groupe d'otaries danse autour de nos bateaux. J'apprends à choisir un lieu de campement, à dresser une tente sur des amoncellements de moules, à allumer un réchaud malgré les bourrasques, à dormir très peu et à repartir chaque matin, jour après jour, quoi qu'il se soit passé la veille. Je découvre, aussi, le commandement de la nature : la loi du vent qui soudainement se lève et rend impossible une traversée, celle de la sécheresse qui rend infiniment précieux un ruisseau découvert par hasard, après des heures de marche dans une steppe désertique. J'apprends, le jour où une tempête me jette à l'eau et brise mon kayak, le jour où je manque de me noyer dans l'eau glacée, combien la vie peut être fragile. Au sortir de cette expérience, je sais que je ferai toujours tout pour survivre, et continuer. Quoi qu'il arrive. Cette certitude est un apaisement.

Lorsque je rentre en France, je suis certaine de vouloir repartir. Mais seule cette fois, à ma façon, pour vivre mes propres aventures. Non que Christian ait été de mauvaise compagnie, bien au contraire. Mais j'ai besoin de devenir pleinement l'actrice de mon destin, de mon projet. Alors, tout en reprenant mon métier de costumière et mes études de géographie sociale, je commence à préparer ma première expédition solo…

Ce livre raconte les trois premières expéditions que j'ai menées, les trois voyages qui m'ont forgée, chacun à leur manière, et qui m'ont amenée au travail que je poursuis depuis sur « les voies de la liberté ».

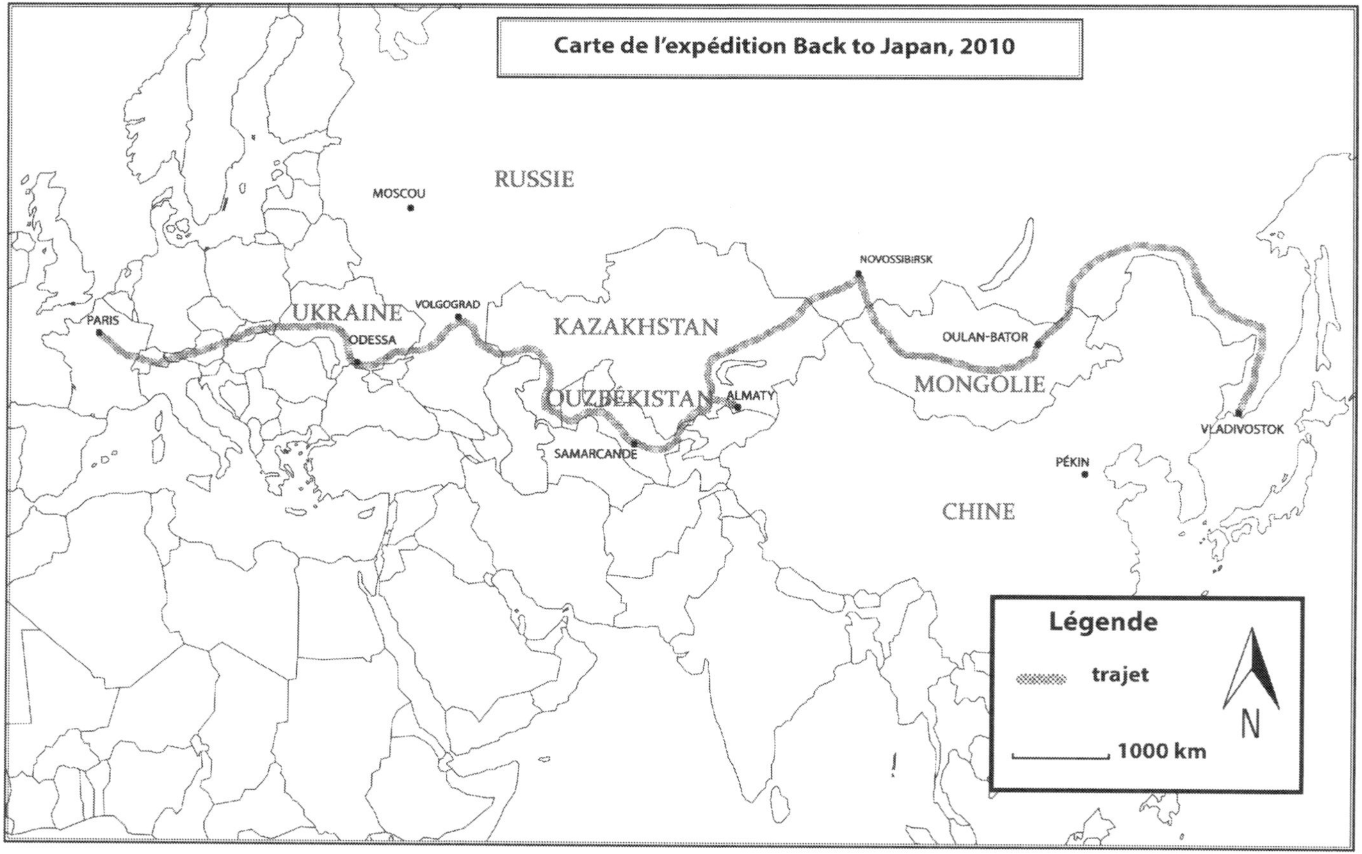
Carte de l'expédition Back to Japan, 2010
RUSSIE
MOSCOU
UKRAINE
PARIS
VOLGOGRAD
ODESSA
KAZAKHSTAN
OUZBÉKISTAN
ALMATY
SAMARCANDE
NOVOSSIBIRSK
OULAN-BATOR
MONGOLIE
VLADIVOSTOK
PÉKIN
CHINE
Légende
trajet
1000 km
N

Première partie

BACK TO JAPAN

1

Premiers tours de roues

J'ai pris la route le 5 juin 2010 pour un projet fou, inconscient, et qui me semble pourtant parfaitement évident. Comme si nous nous étions mises d'accord, elle et moi.

Elle, je le sais, c'est une machine, faite de métal et de plastique, roulant où je lui ordonne d'aller. Mais ses bruits, son odeur, sa « manière d'être » sont uniques. Elle m'accompagne depuis près de dix ans, depuis le premier tour de roues de ma vie d'adulte. Elle, c'est ma moto, ma Poupinette. Une 125 Varadero Honda, un modèle de série éprouvé avec lequel j'ai déjà fait cent dix mille kilomètres. Elle était là dans mes joies, dans mes peines, pour aller au travail ou à une fête, à minuit ou à midi, sous la pluie, la neige, le vent, dans les bouchons et dans les champs. J'ai tout transporté grâce à elle : des étagères, des chaises, des petits amis, des courses et même mon cochon d'Inde. Personne n'imagine un cow-boy sans son cheval, et mon cheval, c'était elle : ma moto.

Au fil des années, Poupy est devenue une partie de moi. La meilleure partie, peut-être, celle qu'entre toutes je chéris : la Mélusine indépendante, libre de prendre la route et d'aller où bon lui semble.

Le dernier garagiste en date ne veut plus en entendre parler : elle est bonne pour la casse, selon lui. À la poubelle, mon cheval mécanique ? Je suis horrifiée en l'entendant. C'est au-dessus de mes forces. Impossible : on ne met pas ses amis à la poubelle. Mais je suis aussi réaliste. Il est vrai que Poupy est en fin de course et donne des signes de vieillesse. Impossible de la donner : je ne me pardonnerais pas d'avoir provoqué un accident. Elle ne mérite pas non plus de pourrir dans un vieux garage ou de finir en cube d'acier. Je l'aime trop pour cela. Que faire, alors ? Cette année-là, je reviens de six mois en Patagonie avec mon compagnon Christian Clot, à marcher dans la pampa argentine et voguer en kayak tel un Kaweskar patagon. Grâce à Christian, j'ai appris à camper, à survivre. J'ai vingt-neuf ans, je suis costumière au théâtre et étudiante en géographie, je n'ai pas d'enfant et j'ai faim d'aventure. Qu'est-ce qui pourrait vraiment m'arrêter ? La réponse vient d'elle-même, lors d'une de nos chevauchées, pendant l'un de ces dialogues muets que nous avons, Poupy et moi. Et, sans que je m'en rende bien compte, cette litanie discrète se met à chanter plus fort. Il faut que nous partions ensemble, que nous fassions un dernier voyage, le plus loin possible, pour nous dire au revoir.

La destination elle aussi m'apparaît comme une évidence, parfaite dans sa logique : le Japon. La moto est une Honda : peu importe qu'elle soit fabriquée en Europe, son âme est japonaise. Je la ramènerai donc sur ses terres, pour qu'elle y rende son dernier souffle. Comme les saumons qui retournent frayer là où ils ont éclos, comme les éléphants qui partent à la recherche de leur cimetière. Le projet « Back to Japan » est né.

Ce rêve, songe agréable, devient rapidement une idée obsédante et un projet plus que sérieux. Je regarde la carte du continent. Entre le Japon et moi, il y a la Suisse, l'Autriche, la Slovaquie, l'Ukraine et la Russie avec Vladivostok tout au bout, tout à l'est, face aux côtes japonaises. Mais, quitte à partir si loin, j'ajoute le Kazakhstan, l'Ouzbékistan, la Mongolie dont j'ai toujours rêvé. J'examine les visas nécessaires, pays après pays, et fais le tour des ambassades. Au Japon, il n'est pas permis d'entrer à moto sans un document autorisant spécifiquement l'arrivée du véhicule. J'appelle les services de Honda en France, j'expose mes intentions. Au téléphone, on est serviable quoique un peu dubitatif : on m'assure que le nécessaire sera fait. Je suis euphorique.

Il s'agit maintenant de préparer la moto. Du garagiste qui jusque-là s'occupait de ma 125, il n'est plus question. Je n'ai aucune envie de l'entendre à nouveau me traiter de folle. Nous ne parlons pas la même langue. Tant pis. Je trouve un autre garage, Cardi. Lorsque j'arrive à l'atelier avec ma machine usée, expliquant qu'il s'agit de lui faire accomplir un très long voyage, Mehdi, le mécanicien, a un moment d'intense perplexité. À lui aussi, l'affaire paraît déraisonnable. Et puis, il éclate de rire : « D'accord, je vais t'aider. Mais tu vas commencer par la nettoyer, c'est une poubelle, ta moto ! » Je comptais juste faire changer les plaquettes de frein et vérifier l'état général, mais Mehdi m'accorde un cours de mécanique complet. Un bon moment.

Les gamins de la cité voisine passent à l'atelier regonfler leurs pneus de vélo, il y a de la musique.

Mehdi m'a réservé une station de montage et, entre deux réparations, il vient voir comment je me débrouille, corrige mes gestes. Avec ses acolytes Dom et Gérard, le patron, il me donne des conseils et des trucs, « utilise des bas de femme pour filtrer l'essence », « prends du gaffeur », « équilibre bien ton chargement »... Je tâche d'être attentive, je m'applique. Je suis une manuelle, mais j'ai peu de goût pour la mécanique et ces années avec ma Varadero m'ont appris que les ennuis arrivaient toujours au pire moment, si possible sous la pluie et dans la nuit. Pour remercier Mehdi, je lui demande ce qu'il veut que je lui rapporte du Japon : « Des sushis, pardi ! »

La moto est donc prête, autant qu'elle puisse l'être. Mais moi ? Je n'ai pas de quoi financer une expédition digne de ce nom et l'on m'a prédit que je n'arriverai pas au bout : j'achète une tente une place chez Decathlon, le premier prix, 39 euros, et je récupère le réchaud qui nous a servi en Patagonie. Je partirai avec mon vieil équipement de motarde – ma veste, mon casque, mon pantalon et les sacoches cavalières que ma mère m'a offertes pour transporter des courses.

Je n'emporte pas de pièces détachées, bien trop chères étant donné le pronostic de vie de ma moto. Je me débrouillerai en route avec la trousse à outils d'origine qui est sous la selle, celle qui m'a été fournie avec la moto neuve. Tant que la moto tiendra le choc, j'avancerai. J'achète un bidon supplémentaire pour l'essence et des sangles pour fixer les bagages, mon père m'en donne d'autres. Christian me prête sa caméra et une actioncam dont il se sert pour ses propres expéditions.

C'est le voyage de toute une vie, je veux en ramener tout de même des images.

Pour le reste, j'achète des cartes routières, pas de guides. Je me contente de photocopier, dans ceux que j'emprunte à la bibliothèque, les quelques pages consacrées aux choses à ne pas manquer et au vocabulaire de base : de quoi dire bonjour et merci, demander de l'aide, chercher où dormir, trouver à manger en mongol, kazakh ou ukrainien. Je profite de l'université pour prendre des cours de russe… C'est plus compliqué que je ne le croyais : au bout de six mois, j'arriverai à peu près à le lire mais saurai à peine bredouiller quelques phrases.

Des endroits que je dois traverser, je ne sais presque rien. Je veux aller à Samarkand, dont le nom me fait rêver, voir la mer d'Aral, traverser le désert mongol dont je crois déjà voir les yourtes et les chevaux.

C'est un projet paradoxal, au fond. Je sais vers où je veux aller, mais je ne suis pas sûre d'arriver au but. Mon destrier est fatigué, mais c'est avec lui que doit se faire la route. À trop rêver, à trop préparer un chemin qui pourrait ne jamais exister, je crains d'être déçue et de donner à mon aventure un parfum d'échec. En refusant de tracer un itinéraire, en me fiant au hasard et aux chemins de traverse, j'ai au contraire l'impression que je pourrai être libre de choisir à tout moment la route que je voudrai. Cet imprévu délibéré est à mes yeux la véritable aventure.

J'ai un GPS, mais je n'y ai chargé aucune carte, elles sont trop chères : l'appareil ne peut que donner la position de la moto sans indiquer de direction ni les routes. Un point dans le néant. Il me servira à juger de mon avancée et à donner par SMS ma position de camp, les soirs où j'aurai du réseau.

Mes amis trouvent l'idée curieuse, originale, un peu folle. Ils sont habitués à mes lubies : si certains doutent du projet, ils s'abstiennent de le dire. Christian, de son côté, m'accompagne de son mieux, efficace et discret. Il me donne des conseils mesurés, vérifie mon équipement, crée un blog pour que je puisse partager les images que je prendrai au fur et à mesure du trajet. Il comprend mieux que personne mon désir de partir. C'est rare et précieux, c'est ce que j'aime chez lui. Des femmes de marins ou d'aventuriers, il en existe. Des époux d'aventurières, bien moins. Chaque fois que je lui soumets une idée, à l'inverse de la majorité des gens qui relèvent d'abord les zones d'impossibilités, Christian me répond : « OK, mais comment penses-tu t'y prendre ? » et nous réfléchissons ensemble à la faisabilité de la chose. Après ce décorticage, il arrive que des projets soient abandonnés, ou que d'autres attendent leur heure, mais certains se réalisent. En l'occurrence, pour ce projet, la question n'est pas de savoir si je peux le faire, mais comment.

Ma mère, quant à elle, m'enveloppe de ses bras et de ses longs cheveux noirs. Elle se sent fière mais dit qu'elle n'a pas le droit de l'être : qu'il s'agit de mon aventure, pas de la sienne, et qu'elle n'y est pour rien. Elle dit aussi qu'elle s'inquiète déjà de ne pouvoir être là si j'ai faim ou froid, de n'être pas capable de me consoler si j'ai un chagrin. Mais ma mère a l'art de nous encourager, ma sœur et moi, sans peser sur nos choix. Elle nous a offert le plus bel amour qui soit, un amour inconditionnel dont nous savons qu'il sera là quoi qu'il arrive, dans les erreurs et les succès. Un amour sans compromis qui n'enferme pas, qui la fait souffrir lorsque ma sœur et moi sommes loin d'elle, mais l'aurait fait souffrir plus encore si nous nous empêchions de vivre nos rêves pour rester à ses côtés. Car, plus que tout, ma mère nous aime et nous veut libres. Sans doute est-ce là son plus bel héritage.

Mon père et elle nous ont transmis, aussi, leur curiosité envers les autres, une sorte de confiance première. Quand nous habitions dans les Landes, nous vivions dans une maison en lisière de forêt que mes parents ne fermaient presque jamais à clef – lorsqu'ils le faisaient, ils laissaient la clef derrière une grosse pierre – et notre jardin n'avait pas de barrière. La maison était ouverte aux amis de passage, aux travailleurs du bois qui campaient sur le terrain, aux gitans… À chaque Noël, mes parents organisaient un grand repas pour leurs amis privés de famille. Tout le monde avait sa place : la famille anglaise, les amis allemands, les femmes marocaines à qui ma mère donnait des cours, les voisins paysans landais, les collègues de l'usine où travaillait mon père. On y trouvait tout le monde, et chacun avait droit au même accueil.

Au moment du départ, ma mère m'offre un médaillon, avec sa photo et celle de ma sœur, un grigri pour me protéger et dire qu'elles sont avec moi. Je porte aussi une bague qu'elle avait achetée en triple pour elle, ma sœur et moi, deux mains portant un cœur. Elle me servira de fausse bague de fiançailles pour prétendre que je suis mariée et éviter les propositions trop pressantes. Je ne pars pas parce que je fuis, bien au contraire : je pars vers moi-même, et je peux le faire justement grâce à ma famille, à Christian, à mes amis très proches, qui sont là et qui m'aiment. Ils forment mon nid essentiel, ma véritable maison, et je pars pour mieux revenir vers eux : c'est parce que cette base de décollage est solide que je peux m'envoler.

Les derniers jours, je travaille d'arrache-pied au théâtre, à la faculté, et je peine un peu à réaliser ce qui m'attend. Je suis très fatiguée. La date est fixée au premier samedi de juin. Mon père, un motard lui aussi, a proposé de m'accompagner pour la première étape jusque dans le Jura suisse, chez les parents de Christian – ma deuxième maison. J'ai décidé d'y passer quelques jours et d'y prendre le temps de mieux m'organiser. L'idée est bonne : le matin même du départ, je m'aperçois qu'il me manque du fil de fer, une cale pour le pied de la moto et d'autres choses qui, tout à coup, deviennent indispensables. Plus ennuyeux, les affaires que j'ai jetées au hasard dans des sacs débordent de toute part : je peine à fermer le top case de la Varadero. Il va falloir que j'apprenne à ranger.

J'ai organisé, à midi, un pique-nique d'adieu au parc de la Villette. C'est une journée magnifique, nous avons apporté du fromage, des cerises. Nous sommes une douzaine. Ma famille, mes plus proches amis. Il est étrange de les laisser là, ensemble, quand ils sont venus pour me voir et que certains ne se connaissent pas. Étrange, surtout, de leur dire au revoir alors que j'ignore où je pars, et combien de temps. D'ailleurs je n'aime pas les séparations et je ne veux pas m'attarder. J'ai assez dit que je m'en allais, il est temps, la route est longue. À l'heure de quitter le parc, je suis excitée comme une enfant. Ma seule crainte est que la moto ne m'abandonne vingt kilomètres plus loin. Si j'atteignais la Suisse, au moins, l'honneur serait sauf : je serais arrivée hors de France.

Nous partons, par le chemin que j'emprunte tous les jours : ce fameux périphérique dont on m'avait dit que je ne le franchirais pas, puis la sortie sud à la porte d'Italie. Je suis heureuse de ce départ avec mon père, de n'être pas seule pour quitter Paris. C'est lui qui m'a appris à conduire. La route est belle. Nous passons la frontière à minuit et, dans l'instant, le GPS de mon père cesse de fonctionner. Nous nous perdons, tournons en rond, avant qu'un couple de motards ne nous donne la bonne direction. Lorsque enfin nous atteignons la maison, nos bras tremblent de fatigue.

Mon père repart dès le lendemain, avec cette phrase qui résume à merveille son optimisme, sa sagesse, sa tendresse aussi : « Tu sais, chéribout, dans le monde, les gens sont majoritairement sympathiques. Très peu posent problème, peut-être cinq ou dix pour cent. Essaie de ne pas tomber sur eux. Je t'aime. » Je ne sais pas si cela me rassure… Puis les parents de Christian s'en vont à leur tour en me laissant les clefs de chez eux. Après ces longs mois d'agitation et de rêve, la solitude est bienvenue. Je fais les dernières courses, je trouve dans le garage le fil de fer qui me manquait, j'organise et réorganise les bagages, charge et décharge la moto, monte et démonte la tente. Jusqu'au moment où le faire encore n'a plus de sens. Le soleil brille sur le lac en face de la maison. J'y vois un bon signe. Il est temps : je prends enfin la route. Seule.

2

Faux départ

C'est ce qu'en athlétisme on appelle un faux départ : une bévue initiale, capable de vous disqualifier pour le reste de la course et d'anéantir les efforts d'une année entière. Ce matin-là, le deuxième matin du voyage, je quitte de bonne heure le camping où j'ai passé la nuit. La journée est superbe, j'ai le cœur léger, je gravis pendant deux heures une jolie route de montagne puis je m'arrête pour acheter une paire de lunettes de soleil – j'ai perdu les miennes la veille, bêtement. Au moment de payer, impossible de remettre la main sur la petite pochette grise où je range ma carte bancaire, mes papiers, ceux de la moto. Je fouille les sacs, les vide, les retourne : rien. J'appelle le camping, cela sonne dans le vide. Je pourrais me gifler, je fonds en larmes. C'est absurde, idiot, rageant, impossible. Ma grande aventure ne peut pas s'arrêter là, en Suisse, dans ce paysage que j'adore mais que je connais par cœur, pour une sottise de rien du tout, parce que j'aurais été incapable de veiller plus de deux jours sur mes affaires. Je dois offrir un spectacle désolant à sangloter ainsi, seule sur mon talus.

Mais je n'ai pas de temps à perdre. Je dois refaire le chemin en sens inverse et, entre mes larmes, j'essaie de me concentrer sur cette route que j'avais trouvée si belle à l'aller, et que je prends cette fois le plus vite possible. Deux heures, deux heures la boule au ventre à faire le bilan de tout ce que contenait la pochette : argent, bien sûr, carte de crédit, passeport, visas (ceux de la Mongolie, de la Russie, du Kazakhstan, de l'Ouzbékistan, des documents que j'ai mis plus de trois mois à obtenir). En chemin, j'échafaude tous les scénarios possibles. Où est-ce que j'ai pu la poser ? Est-ce que je l'ai laissée par terre, en démontant ma tente ? Est-ce que je l'aurais laissée tomber sur la route ? J'essaie de scruter la chaussée, tout en gardant le rythme. Que faire si je ne trouve pas ma pochette ?

Au camping, nulle trace de mes papiers. Personne ne les a vus. Je m'assois. Autour de moi la vie sourit, et moi je suis désespérée. Je ne sais plus que faire. Tout ça pour ça !

Je me décide finalement à repartir, sans savoir encore dans quelle direction. Mais en passant devant les bennes à ordures, je me remémore soudain les gestes du départ, le poids qu'avait mon sac-poubelle lorsque je l'ai jeté. Trop lourd pour une peau de banane et une bouteille de plastique vide, me semble-t-il. Par chance, les éboueurs ne sont pas passés. Je me mets à farfouiller fébrilement parmi les détritus et là, miracle, je sens le Saint Graal dans le plastique noir d'un sac. Il est là, tranquille ! Je suis ivre de joie, morte de honte, fâchée après moi. Sur le moment, je me promets de ne jamais parler de cet incident.

Est-ce un acte manqué, le signe que je ne veux pas véritablement de ce voyage ou que je n'y suis pas prête ? Est-ce une simple étourderie que la fatigue explique ? Je suis en tout cas sûre de trois choses. D'abord, je suis épuisée d'avoir mené de front la fac, le travail et la préparation de l'expédition : il va falloir que je fasse attention. Ensuite, j'ai peur, évidemment. J'ai peur d'échouer, peur de me tromper. Mais j'ai aussi la rage de partir. Ces deux heures passées à fulminer contre moi-même et à chercher une solution pour continuer le voyage malgré tout me prouvent que c'est vraiment ce que je veux.

Je prends ainsi, à la dure, ma première leçon : toujours s'assurer de mettre les choses à la même place. Évidemment je dérogerai parfois à la règle. Mais j'apprends. J'apprends à glisser mes lunettes de soleil toujours dans la même poche (mais seulement après avoir perdu une deuxième paire), à ranger mes affaires toujours au même endroit (après avoir pesté pour trouver un petit pansement), à ne pas être fainéante lorsque j'accroche mes sacs (après avoir retrouvé la sangle d'attache, qui devait traîner par terre, coincée dans la chaîne de la moto – ce qui aurait pu aussi mal se terminer). J'apprends à ne pas laisser mes clefs sur la moto (toute une nuit, en plein Bratislava). J'apprends aussi qu'essence et nourriture ne font pas bon ménage et qu'il vaut mieux les ranger dans des sacs différents (après m'être fait un dîner de tablette de chocolat, le seul aliment à n'avoir pas été empoisonné). Mais je ne partirai plus d'un endroit sans avoir palpé mon porte-monnaie contre ma poitrine.

Très vite, je quitte la partie francophone de la Suisse. Les paysages changent. Les villages deviennent plus germaniques, mais les montagnes restent les mêmes, immuables. Je ne parle pas allemand, on parle peu anglais. Je me désole de ne pouvoir discuter avec les gens que je rencontre : ce cafetier volubile qui s'installe à ma table et me sert d'office des saucisses fumées, ou les nombreux motards que je salue d'un mouvement du pied.

Et la pluie arrive. Une pluie tenace, continue, qui rend les routes pénibles et parfois dangereuses. Avec mes sacs, j'ai une prise au vent terrible. Des rafales me bousculent, j'avance au ralenti en me maudissant de ne pas avoir choisi d'aimer une plus grosse cylindrée. Si j'en doutais, je sais maintenant avec certitude que mon vieil équipement n'est plus du tout étanche : je suis trempée et je le reste. Je roule, mange et dors dans une continuelle humidité. Le matin, je m'enveloppe les pieds de sacs plastique, avant de les fourrer dans mes bottes. Les camions qui me croisent achèvent de me couvrir d'eau sale. Rouler en soi n'est pas un problème, c'est dès que je m'arrête que je souffre de l'humidité. J'ai le visage brûlé par le vent et le froid, mes doigts sont flétris comme des pruneaux.

J'essaie de faire des pauses sous des abribus ou dans des stations-service couvertes, pour glaner un peu de répit sous cette pluie monotone. Je ne trouve pas de campings, moins encore de lieux sauvages et beaux où je pourrais planter ma tente. Les jardins sont soigneusement clôturés et les champs, peu engageants : les paysages puissants et ouverts de la Patagonie me semblent loin et le Japon inaccessible. Je suis partie depuis moins de deux semaines et il ne cesse de pleuvoir. Le même nuage lourd semble me suivre depuis que j'ai quitté Paris. « C'est drôle, il fait mauvais temps par chez toi », me dit un soir par texto mon père qui suit mon trajet en jouant les routeurs du Vendée Globe. Oui, drôle, quand on est au chaud. Ici, c'est usant.

Les pavillons succèdent à d'autres pavillons, les paysages de pluie à des paysages de pluie, le monde entier paraît repeint en gris et jaune. Les rues sont vides à cause du temps. Une terrible solitude s'installe, les doutes et l'inquiétude aussi. On me l'a assez répété : tu es folle, c'est dangereux, on va te violer, on va te voler, une fille ne voyage pas seule. Et si on avait raison ? De jour en jour, mon désarroi augmente et, avec lui, la peur de faire une mauvaise rencontre. Je ressasse les mises en garde que l'on m'a prodiguées, des images absurdes me viennent d'agression et de viol, à moi qui me pensais imperméable à ces propos. Un jour, en Autriche, alors que le soir tombe, je choisis de m'installer sous un petit pont complètement tagué, près d'une piste réservée aux piétons et aux cyclistes. Je guette les mouvements de la circulation et près des maisons alentour. Il est 21 h 30, rien, tout est silencieux. Mais est-ce bon signe, justement ? Si quelqu'un venait et m'étripait, est-ce que les gens sortiraient de chez eux ? N'est-ce pas en Autriche qu'une jeune fille a été séquestrée plus de dix ans dans une cave ? Je sais bien, pourtant, que tous les Autrichiens ne sont pas des fous dangereux. Mais exténuée, je deviens irrationnelle.

J'installe mon matelas par terre, directement sur le sol, et j'attache comme je peux à mon bras mon sac le plus précieux, celui où loge la caméra, en gardant près de moi mon couteau et ma bombe lacrymogène. Tous mes sacs sont en toile, et je commence à mieux comprendre pourquoi tant de motards au long cours ont des caisses qui, elles, se ferment à clef. Il y a peu de choses de valeur dans mes affaires, mais elles constituent toute ma maison, et j'ai besoin de tout. Je ne suis pas sereine, je suis même torturée d'inquiétude, mais j'ai vraiment sommeil : je finis par m'endormir, bercée par les bruits de la rivière.

Je sens d'un seul coup son haleine contre mon visage. Je me redresse, paniquée, mais il s'éloigne aussitôt, il est déjà loin. Un chien, un simple chien. Son maître arrive tranquillement derrière lui, et se fige en me voyant. Il a presque un mouvement de recul. Comme moi d'ailleurs, qui me ratatine contre le mur. J'ai les yeux dilatés, les cheveux en vrac, je suis sous un pont couvert de graffitis, la lumière du réverbère qui aurait pu être romantique est lugubre. Il me dépasse le plus vite qu'il peut pour retrouver son chien plus loin, je l'entends presque courir. Le pauvre, je l'ai pris pour un pervers, lui a dû me prendre pour une junkie.

Il est minuit et demi. Je suis nerveuse et l'idée de reprendre la route m'épuise d'avance. Mais rester là me semble impossible. Peut-être a-t-il appelé les flics pour qu'ils m'expulsent de ce hameau pavillonnaire si propret. Ou, pire, il va revenir pour me voler ou me violer. La fatigue me rend cette fois complètement paranoïaque.

Je lève le camp et, malgré la pluie, je cherche un autre endroit où attendre le matin. Je trouve refuge dans un parking désert à cent mètres en face, à côté d'un préfabriqué qui me cache un peu de la route. Je décharge entièrement la moto afin qu'elle n'attire pas l'attention et, alors que je me recouche, j'entends un bruit de moteur, une porte qui claque puis des voix dans une radio : je crois entendre « Central, central ». Je suis aux aguets, convaincue tout à coup que la police autrichienne me cherche et s'apprête à m'arrêter. C'est sûr, le promeneur l'a prévenue. Mais rien ne se produit. Qu'attendent-ils pour intervenir ? Je regarde ma montre, je compte les minutes. Dix, quinze, vingt. Ils sont idiots ou quoi ? Je suis toute seule, et je n'ai pour toute arme qu'un couteau et une mini-lacrymo…

Je décide d'en finir. Au pire je finirai la nuit dans un commissariat, mais je serai au moins au sec, et dans un endroit sûr. Je me lève prudemment et avance en direction des voix. Rien, personne. Je suis un peu désappointée, seule sur le parking. Où sont les quatre flics qui m'attendent avec leurs armes, où sont les trafiquants de femmes blanches ? Les échanges viennent d'une voiture. Je m'en approche – furtivement tout de même, on ne sait jamais. Et je comprends enfin : ce que j'ai entendu est une simple radio, que son propriétaire a oublié d'éteindre. Je ris et souffle un grand coup. Quel soulagement ! Je retourne me coucher : 2 heures du matin, il était temps. Au petit matin, la radio parle toujours.

L'affaire peut sembler risible, évidemment. Belle aventure, bravo ! Quel courage, quel bel esprit de débrouille ! Mais elle résume à merveille ces débuts chaotiques, mon sentiment de solitude, de stress qui m'empêche de vivre le voyage que j'avais tant désiré et le poids de mes peurs. Je sais que je dois me calmer, que je deviens folle à imaginer des violeurs, des voleurs et des agents de police derrière chaque buisson. Mais rien n'y fait. Alors j'avance.

Plus il pleut, plus je veux rouler. Conduire me donne l'impression de faire quelque chose, d'avancer vers mon but, et m'arrêter n'est pas confortable sous la pluie : j'ai froid et je me sens très seule. Dans le journal de bord que j'ai emmené, il m'arrive de raconter la beauté des cols que je franchis, les brumes sur les hauteurs, le soleil qui s'accorde parfois une percée – il ne me restera en mémoire que la succession de journées de pluie et de doute.

Je m'offre une courte période de répit, à Vienne : deux jours dans un camping où je peux enfin prendre une douche chaude, dormir sans crainte, laver mes vêtements, entendre mes proches, discuter avec mes voisins de parcelle. Je m'offre une pause touristique : je visite la ville, je vais au musée du Belvédère voir *Le Baiser* de Klimt. L'une de nos œuvres préférées, à ma mère et à moi : elle en a toujours eu dans sa chambre une reproduction. Je l'ai étudiée de près au cours de mes études de stylisme. C'est un émerveillement. Mais, sitôt Vienne passée, la pluie recommence, comme si le nuage m'attendait pour continuer aussi son chemin. Je décide de prendre la route de la Slovaquie : Bratislava n'est qu'à quarante kilomètres de là, et j'aurai au moins franchi une nouvelle frontière. Sauf que je prends la mauvaise direction, je ne sais même pas comment.

Je suis de nouveau perdue et m'en rends compte trop tard, alors que la pluie redouble. Je m'arrête à une station-service, découragée, dépitée, prête à haïr l'Autriche entière et tous les Autrichiens. À cet instant, cinq

Harley-Davidson portant des drapeaux irakiens, pétaradant et crachant à plein volume une musique arabe, semblent surgir de nulle part. Ils n'emmènent pourtant pas avec eux le soleil brûlant de leur désert... Les voyageurs, menés par le responsable de l'antenne Harley de Bagdad, se sont embarqués pour un tour d'Europe. Il y a une femme parmi eux – passagère ici, mais conductrice dans son pays. Les motards sont gentils, extrêmement gros et aussi déçus et trempés que moi : l'Europe éternelle dont ils rêvaient ne ressemblait décidément pas à ces routes pluvieuses. Autour d'un thé, nous nous échangeons nos astuces pour résister à l'humidité et au froid : ils me conseillent de subtiliser les gants en plastique proposés aux pompes, je leur montre mes fameuses chaussettes « sac-poubelle-gore-tex » nichées dans mes bottes. Le moment est improbable, drôle et léger. Je peux enfin parler anglais, raconter librement mon aventure et le cafard qui monte. Ils me parlent de leur pays, m'invitent à venir les voir. Lorsqu'ils repartent en chanson, une part de moi aimerait les suivre. Ou revenir quelques minutes en arrière, pour ne plus être seule.

Je finis par gagner la Slovaquie. Je n'ai pas l'intention de m'y attarder, pressée que je suis d'atteindre la frontière ukrainienne et, avec elle, celle de l'Europe. Malgré la rapidité avec laquelle je traverse le pays, je perçois combien il est divisé en deux univers. Des villes et des villages misérables donnant la brusque sensation d'être plongée dans une France d'avant-guerre : il y a peu de voitures, des groupes de jeunes gens circulent dans des charrettes tirées par des ânes ou des chevaux fatigués.

J'atteins le poste-frontière d'Oujhorod le 19 juin : les portes de l'Europe, ma première vraie frontière. Jusque-là, je n'ai fait que passer, aucun contrôle, rien. Une trentaine de camions font déjà la queue. La femme qui me reçoit est une caricature de policière : une sorte de doberman blond, aux yeux glacés. Elle serait jolie, sans doute, si elle voulait sourire. Mais elle garde un visage dur, aboie des ordres que je ne comprends pas sans se soucier de les traduire, compulse mes papiers avec dégoût, hurle de plus belle en me voyant m'asseoir sur le bas-côté pour remplir les documents. Les formalités n'en finissent plus. Enfin ça y est, je peux entrer en Ukraine, l'Europe est derrière moi.

Même lorsqu'elles ont résisté aux assauts du stalinisme, même lorsqu'elles sont charmantes, les villes ukrainiennes ont un visage d'abandon : elles sont malmenées, dégradées, tout se désagrège et s'écroule. Les routes et les champs sont bordés de mauvaises herbes, et manifestement pas par souci d'écologie. Je finis, de nouveau, par camper où je peux. Ce qui d'ailleurs, en une occasion, me vaut de vivre ce que j'avais si fort redouté en Autriche : l'arrivée de la police, au milieu de la nuit. Des voix m'ordonnent de quitter la tente. Je sors une tête ébouriffée et tombe nez à nez avec un tout jeune agent. Il semble perplexe. « Seule ? » Oui, je suis seule, je n'accompagne pas un gang de trafiquants de motos. Il semble presque déçu, consulte un instant mes papiers et finit par s'en aller. Décidément, les *frantsuky* sont des gens curieux…

Les panneaux en cyrillique résistent à mon faible niveau de russe : je continue de me perdre tandis que cette satanée pluie qui persiste et me suit repeint tout en gris, en triste, en morne. Un après-midi, j'entre dans un village dont je ne sais pas le nom. Personne dans les rues, évidemment. Qui voudrait être dehors ? J'aperçois pourtant un homme qui marche d'un pas pressé, sous un parapluie. Lorsque je le hèle pour lui demander ma route, il monte précipitamment dans sa voiture, et démarre en trombe comme si j'allais l'agresser. Ma tête est bouffie par la fatigue, mon ukrainien proche de zéro, je ne peux pas lui en vouloir.

Les larmes me montent cependant aux yeux. Je me sens vraiment très seule, à présent. Je reprends la moto, fais quelques kilomètres de plus. Mais à quoi bon, si je ne sais pas où je vais ? Je m'arrête au bord de la route, sous un grand arbre dont j'espère qu'il me protégera un peu même si, à ce stade, il semble évident que l'intégralité de mes affaires sont trempées. Je ne pense pas à faire demi-tour, la pluie passera, j'en suis persuadée. Mais elle m'use, effrite mon humeur. Je frissonne, je dois avoir l'apparence d'un petit animal transi et perdu. Où suis-je ? Je ne sais plus, et la question n'est d'ailleurs plus guère géographique.

Une voiture s'arrête à mon niveau, et la fenêtre passager s'ouvre. J'y passe la tête. L'homme est joufflu, les cheveux courts, le regard perçant, un peu dur. Il m'aboie un chapelet de phrases que je ne comprends pas et me demande avec trois bouts d'anglais et de russe ce que je fais là. « Je ne sais pas. » Où est-ce que je vais ? « Je ne sais pas. » Pourquoi est-ce que je suis seule ? Je hausse les épaules. Je lui fais le geste de la tente avec mes mains : est-ce qu'il saurait où je peux trouver un camping ? Il fait ce geste universel de la main qui signifie : « Suis-moi. » Il le répète plusieurs fois, jusqu'à ce que j'accepte. Qu'ai-je à perdre ? Tout, sans doute : il peut m'attirer dans un guet-apens, et me faire disparaître comme un rien. Mais l'épuisement me rend apathique, et je suis si perdue, si incapable de savoir quoi faire, que je me résous à lui faire confiance. Je note tout de même le chemin que je suis, les intersections, les choses remarquables, j'essaie de mémoriser son numéro de plaque, au cas où, mais mon cerveau est tellement fatigué que je n'arrive même pas à l'imprimer dans ma tête.

Quinze minutes plus tard, nous roulons toujours et l'inquiétude augmente. Je repense à ma mère qui me disait d'un ton de menace de ne jamais suivre un inconnu. Je visualise tous les scénarios possibles. Comment négocier un demi-tour serré et prendre la fuite ? Est-ce qu'un coup de casque bien fort, en pleine tête, serait capable de l'assommer ? Mais il faudrait alors que je reparte très, très vite. Est-ce qu'il m'emmène chez un garagiste, parce qu'il pense que j'ai un problème avec la moto ? Ou à un poste de police, pour que les autorités m'aident ? Toujours sous cette maudite pluie, nous prenons un petit chemin de terre environné de maisons : je calcule sur le compteur les kilomètres qui me séparent de la route goudronnée.

Manifestement, c'est plutôt chez lui que m'emmène l'inconnu. Il s'arrête devant une porte de jardin en bois, sort de la voiture, vient vers moi en me faisant en effet comprendre que c'est sa maison. Je suis de plus en plus sceptique, de plus en plus tendue : je décide de le remercier et de repartir. Mais, en balayant le jardin du regard, j'aperçois des jouets pour enfants, un vieux tricycle en plastique vert. Surtout, attirée par le bruit, une vieille dame surgit sur le perron. Une femme aux cheveux nuageux entourés d'un fichu et au regard étonné, mais qui m'adresse un grand sourire et crie immédiatement à son fils de me faire rentrer au chaud. Ouf, je ne suis pas chez un tueur psychopathe mais chez un vieux garçon.

Vassa, divorcé et père d'un enfant de deux ans qui vit avec son ex-femme, a bâti sa maison à côté de celle de sa mère, sur le terrain familial. Il y a construit un garage immense, une salle de bains somptueuse, un salon luxueux… mais pas de cuisine. C'est sa mère, Maroussa, qui s'occupe de lui faire à manger dans sa propre maison pourtant dépourvue d'eau courante, et qui ne compte guère qu'une pièce servant à la fois de salon et de chambre. J'ai à peine le temps de m'en étonner que l'un et l'autre prennent la direction des opérations. Vassa installe la Varadero dans son garage, me montre la baignoire dont il est très fier, la machine à laver, le lit, la bouilloire, la télévision, et m'offre des chaussons. Sa mère, elle, entreprend de me nourrir. De m'engraisser, plutôt : elle prépare du riz cuit dans de la graisse de porc qu'elle enroule dans des feuilles de chou, insiste pour y ajouter de la crème, puis davantage de graisse, et s'assure que j'ai pris assez de sucre avec les fraises du dessert. Elle me sert ensuite du thé brûlant, tout en continuant de s'agiter et d'invectiver en ukrainien sa cuisine mal commode et son fils empoté, décidée à prendre soin de moi du mieux qu'elle pourra. Une grand-mère véritable, une *babouchka* de roman. Je souris, je les regarde, je me laisse aller, j'ai le sentiment double, paradoxal, d'enfin être en voyage tout en étant parfaitement chez moi. C'est bien cela que je cherchais, c'est ainsi que j'entendais l'aventure. Pas d'exploits, non, des vies toutes simples qu'il me serait permis de partager un moment.

Le soir venu, installée dans l'immense salon de Vassa, je m'endors veillée par une madone en plastique au bleu électrique et sous un plaid zébré : les seules fantaisies de cette pièce aux murs marron. Elle semble tellement vide comparée au salon de la babouchka où s'entassent tous les trésors de sa vie et de sa famille…

Le lendemain, alors que je m'apprête à reprendre la route, Vassa m'assure qu'il a consulté la météo et qu'il va se remettre à pleuvoir. Il est plus sage d'attendre, selon lui. Il n'y aura pas une goutte de la journée, pas plus que le jour suivant lorsqu'il renouvellera ses prédictions et ses conseils. Il en profite pour me faire visiter sa région, la plus belle du monde à ses yeux. Je parviens en effet à la trouver charmante, à présent que je suis reposée et que la pluie a cessé. L'Europe me semble loin. Les gens paraissent ici vivre dehors, au bord des routes où des enfants et des vieilles femmes vendent ce qu'ils peuvent : des fraises, des champignons, les mirabelles de leurs jardins. Cela me fait du bien d'être prise en charge, d'être juste dans la voiture de Vassa à contempler le paysage et de ne plus avoir à décider du chemin.

Vassa me raconte sa vie et sa séparation, me présente à ses amis, finit par avouer à demi-mot des activités louches. Il est un peu trafiquant, expert en voitures et en motos volées, et je dois confesser un moment de méfiance lorsqu'un de ses « associés » me demande si j'ai avec moi les papiers de la Varadero. Nulle crainte à avoir, pourtant. Maroussa continue de me nourrir tant qu'elle peut, Vassa de jouer au guide touristique. À sa façon de me regarder, à sa manière de me proposer de rester plus longtemps encore, je sens pourtant qu'il faut partir. Lorsque, le soir, j'annonce ma décision, Vassa semble déçu. Il aimerait que je reste, et puis la pluie va recommencer, et puis la Russie est dangereuse, un pays de sauvages...

Mais je suis déterminée. Passer là un jour de plus enverrait un message trop confus. Vassa râle, essaie de me faire peur, me menace presque en disant que les hommes, chez lui, ne laissent pas leurs compagnes partir seules : nous sommes des dégénérés, si j'avais été sa femme il m'aurait interdit un tel voyage et m'aurait volontiers flanqué une raclée. Je laisse passer l'orage, un peu désolée. Vassa m'a montré le meilleur de lui-même, mais il ne peut pas comprendre qui je suis. Ma soif de liberté lui apparaît comme une lubie un peu exotique dont je serai bien forcée de guérir un jour. Il refuse d'admettre que le vent qui m'a poussée jusqu'à chez lui m'oblige à continuer mon chemin.

Le lendemain matin, la pluie a en effet repris, mais je reste sur mes positions. Vassa s'isole, pleure, se fâche et boude : une véritable scène de ménage. Maroussa quant à elle, fidèle à son poste et à sa tâche nourricière, me prépare un panier de pique-nique bien garni, m'incite à être prudente, m'ordonne de manger en suffisance. De sa fenêtre, lorsque je démarre, elle fait un signe de croix. Vassa est malheureux, je le sais, c'est le cœur gros qu'il m'ouvre la porte de son jardin pour me laisser partir. Je suis triste moi aussi de lui causer du chagrin, j'espère qu'il trouvera une compagne douce mais ferme avec qui il pourra partager sa vie.

Vassa m'a offert un merveilleux cadeau : il m'a ouvert sa maison, son foyer. Il m'a appris à ne pas avoir peur de lui et, à travers lui, à ne plus craindre l'autre. Je suis prête, enfin, à baisser la garde et à accepter le hasard des rencontres. Je repars libérée. Au revoir, Vassa.

3

Entre fichus et minijupe

Il est 16 heures, mon heure fatidique : comme le vampire qui doit absolument retrouver son caveau au lever du jour, il me faut à tout prix chercher un endroit sûr pour y passer la nuit avant qu'il ne fasse trop sombre. Je suis en pleine campagne ukrainienne.

Il y a deux femmes au bord d'une route, près d'un village. La plus âgée doit avoir soixante-quinze ans. Elle a un fichu, un œil aveugle, des dents en or et tient une vache au bout d'une corde. La plus jeune, une petite quarantaine d'années, a un visage souriant et la tenue, jupon et tablier, que j'ai vue souvent dans les villages du pays. J'ai quitté Vassa et Maroussa le matin même, l'après-midi est déjà avancé : je m'arrête, retire mon casque et vais à leur rencontre pour leur demander si je peux camper dans les parages ou, mieux, près de leur maison.

Elles sont mère et fille, aussi petites l'une que l'autre, le visage également bruni et abîmé par le travail au grand air. La babouchka fait la moue. Une fille prête à dormir seule au bord d'un chemin ne lui dit rien qui vaille. Elle commence par me demander si je suis mariée. Bien entendu, quelle question ! Je montre la bague : je suis une femme honnête, pas une gourgandine. Puis combien je propose – sa fille la rabroue : « Maman, enfin ! » Enfin, si je suis bien sûre de ne rester qu'une nuit – évidemment, je ne dérangerai pas, je partirai le plus tôt possible. La fille continue de sourire en faisant gentiment le reproche à sa mère de ses mauvaises manières. La babouchka garde l'air méfiant et renfrogné, mais elle consent enfin.

Elles m'emmènent chez elles : deux fermes côte à côte, un potager, une grange où la grand-mère boucle soigneusement la moto à l'aide de chaînes et de cadenas. Les maisons sont modestes, dotées de meubles vieillis mais robustes, sans fioritures inutiles.

J'ai souvent été surprise de la façon dont on m'a accueillie à l'étranger : comme si j'étais attendue par ceux qui me recevaient, comme si ma place à table avait été prévue de longue date. Et c'est le cas chez ces femmes. Sitôt la porte passée, je fais partie de la famille. La grand-mère si suspicieuse l'instant d'avant se fâche même lorsqu'elle me voit préparer la tente dans le jardin, comme si je lui avais fait injure : je dormirai auprès d'elle, dans la pièce unique qui lui sert de chambre et de salon et où il y a deux lits. Puis arrivent ses trois petites-filles : Olga, Svet et Katia, respectivement âgées de quatorze, douze et sept ans, conduites par leur mère. Pas trace d'homme : les deux fermes forment, pour l'heure, un petit gynécée où cohabitent trois générations de femmes.

Nous préparons ensemble du bortsch[1] et des raviolis à la viande pour le dîner du soir. Les aînées se coiffent,

1. Soupe de betteraves ukrainienne.

se recoiffent et font des mines devant la glace ; la petite dernière, intimidée d'abord, se met à tourner autour de moi et de la babouchka avec mille commentaires. Leur mère semble heureuse que ses filles rencontrent une étrangère et, toujours souriante, elle s'essaie à un peu d'anglais en leur faisant démonstration de l'intérêt des langues vivantes.

J'ai emmené avec moi un jeu de Uno, un jeu génial, aux règles simples, qui ne nécessite pas de longues explications en russe ou en ukrainien. Après le dîner, je vais chercher mes cartes, et nous entamons une partie, attablées autour de la toile cirée. La babouchka aide la petite qui gigote sur ses genoux, se prend au jeu, finit par s'amuser autant que les autres. Lorsqu'elle s'en va dormir, les gamines rient de ses ronflements, puis font mine d'ouvrir la fenêtre en disant que leur grand-mère sent la vache.

Le lendemain matin, elles m'emmènent faire un tour complet du village. Leur tour à elles, le décor de leur vie quotidienne : la rivière où elles vont se baigner en été, le ponton d'où elles font des plongeons, l'arbre près duquel elles retrouvent leurs amis et organisent des fêtes secrètes, la carrière où a travaillé leur père que je n'ai toujours pas aperçu et que je ne verrai pas. Elles me montrent aussi des photos d'elles à la fête du village : Olga porte une jupe très courte et des talons très hauts. Elle semble extrêmement fière de son look qu'elle trouve très glamour : je ne partage pas son point de vue mais son enthousiasme m'amuse. Lorsqu'en fin de matinée j'annonce que je m'en vais, la babouchka paraît surprise et même attristée, elle qui m'avait fait jurer que je ne m'attarderais pas. Partir déjà ? Mais pourquoi ?

Est-ce que je suis bien certaine de ne pas vouloir rester quelques jours de plus ? Je cherche à lui laisser un billet, ma contribution aux frais de la maison. Elle refuse d'y toucher et je finis par le poser discrètement sur le réfrigérateur, dans un coin de la cuisine.

Je prends la direction d'Odessa. Je regretterai un peu de n'être pas restée davantage, mais j'ai hâte d'avancer et de trouver une connexion Internet qui me permette de parler avec Christian. Je découvre une ville très pauvre et même un peu sordide malgré sa réputation de joyau du XIXe siècle, ses belles demeures et le fameux escalier monumental du *Potemkine*.

Le film qui lui a donné son nom est pour moi une référence cinématographique et son sujet, outre son aspect historique, est aussi une leçon de vie. La mutinerie du cuirassé *Potemkine* est causée au départ par de la viande avariée servie à l'équipage. La souffrance de trop : si l'on mange bien ou ce que l'on aime, on peut accepter beaucoup de choses. Et en voyage, c'est la même chose, c'est très important pour le moral. Pour ma part, je fais bien attention à ne jamais manquer de chocolat et de Coca : c'est mon carburant. Chacun sa drogue. J'ai emporté avec moi un réchaud et des ustensiles qui me permettent aussi de me faire un thé chaud et de cuisiner à tout moment avec du sel et des Kub Or pour relever l'ordinaire. Avec un peu de pain et des pâtes chinoises, cet invariable menu me suivra sur une très large partie du voyage. Il me convient très bien, pour peu qu'il soit entrecoupé d'un bortsch, de temps à autre. J'ajouterai plus tard du miel et quelques épices à mon kit personnel de survie gastronomique.

En ville, fichus et tabliers se mélangent aux mini-jupes, décolletés plongeants, talons hauts et maquillages outranciers. La mode me semble d'abord curieuse, pour tout dire assez criarde, et je repense au regard plein de fierté d'Olga en me montrant ses photos. Après avoir visité le centre et tous les anciens tanks de la ville, je pars. Vers Mykolaïv, dans un restaurant de bord de route où je me suis arrêtée boire un Coca et manger des biscuits apéritifs – le morceau de gras que l'on m'a proposé ne me tente qu'à moitié –, je rencontre un groupe d'Ukrainiens qui m'invitent à leur table. Il y a là deux hommes seuls, et un couple d'une trentaine d'années accompagné d'une petite fille de six ou sept ans. Le chef de la troupe est un monsieur très rouge et bedonnant, dont je comprends qu'il est le patron du père de famille, Sergueï. Le troisième homme est l'un de ses amis. Ils me proposent de passer la soirée avec eux : ils me feront goûter des spécialités, j'aurai un toit pour la nuit. Entendu. Mais, une fois chez le patron, le couple et l'enfant s'en vont sans que je comprenne bien s'ils ont l'intention de revenir. Me voilà seule avec deux inconnus, qui commencent à boire de la vodka. Beaucoup de vodka. Et j'assiste, impuissante, au naufrage de la si sympathique soirée. Ils me proposent de l'alcool, une fois, deux fois, trois. J'invente des arguments – un ami mort d'un accident de voiture après avoir trop bu –, en me demandant comment diable je réussirais à m'en aller si cela tournait franchement mal puisque la moto a été enfermée dans leur garage. Le patron, toujours plus alcoolisé, finit par s'écrouler sur la table qui se renverse dans un grand fracas de verres brisés. Il se tord de rire, son camarade aussi. Je suis toute prête à paniquer, cette fois… mais le couple réapparaît, comprend vite que je ne tiens pas à m'attarder et m'invite chez lui.

Nous allons ensemble à leur appartement. C'est un îlot de douceur dans un HLM sinistre : de jolis meubles, un intérieur douillet. Sergueï et sa femme sont tout ronds et tout blonds. Il travaille dans la construction navale, elle est infirmière. Lisa, la petite, une sorte de brindille à longues jambes, n'est pas la fille de Sergueï mais il la considère comme telle, et prend soin d'elle comme un père. Ils m'installent un lit confortable, et me proposent à leur tour de la vodka : décidément, ce n'est pas une légende, seuls l'alcool et le thé semblent être admis dans ce pays, il doit y avoir un problème sanitaire avec l'eau ! Le lendemain matin, tous deux partent en me laissant seule avec Lisa, sans m'expliquer où ils vont, ni s'assurer que je pourrais les joindre. Ils me font décidément confiance. La petite est aux anges. Nous passons la matinée à jouer ensemble : elle virevolte d'une pièce à l'autre en me faisant répéter après elle le nom ukrainien de chaque objet, éclatant de rire à chaque fois que je m'emmêle les pinceaux.

Au retour de ses parents, nous parlons de nouveau de l'aventure. Sergueï veut tout savoir. Il est passionné de motos lui aussi et rêve de voyager : je le vois contempler la brave Poupy avec une pointe de mélancolie, et la lui confie pour une courte virée dans leur cité. Rien n'a été dit et sa femme est toujours chaleureuse, mais je la sens inquiète, stressée. Comment lui en faire reproche ? Elle l'aime, mais la vie est rude : elle ne gagne qu'un quart de son salaire à lui. Les femmes, en Ukraine, sont payées deux fois moins que les hommes, au bas mot : leur survie financière dépend souvent de la présence auprès d'elles d'un compagnon capable de subvenir aux besoins d'un foyer. La séduction, la jeunesse, les codes vestimentaires un peu tape-à-l'œil, la beauté du corps deviennent des outils dont il est tout naturel de se servir, sans d'ailleurs que cela annule toute sincérité de sentiment.

Plus Sergueï s'enthousiasme devant ma moto et mon aventure, plus je sens le sourire de sa femme se crisper. S'il prenait l'envie à son homme de prendre la route pour vivre ses rêves et s'il la quittait, ce n'est pas seulement son couple qui se briserait, mais son équilibre entier : la cellule familiale qu'elle a conquise et construite, qui lui permet de prendre soin de sa fille et de mener une vie qui ait un peu de douceur.

Je choisis de ne pas m'attarder. Il me reste d'ailleurs un gros morceau de l'Ukraine à traverser encore, avant de gagner la Crimée.

Il continue de pleuvoir par intermittence, mais le voyage me semble différent. Parce que je parviens à bredouiller un peu de russe, parce que je perds moins mon chemin, parce qu'il est plus facile de faire des rencontres dans ce pays où les gens vivent en partie dehors, et surtout parce que je n'ai plus peur. Cette peur dont je n'avais pas eu vraiment conscience au moment du départ et qui me polluait, ce nœud d'angoisse des quinze premiers jours a disparu. Je m'arrête dans des bouis-bouis de bords de route où l'on m'accueille bien, je plante ma tente près de villages ou de maisons, sans plus me soucier du mauvais temps ou des rôdeurs.

Plus loin, alors que je m'approche de la ville portuaire de Skadovsk, je traverse un paysage de campagne assez plat, jauni par les chaleurs d'été, et longe un étroit canal. Je quitte la route principale pour passer la nuit dans la campagne, et traverse un hameau. Trois ou quatre rues, deux épiceries, personne dans les rues.

Sur le perron d'une maison coquette, entourée d'un jardin, j'aperçois une jeune fille qui balaie le sol sans conviction, alanguie, songeuse, un peu lourde comme sont les adolescentes avant que n'apparaissent les premières grâces féminines. Il y a, devant la grille, un morceau de terrain enherbé qui serait parfait pour la nuit. J'appelle la jeune fille, je lui demande avec mes quelques phrases de russe et de grands gestes des bras si je peux camper là. L'air mollement étonné, elle part demander l'autorisation à sa mère. C'est d'accord, elle m'offre même du thé. Je suis ravie : il fait doux, l'endroit est charmant et je m'installerai près d'une famille, l'assurance d'une nuit tranquille.

Alors que j'achève mon installation arrive le père, un petit homme maigre et brun, manifestement contrarié, presque fâché. « Qu'est-ce que c'est que ça, qu'est-ce que tu fais là ? » J'essaie d'expliquer que j'ai demandé l'autorisation, que ce n'est que pour une nuit, juste le temps de dormir. Il m'interrompt, appelle sa fille à qui il semble passer un savon en ukrainien, tout en me faisant signe de remballer mes affaires. Décidément, il n'est pas content, et je m'inquiète déjà de devoir trouver un autre abri à cette heure du jour. Où est-ce que je vais bien pouvoir dormir ? Il aboie : « *Inside ! Neighbours !* » Je finis par comprendre la substance du discours : « Rentre à la maison, il est hors de question que tu dormes dehors. Que vont dire les voisins ? Que nous ne sommes pas capables d'accueillir les étrangers ? »

Je m'apprête à m'installer dans le jardin, il s'agace de nouveau : « Mais non enfin, laisse ça, tu dormiras avec ma fille. » Décidément, j'ai toujours tout faux.

Et me voilà de nouveau en famille. Je fais faire aux filles un tour de moto, les grandes me racontent leurs histoires de garçons, Julya ses anecdotes d'enfant. Le soir, je bois du cognac avec les parents. J'ai à ce point le sentiment d'être chez moi que, l'année suivante, repassant par cette partie de l'Ukraine, je reviendrai naturellement sonner chez eux, accueillie par de grands cris d'enthousiasme et d'étonnement.

La frontière russe n'est plus bien loin. Lorsque je sors d'Ukraine et traverse la Crimée, je décide d'aller vite. Je file sur les autoroutes avant d'apercevoir l'immense statue de Volgograd, l'ancienne Stalingrad : une femme, épée à la main, ordonnant de la suivre à une armée invisible. Je songe à y aller faire des images, mais le monument semble s'éloigner à mesure que j'en approche et des cordons d'immeubles gris m'en séparent : je renonce, la steppe m'appelle. Je poursuis, je roule encore. Enfin, le Kazakhstan.

4

Seule

Au fil de mes voyages, j'ai découvert qu'il existe plusieurs lois fondamentales, propres à l'expédition en solitaire. Par exemple celle, triviale mais caractéristique, que je pourrais appeler « Si je fais pipi, quelqu'un surgit » : il suffit d'avoir envie de faire ses besoins et de commencer à s'accroupir dans un lieu tranquille pour que quelqu'un déboule de nulle part. C'est une règle immuable, tellement infaillible que, j'en suis sûre, s'il m'arrivait d'avoir un souci mécanique en plein désert, je n'aurais qu'à me déboutonner pour obtenir de l'aide.

À la frontière du Kazakhstan, je fais l'épreuve d'une autre loi : chaque peuple considère son voisin comme un barbare. Vassa l'Ukrainien m'avait mise en garde contre les Russes : des mafieux, des bandits, des armes et des « pan pan » partout. Le Russe qui me reçoit au poste-frontière quant à lui ne peut pas croire que je m'aventure chez les Kazakhs. C'est un homme ventru, aux yeux enfoncés. Il examine mes papiers, me regarde, regarde la moto. Il me demande d'abord si je transporte de la drogue. « *Niet.* » Est-ce que j'en suis bien sûre ? J'ignore s'il arrive que des trafiquants répondent par l'affirmative mais *niet*, pas de drogue dans mes bagages (si l'on excepte le Coca, qui a priori n'est pas répertorié par les autorités). Est-ce que j'ai une arme ? « *Niet.* » Pas d'armes, vraiment ? Ça devient agaçant. Il sort de sa guérite et se met à tourner autour de la Varadero, en me faisant ouvrir chacun des sacs. Pas le moindre petit flingue dans mes bagages, pas même un minuscule pistolet ? Il me montre le sien, pour s'assurer que j'ai bien compris. Et puis, il explose : « Mais tu es folle ! Tu veux voyager au Kazakhstan sans arme ? Toute seule ? Mais c'est dangereux ! Il y a des loups, ce sont des voleurs, des sauvages, il ne faut pas y aller, tu vas te faire agresser ! » Bien qu'elle soit illégale en France, je lui montre ma mini-bombe lacrymo pour le rassurer, mais il me regarde atterré, presque malheureux pour moi. C'est ainsi que je découvre la loi du voisin infréquentable.

Mes premiers pas au Kazakhstan tendent à donner raison au garde-frontière, cela dit. La soirée est déjà avancée lorsque j'entre dans la steppe et, malgré la fierté que j'ai d'être arrivée si loin, je dois chercher aussitôt un endroit où dormir. J'aperçois quelques kilomètres plus loin une sorte de grande maison basse, autour de laquelle s'agglutine un groupe de femmes et d'hommes, avec une file de camionnettes remplies de pommes de terre. Plusieurs semi-remorques sont garées sur le terrain sablonneux qui lui fait face, les cultivateurs chargent leur récolte. Des tables sont installées sur la terrasse de la maison, où les chauffeurs et les producteurs font leurs comptes en buvant du thé. J'approche, on me reçoit bien. Le gardien me montre le dortoir, une douzaine de lits bas aux épaisses couvertures de laine, et me propose d'y passer la nuit plutôt que de monter la tente près du bâtiment comme j'en avais l'intention : ce ne serait pas faire preuve d'hospitalité que de me laisser coucher dehors. La journée a été longue, cela me convient. J'accepte une tasse et vais me coucher sans demander mon reste.

Évidemment, j'aurais dû plus vigilante. Évidemment, j'aurais dû demander si les familles que je voyais attroupées là restaient elles aussi pour la nuit. Et, évidemment, les posters de dames blondes très dévêtues aux postures alanguies qui décoraient le dortoir auraient dû attirer mon attention. Mais il semble qu'à mon excès de méfiance des premières semaines ait succédé un excès de naïveté et de confiance. Au milieu de la nuit, alors que je dors du sommeil du juste, je sens que l'on me touche un genou. J'ouvre un œil, le gardien Ahmed est devant moi. Très en joie, vêtu en tout et pour tout d'un maillot de corps et d'un caleçon douteux.

Mais pourquoi est-ce qu'il me réveille ? Est-ce qu'il y a un problème ? Je fais un rapide check-up, tous mes sacs sont sous mon lit, à leur place. Et, ouf, je suis entièrement habillée, j'ai eu le bon sens de rester en jean dans mon sac à viande. Je m'assois sur le lit, un peu sonnée par son babil, et je m'aperçois que je suis toute seule avec lui. Il parle en regardant au niveau de mes seins. Ma polaire est ouverte, je la referme. Il est minuit, dehors il n'y a plus un bruit, personne, et le patron s'en est allé. Quelle imbécile que suis !

Ahmed entame des explications que je ne comprends pas et finit par me tendre son téléphone, où il lance une vidéo. Sur l'écran, la tour Eiffel apparaît. « Paris ! » Oui, Paris, très beau, sublime. Puis une jeune femme blonde à béret et lèvres pulpeuses entre dans le champ, et entame un strip-tease en poussant des gémissements et des soupirs. Formidable, j'avais justement envie d'un film érotique au milieu de la nuit, entre deux chargements de patates. Les images valent mieux qu'un long discours, mais même si j'ai compris, c'est toujours non. Ahmed insiste tout de même pour me demander de me mettre à l'aise, d'enlever ma polaire, de me déshabiller comme lui, puis plus directement, avec des mimes sans ambiguïté, si je n'ai pas envie, là maintenant, de faire l'amour avec lui. « *Niet.* » Je le dis le plus durement possible. Son air de déception et de surprise me laisse pantoise : il paraît ne sincèrement pas comprendre qu'une Française seule en voyage puisse refuser une relation sexuelle avec un homme tel que lui. Lui en a envie, pourquoi pas moi ? Je continue de dire non, de plus en plus fâchée, et il finit par abandonner la partie.

En réalité, il ne va pas loin : son lit est dans la même pièce que moi. Zut. J'attache ma lampe frontale à ma main et place à ma portée mon couteau et ma bombe lacrymo : peut-être faudra-t-il faire preuve d'un peu plus de fermeté. Une heure plus tard, le revoilà qui me touche à nouveau le genou, s'assoit tranquillement et me propose un bol de bière : il tient absolument à ce qu'on trinque. Peut-être me manquait-il un peu d'alcool pour être convaincue ? Peut-être n'ai-je pas bien compris le sens de la vidéo ? À moins que cela ne fasse partie du rituel des femmes françaises en quête d'aventure exotique : dire non d'abord, pour le principe, et accepter ensuite ?

Je sors dehors en furie, et je me rends compte que je suis vraiment seule avec cet individu. Il ne reste, dans la cour, qu'un seul poids lourd qui attend probablement le lendemain pour terminer son chargement. Avec un peu de chance, le chauffeur est dans la cabine en train de dormir… mais, avec un peu de malchance, il est susceptible d'avoir les mêmes idées que mon collègue de dortoir. J'hésite donc à aller lui demander de l'aide. La moto est enfermée dans le garage, verrouillé par un gros cadenas. Je montre la porte à Ahmed et lui signifie que je veux partir. Il ouvre des yeux horrifiés. Hors de question que ma moto bouge : elle est en sécurité, elle doit rester là, son patron ne va pas être content. Son patron, j'aimerais bien aller lui parler, lui qui m'avait promis une nuit tranquille.

J'essaie de planter ma tente au-dehors, tandis qu'Ahmed se désole : me laisser dormir dehors est contraire à l'hospitalité, ce n'est vraiment pas bien. Étant donné qu'il n'a pas l'air de saisir que le concept d'hospitalité ne comprend pas la demande sexuelle – le harcèlement est une notion qui lui échappe, visiblement –, j'essaie une autre tactique et explique qu'il y a des moustiques, et que je ne peux pas rester à l'intérieur. Il sort des spirales d'encens et me jure que je dormirai tranquille. Je suis épuisée, le sol est dur comme de la pierre, aucune sardine n'y entre et je commence à croire qu'il a compris : je capitule.

J'enfile tout de même mon pantalon de moto pardessus mon jean et ma veste, malgré la chaleur étouffante – je rêve d'être en T-shirt et short… –, et je replace mon attirail à portée de main, avec ma lampe frontale. Pas impossible que j'échappe au viol, mais possible que je finisse par crever de chaud ou intoxiquée par les produits antimoustiques. J'ai oublié ma gourde dans l'un des sacs de la moto, et il n'est pas question que je boive sa bière. Je veille comme je peux, couverte de sueur. Je l'entends ronfler, je m'assoupis. Une heure plus tard, même grattement au niveau du genou. Cette fois, j'allume ma frontale en grand, pour éblouir complètement Ahmed et l'obliger à reculer un peu. Que se passe-t-il encore ?

Au moment où il me prend la main, je la retire prestement. Ça suffit, je vais aller voir le chauffeur. Au point où j'en suis, je n'ai plus le choix : c'est ma dernière cartouche. Je sors, il me rattrape… pour se mettre presque à genoux, implorer Allah et me jurer qu'il va me laisser tranquille. Nous retournons dans la pièce, il se met au lit et me fait comprendre qu'il y restera : l'argument du chauffeur était le bon, manifestement.

Maintenant, je suis bien réveillée. Je me pose mille questions. Si finalement cet homme m'agressait, qu'est-ce que je ferais ? Je me défendrais, bien sûr, je suis plus grande que lui et je pourrais avoir le dessus. Mais si je le blessais, il pourrait devenir très violent… Si je le tuais – il faudrait bien sûr que j'insiste un peu, avec mon petit couteau –, est-ce que j'irais en prison ? Que vaut ma parole, ici ? J'ai accepté de dormir dans cet endroit, on dira que c'est moi qui l'ai provoqué. J'ai un flash du film *Midnight Express* qui me fait froid dans le dos. Mais hors de question de me laisser faire non plus alors qu'il m'est impossible de partir : je ne sais pas où sont les clefs du cadenas qui ferme le garage. Je suis coincée là et j'attends, j'attends encore, vaseuse, espérant que le jour éclipsera les projets érotiques de mon voisin.

À 6 heures, dès que la lumière paraît, je sors toutes mes affaires. Je veux être prête à partir dès que possible. Ahmed, lui, dort en caleçon, tranquille, les jambes écartées. Lorsque enfin il se réveille et sort me rejoindre, il me salue de l'air le plus innocent du monde, me fait un grand sourire et va préparer le petit déjeuner en me demandant si j'ai bien dormi. Comme s'il ne s'était rien passé. Comme si nous étions bons amis. J'ai l'impression de devenir folle. Sans doute n'a-t-il pas même eu conscience de me harceler. Ici, seul compte le désir de l'homme. Cela me fâche beaucoup.

Les voilà donc, les fameux dix pour cent de mon papa ! Ils ne sont pas tous ainsi, mais, à cause d'eux, être une femme seule en voyage suppose une vigilance constante. La mésaventure que j'ai vécue est celle qu'au fond toute femme redoute : rencontrer un homme qui n'écoute que son désir et ses pulsions. Cela peut se produire sur le chemin de la maison, dans le métro ou, pire, chez soi. Trop souvent, les sociétés et les religions tendent à brosser l'idée d'hommes soumis à leurs désirs et de femmes tentatrices, qui sont donc en partie, sinon totalement, responsables de leur agression. Le principe évident qu'une femme agressée sera toujours la victime et l'agresseur le coupable s'en trouve ainsi dévoyé, dans de trop nombreuses cultures ou éducations. Pourtant, je refuse de me priver d'aller vers les autres, je refuse de vivre en ayant peur comme je l'ai fait au tout début de mon voyage. Mais je vais devoir apprendre à composer avec le risque des mauvaises rencontres.

Savoir déceler avant lui ce que l'autre peut désirer. Ce n'est pas toujours aisé. Un homme peut être adorable puis, sous le coup de l'alcool, devenir incontrôlable, comme mes amis ukrainiens. Et essayer de désamorcer de telles situations n'a rien de facile lorsqu'on est timide, gentille, ou simplement enthousiaste. J'en fais une nouvelle fois l'expérience un peu plus tard, à quelques kilomètres de la frontière ouzbèke.

Je viens de dresser mon camp un peu en retrait de la route, près d'un puits, et je bois des yeux le paysage lorsque surgit une camionnette. Un tout jeune homme au visage plein, aux traits asiatiques et aux cheveux très noirs en sort, ravi de me voir : Bibeuth. Nous échangeons quelques mots, tant bien que mal. Il m'explique que son frère habite à quelques centaines de mètres, derrière la colline où je suis installée, et qu'il s'apprêtait à le rejoindre : il me propose de passer l'après-midi avec eux. Je suis la camionnette à moto. Le frère est là en effet, avec sa femme et ses enfants. La maison est une sorte de construction en béton, au sol en terre battue, qui a un petit carré d'herbes desséchées où vadrouillent en liberté des poules et quelques chèvres. L'après-midi est agréable, je joue avec les petits, regarde la télé en buvant du lait de chèvre avec eux. Je rentre en fin de journée au campement et je contemple longuement la steppe alors que le soir tombe, pendant que des dromadaires s'approchent pour boire au puits. Je savoure pleinement le moment et le lieu. C'est magique.

À 4 heures du matin, je suis réveillée par le moteur d'une camionnette. Petit stress. La camionnette s'arrête à côté de ma tente. Grand stress. J'enfile en vitesse mon surpantalon de moto sur mon jean avec lequel je dors, et vérifie que mon couteau est bien là. La porte de la camionnette claque. Des pas. Je mets mes bottes. On m'appelle : « Mélissa, Mélissa[1]. » Bibeuth ! Sa voix montre qu'il a fortifié son courage par la boisson. Bon, je pense pouvoir le raisonner quand même. Je passe la tête par la porte de ma tente. Mon sang se glace. Bibeuth est debout devant ma tente et trois autres types sont devant la camionnette. Une immense colère s'empare de moi. Le lâche.

Sans surprise, il me demande s'il peut venir dormir avec moi. Je tente une réponse rationnelle : je lui montre ma tente, il n'y a pas de place pour deux. Très créatif, Bibeuth propose que nous nous installions à côté pour nous faire un petit câlin. « *Niet*, rentre chez toi. » Il se retourne pour discuter avec ses copains. Cette fois, j'ai très peur. J'ai beau être costaude, je ne suis pas de taille à résister à quatre garçons en pleine force de l'âge. J'en profite pour sortir et me camper fermement devant la tente.

Échaudée par l'épisode du gardien de pommes de terre, j'avais pourtant expliqué, plus tôt dans la journée, que mon mari me suivait, qu'il avait mes coordonnées GPS et s'apprêtait à me rejoindre. Je l'interpelle pour lui rappeler son arrivée prochaine. Mais Bibeuth ne semble pas comprendre que je n'ai envie de l'accueillir ni dans, ni à côté de la tente. Les camarades de Bibeuth me font comprendre que, si leur copain ne me convient pas, ils sont tout prêts à se proposer. Je pourrais en rire si je ne vivais pas la situation. Je réfléchis aux solutions possibles et je n'en vois qu'une : rapidement, je prends

1. C'est, avec Milou, le prénom que je donne souvent aux étrangers, plus facile à prononcer que le mien.

mes sacs les plus précieux et m'engage sur la piste en criant à Bibeuth que je vais demander à son frère ce qu'il pense de sa proposition. Le garçon me rappelle, un peu effrayé. Cette fois, la méthode fonctionne. « Mais non, on s'en va, on est désolés, on s'en va. » Et l'instant d'après, la camionnette s'éloigne.

C'est bien plus tard que je repenserai à cette histoire avec plus de nuances. Dans cette partie du pays, il n'y a guère que quelques mines d'uranium et des gisements de pétrole. Ces quatre jeunes vivent perdus au milieu de la steppe, isolés de tout, plongés dans un absolu désert affectif et sexuel. Leurs quelques bribes d'éducation sexuelle viennent des récits de leurs camarades, à quoi s'ajoutent peut-être la fréquentation de quelques prostituées et le visionnage de films porno – des films mettant le plus souvent en scène des Occidentales. Une jeune femme venue de nulle part à moto plante sa tente dans la steppe et se sent bien seule, lorsque tout à coup arrive une camionnette pleine d'hommes… ce pourrait être le pitch d'un film érotique amateur.

Ai-je manqué de prudence ? J'ai longuement parlé de mon mari, c'est vrai, mais, en revoyant plus tard les images, je me rends compte que, lors de la séance photo devant la maison de son frère, Bibeuth a passé son bras autour de mes épaules, rapproché sa tête de la mienne. Le geste m'a semblé anodin sur le moment, amical. Mais c'était beaucoup d'émotion pour un si jeune garçon, qui n'a connu d'autres femmes que sa mère, sa belle-sœur et sa nièce, et dont les perspectives de découvrir l'amour avec une petite amie sont à peu près nulles. Les bons copains et l'alcool ont rendu la chose possible dans son imaginaire : à 3 heures du matin,

Bibeuth devait se dire qu'il n'y avait aucune raison pour que je refuse. Il a tenté sa chance.

Son intrusion est inacceptable, c'est certain, mais en acceptant ses bras autour de mes épaules et en refusant de dormir plus près de la maison, j'ai envoyé un message ambigu sans le vouloir. Il me faut admettre que certains hommes sont éduqués dans l'idée que les femmes ne disent pas non. Je ne peux pas changer leur éducation, pas au premier abord en tout cas : je suis obligée d'agir en conséquence.

J'apprends donc à éliminer toute ambiguïté. Une femme seule qui se balade est naturellement étiquetée « aventurière de l'amour » dans bien des endroits, a fortiori si elle vient de Paris, capitale de Cupidon et du Moulin-Rouge. Je prends soin d'affirmer ma respectabilité de femme « mariée » avec une fermeté qui ne laisse pas de place au doute. Mais quelle gymnastique de garder le sourire en maintenant une certaine distance, de passer son temps à rappeler que l'on n'est pas disponible, à essayer de calquer au mieux son comportement sur celui des autres pour éviter les impairs ! Cela ne s'apprend pas en quelques kilomètres…

Après avoir quitté le hangar aux pommes de terre après ma nuit d'enfer avec Ahmed, j'étais épuisée, nerveuse et très en colère contre lui et contre moi. Je me suis arrêtée un peu plus loin, devant une sorte d'abribus absurdement planté au milieu de la steppe. Sous son ombre maigre, trois chatons perdus avaient trouvé refuge, qui miaulaient tant et plus. L'un, surtout, se frottait contre mes jambes. Je l'ai pris dans mes bras, et lui ai raconté entre deux caresses les événements de la nuit. Mon besoin d'affection était tel, ce jour-là, que je songeais même à lui faire un logis dans ma sacoche avant. Je me suis confiée à la caméra, aussi : à mesure que les jours passent, elle devient une confidente, une alliée, l'amie qui me manque dans les moments difficiles. Je peux déverser toutes mes peines devant elle. Une fois dites, je peux les mettre de côté, et reprendre ma route.

Une route qui me procure beaucoup de plaisir. Pour la première fois depuis mon départ de Paris, je suis tout à fait dépaysée. La frontière russe est encore proche et j'imaginais retrouver les paysages très verts que je venais de traverser. Au lieu de quoi je suis plongée d'un coup en Asie centrale : une steppe immense où j'aperçois au loin, ébahie, mes premiers dromadaires en liberté ; les étendues blanches qu'ont laissées après eux d'anciens lacs asséchés ; des cimetières musulmans, avec des tombes qui ressemblent à de petites maisons faites de briques de terre sèche et jaune ; un climat aride qui me brûle la gorge et me dessèche les yeux. Je découvre aussi les premières villes plus importantes. Atyraou, à l'embouchure du fleuve Oural, près de la mer Caspienne, considérée comme la ville-frontière entre l'Europe et l'Asie. Puis Makat, Koulsary, Beïnéou, reliées par de longues routes impeccables. Des villes marquées encore par l'architecture soviétique et par une modernisation parfois anarchique, mais qui, elles aussi, ont déjà des allures d'Asie centrale. Il y a d'immenses statues de cavaliers des steppes sur les places publiques et quelque chose dans l'air qui me parle de la route de la soie. Les bulbes des mosquées répondent à ceux des églises orthodoxes. On vit et on reçoit à terre, sur de grands tapis et autour de meubles bas au décor oriental.

À Koulsary, je rencontre un homme d'une quarantaine d'années, qui me propose un toit. Il est hors de question que je dorme seule dans la même maison que lui. Je lui explique que certaines expériences n'ont pas été concluantes et qu'on ne me reprendra plus en défaut de prudence. Cela ne pose pas de problème, m'assure-t-il : il est fraîchement divorcé et vit seul dans un appartement qu'il pourra me prêter, tandis que lui-même ira dormir chez ses parents. Il est d'une très grande gentillesse, et veut sincèrement m'aider. Il me trouve un endroit pour garer la moto en sécurité, et m'emmène chez lui en me laissant ses clefs et à manger. Je découvre un logement très nu et très pauvre, dans un immeuble de béton abîmé. Il y a un filet jaunâtre d'eau courante mais rien qui puisse la chauffer et la gazinière a été placée sur le palier pour éviter de surchauffer le salon pendant les grandes chaleurs d'été. De grands tapis sont roulés dans des pièces nues : j'en choisis un sur lequel je m'étends. Après un tel accueil et une telle délicatesse, je serais presque prête à me réconcilier avec le genre masculin… mais je place tout de même mon sac contre la porte avant de me coucher, pour que le bruit me réveille si quelqu'un essayait d'entrer pendant la nuit.

Après Beïnéou, vers la frontière ouzbèke, les belles routes toutes neuves de la région pétrolière se transforment en pistes caillouteuses. Ce sont mes premières tôles ondulées, ces vagues que le passage des camions sculpte dans les graviers, très désagréables à parcourir à moto. Ce nouveau terrain m'inquiète et je l'emprunte crispée, sans oser dépasser les vingt kilomètres à l'heure. C'est la première fois que je quitte l'asphalte, pour des centaines de kilomètres d'affilée. J'apprendrai par la suite qu'il est plus amusant, et plutôt recommandé pour des questions de stabilité, de les prendre plus vite en conduisant debout.

Je prévois de traverser l'Ouzbékistan et d'aller voir la mer d'Aral, avant d'entrer de nouveau au Kazakhstan et de passer par l'est du pays pour gagner la Mongolie. Épuisée par des heures de route chaotique j'arrive soulagée à la frontière. Le poste est en construction, c'est un peu le chantier. Un motard allemand, Volker, est déjà en train de présenter ses papiers. Je passe après lui. Je peux parfois être rêveuse ou désorganisée, mais j'avais fignolé les visas et les multiples documents administratifs que le voyage exigeait : je sais que j'ai toutes les autorisations et tous les tampons nécessaires.

Le douanier kazakh qui me reçoit a pourtant l'air dubitatif. Il me fait comprendre qu'il y a un souci : il manque, selon lui, un papier que l'on est censé me donner à l'entrée du pays, pour la moto. Il prend mon passeport et m'emmène avec lui à l'écart de l'accueil officiel, dans une sorte d'Algeco. Dans la première pièce, deux hommes bedonnants dorment sur des paillasses au sol, l'uniforme ouvert ; nous entrons à droite dans un bureau fermé par un rideau crasseux. Trois chaises, une table, deux armoires, le portrait du président. Je n'ai pas à m'inquiéter, dit-il, nous allons trouver un accord. Je calcule mentalement combien je vais pouvoir donner en bakchich, peut-être 50 euros, ou 100 ? Je n'ai franchement pas envie de rebrousser chemin. Il griffonne une note sur un bout de papier, me le tend : 2 000 dollars. Je manque de m'étrangler devant l'absurdité de la somme, que je n'ai même pas sur mon compte en banque. Il minaude : très bien, en ce cas nous allons chercher une autre solution. Je peux coucher avec lui, par exemple : ce ne sera pas long. Je refuse. Il babille sans arrêt comme si nous négociions une orange. Une fellation ? Je refuse. Déshabille-toi, au moins ? Je refuse encore. Il veut négocier, j'en appelle à sa clémence, je répète que je suis une femme mariée et m'invente trois enfants pour faire bonne mesure, je pleure, je gémis. À deux pas, les deux agents qui font la sieste ne bougeraient certainement pas d'un cil si j'appelais à l'aide. Mais je ne cède pas.

Combien de temps est-ce que je passe dans ce bureau, dans ce réduit minuscule, face à ce pauvre type tout enivré de sa puissance et qui tient toujours mon passeport entre ses doigts ? Je l'ignore, mais cela me semble durer des heures. Que puis-je faire, s'il ne me rend pas mes papiers ? Je suis au milieu du néant, à deux mille kilomètres d'Astana, la capitale. Et je suis parfaitement impuissante. Dans mon affolement, pourtant, je m'accroche à une petite bribe d'espoir. Cet homme-là n'a pas le droit de retenir mon passeport, il ne peut que m'empêcher de passer. Surtout, son niveau d'exigence semble suivre une pente décroissante : d'abord de l'argent, ensuite une relation sexuelle, à la fin un baiser… et puis un frôlement du bout des doigts ? Si je tiens bon, si j'attends encore, si je continue à affirmer que je suis une épouse respectable, il abandonnera peut-être et me laissera partir.

Dépité, il finit par se fatiguer et proposer de prendre l'air un moment le temps que je réfléchisse. Un instant, j'imagine quelle aurait été ma réaction si j'avais été une migrante venue de loin, épuisée par sa route, qui avait mis toutes ses économies et celles de sa famille dans ce voyage : j'aurais tout accepté. Je mesure ma chance d'avoir la possibilité du choix, car je commence à me faire une raison : tant pis, je n'irai pas en Ouzbékistan. Il est hors de question que je retourne dans ce bureau avec lui.

Alors que nous quittons la cahute, Volker apparaît. Nous avions juste échangé quelques mots auparavant. Il ne m'avait pas proposé de m'attendre, et je ne lui avais rien demandé, mais peut-être a-t-il senti que les pourparlers étaient trop longs pour être honnêtes. En tout cas, sa présence débloque brusquement la situation. En le voyant, le douanier me rend mon passeport, l'air écœuré : « Allez, dégage. »

Je suis trop bouleversée pour prendre le temps de me sentir soulagée et me presse de m'éloigner de cet homme. Cet épisode-là est plus humiliant que les précédents. Je me sens salie, vulnérable : si Bibeuth ou Ahmed ont tenté leur chance avec la maladresse des ignorants, lui est parfaitement conscient du pouvoir qu'il a et s'en sert sans vergogne. À la manière dont il m'a parlé, je sais que je n'étais pas la première. Combien ont dû accepter ? Quel ange gardien a placé Volker sur ma route, moi qui n'ai croisé aucun autre motard depuis mes Irakiens ? Il me propose en tout cas de faire un bout de chemin ensemble en ajoutant en rigolant : « Quand même, t'es passée de 2 000 dollars à un bisou… ils valent cher, tes bisous ! »

5

Volker, Igor, Daniele

Volker est grand, porte une barbe de quelques jours sur un visage buriné par les kilomètres. Il a une façon bien à lui de vivre le voyage : sans casque ni blouson, le nez au vent. Ses compétences en mécanique lui permettent de démonter et remonter n'importe quelle moto. Il est aussi contemplatif, à sa manière. C'est-à-dire qu'il roule. Volker mange en roulant, boit en roulant, fait des photos en roulant... Rester immobile devant un paysage, fût-il grandiose, est une envie qui lui échappe à peu près complètement. Sauf le soir : lorsqu'il est l'heure de dresser le camp. Volker installe sa tente avec le plus de confort possible et se prépare du thé et des soupes de légumes qu'il mijote lui-même. Là il prend le temps de savourer l'instant et le souvenir de la route. Avec moi, il se montrera infiniment délicat et très protecteur. Les circonstances de notre rencontre l'y incitent sans doute, et son tempérament l'y porte.

Nous quittons le poste-frontière et, vingt kilomètres plus loin, nous tombons sur Igor. Un Biélorusse d'une petite quarantaine d'années lancé quant à lui dans l'exploration à moto de la Russie éternelle, la grande

Russie, celle des frontières de l'Union soviétique et, avant cela, de l'empire des tsars. Nous l'apercevons sur le bas-côté de la route, aux prises depuis deux heures, nous explique-t-il, avec un problème de réservoir. Volker l'aide à parer au plus pressé grâce à l'essence qu'il transporte dans ses bidons, et nous repartons ensemble en quête de carburant. Nous allons jusqu'à Jasliq, pas d'essence. Kunkhodza, pas davantage. À la troisième tentative, c'est le comble : il y a de l'essence, oui, mais pas d'électricité pour la pomper. Je découvre la difficulté technique qui va accompagner ma traversée de l'Ouzbékistan et la compliquer considérablement : soit les pompes sont vides, soit, lorsqu'elles sont approvisionnées et en état de marche, des dizaines de conducteurs affluent de toutes parts et, en moins dc quarantc-huit heures, elles sont de nouveau à sec. Très peu d'hôtels, en outre, ont la licence permettant d'accueillir des touristes. Lorsque nous nous arrêtons à Kegeyli où nous trouvons enfin où dormir, la nuit est tombée depuis longtemps.

En plus de parler parfaitement russe et anglais, Igor a l'art de multiplier les combines. Dès le lendemain, il réussit à nous faire passer à la pompe avant tout le monde. Ce qui lui offre l'occasion de restaurer un peu sa dignité de mâle russe : je le sens légèrement contrarié à l'idée qu'une femme comme moi, certes dotée d'une moto moins puissante, puisse mener une expédition, comme il dit, « aussi impressionnante que la mienne » – comme si voyager en ma compagnie rendait sa propre aventure plus modeste.

Sans nous être concertés, nous poursuivons la route ensemble. Rien de très étonnant, au fond : nous allons dans la même direction et il n'existe pas mille chemins vers Samarkand. Mais il se trouve surtout que nous nous convenons et que nous avons chacun nos raisons d'apprécier cet attelage imprévu.

Je roule moins vite qu'Igor et Volker, ma moto est toujours à la peine et ne dépasse pas les cent kilomètres à l'heure, mais mes nouveaux compagnons font en sorte de ne pas me distancer. Souvent, ils m'entourent : l'un devant, l'autre derrière, et quel bonheur d'avoir, dans le rétroviseur, une silhouette amie ! En retour, évidemment, je dois m'accommoder de leurs manies à l'un et l'autre. L'incapacité de Volker à s'arrêter – tant pis pour les prises de vue, j'apprends à ne plus faire de pause qu'en cas d'extrême nécessité, comme lui. Ou les obsessions touristiques d'Igor, qui tient par exemple absolument à ce que nous fassions un détour par Khiva, capitale du melon et de la pastèque. Va pour Khiva, va pour la pastèque – délicieuse, d'ailleurs –, et va pour sa manière de visiter l'Ouzbékistan comme un vieil apparatchik de l'URSS visitant ses territoires. Les paysages que nous traversons sont désertiques, ocre et sablonneux comme au Kazakhstan, mais déjà barrés par les rives très vertes du fleuve Amou-Daria que nous distinguons au loin.

Nous arrivons de nuit à Boukhara, l'une des plus anciennes cités de la route de la soie dont le cœur historique a deux mille ans, et compte des madrasas et des mosquées considérées comme de purs joyaux dans les mondes arabe et perse. J'apprends tout cela en suivant consciencieusement le guide prévu par Igor le lendemain. Nous allons voir des marchands de tapis et de couteaux, nous visitons les mosquées aux dômes subtils de faïence turquoise. Igor essaie mille chapkas, entre deux visites de minarets. C'est beau, très beau, mais la ville me fait une impression curieuse. Elle semble trop vide, trop propre, une sorte de musée à ciel ouvert, parfaitement adapté aux touristes mais inhabité et presque silencieux. Samarkand me laissera le même sentiment. L'un des effets de la dictature, peut-être : il s'agit d'offrir aux voyageurs la couleur locale qu'ils sont venus chercher, sans risquer de les voir parler trop librement avec les habitants. Sur le moment, j'apprends tout de même, grâce à Igor, qu'il existe peu d'alternatives réjouissantes au pouvoir du président Karimov, alors en fonction depuis 1991 et qui le restera jusqu'à sa mort en 2016.

Quelques kilomètres avant d'arriver à Samarkand, alors que nous ralentissons pour une courte pause, je constate que mes freins fonctionnent mal et j'entends un bruit strident. Ce sont les patins de mes plaquettes de frein arrière qui se sont fait la malle, ces fameuses plaquettes que j'avais pris tant de soin à changer avant mon départ. Le disque s'est abîmé sous l'effet du frottement métal contre métal. Alors que Volker et moi nous penchons sur la Varadero pour mesurer l'étendue des dégâts, Igor sort de ses affaires une liasse épaisse : la liste quasi complète des motards d'ex-URSS, nous explique-t-il, une sorte de réseau des amateurs de deux-roues, moitié syndicat, moitié confrérie secrète, qui se met en branle en cas de coup dur, à tout moment et en tout lieu. De fait, un parfait inconnu débarque quelques minutes plus tard, puis trois, puis dix, dont j'apprends qu'ils font partie d'un groupe baptisé les

Steel Scorpions[1]. Une sorte de bande de motards anarco-résistants, pour qui la moto est un outil de protestation et de liberté. Hors de question qu'une moto ne puisse plus rouler, il y a toujours une solution.

Nous conduisons Poupy chez le chef de la bande et le groupe s'attelle à repolir les disques et leur poser de nouveaux patins, puis à changer les ampoules des phares. Nous lui refaisons une beauté, sous les directives avisées de Volker, dont je suis pour ces quelques heures le Padawan. Pour remercier les Scorpions, nous préparons un repas de fortune en mettant en commun ce que nous avons : ma casserole, les pâtes de Volker, la sauce tomate d'Igor, de la bière pour les mécaniciens et du Coca pour moi. Le lendemain, 9 juillet, la moto est comme neuve. Nous visitons Samarkand avec notre nouvel hôte comme nous avons visité Boukhara : madrasas, chapkas…

Puis nous nous séparons là. Volker doit partir sans tarder : son visa l'oblige à quitter le pays le soir même. Igor pour sa part veut profiter de ses nouveaux camarades motards. Et moi, j'ai de nouveau envie de solitude, de silence et de liberté, bien que j'aie apprécié leur compagnie. À l'heure des adieux, Igor me laisse fraternellement une copie de sa liste, en cas de besoin. Je suis inquiète bien sûr, mais je me sens prête à reprendre le cours de mon voyage, dont le projet initial n'incluait pas la présence de gardes du corps.

Après Samarkand, la route est difficile : elle est criblée de trous profonds, de tranchées que j'évite parfois de justesse. Des travaux, m'expliquera-t-on. Admettons,

1. Les scorpions d'acier.

mais des travaux dangereusement menés, et qui ne seront toujours pas achevés lorsque je passerai de nouveau par là un an plus tard : un esprit taquin serait tenté de croire qu'ils sont destinés à ce que les habitants voyagent le moins possible.

Pour rejoindre la Mongolie, impossible de passer par la Chine. Je dois donc traverser le Kazakhstan puis à nouveau la Russie. Il me faut refaire mes visas pour ces pays, ce qui m'oblige à un repos forcé à Tachkent, la capitale ouzbèke. Je découvre à cette occasion un autre effet du régime du président Karimov : à Tachkent, seuls les étrangers ont le droit de circuler sur deux roues, en raison d'un attentat commis quelques années plus tôt contre lui par deux motards. Depuis, la route principale de la ville est bloquée chaque matin et soir pour laisser passer son cortège qui le conduit de sa résidence au palais gouvernemental.

Lorsque j'arrive devant l'ambassade du Kazakhstan, à 9 heures le lundi, il y a déjà foule. J'apprends que les premiers sont arrivés dans la nuit. On note mon nom, je suis la cent vingtième inscrite. À 11 heures, le numéro 21 est appelé : aucune chance que mon dossier soit examiné le jour même. Je me prépare à une nuit blanche devant les portes closes quand, dans la file d'attente, de jeunes Ouzbeks que j'ai rencontrés m'invitent à une partie de bowling pour la soirée. Une soirée de rire et de jeu, un plaisir universellement partagé : cela m'occupe gaiement jusqu'à 2 heures du matin, moment où je retourne à l'ambassade. Trois personnes attendent déjà. Enfin, dans la matinée, on m'accorde le visa : je peux reprendre la route.

Je traverse la frontière pour le Kazakhstan jusqu'à Almaty, ville moderne au pied des montagnes. Le climat a changé, je le sens à l'humidité de l'air et à sa fraîcheur nouvelle, aux paysages qui commencent à reverdir. La partie ouest du Kazakhstan n'a plus rien à voir avec les steppes que j'ai connues plus tôt. Ce sont désormais des chaînes montagneuses, coupées de rivières puissantes. En montant vers la frontière russe plus au nord, la steppe s'étend, balayée par le vent, plate et sèche. Je roule, contemplative, sur ces routes à l'horizon infini où rien n'accroche le regard. Je n'ai ni trop chaud, ni trop froid, je suis tranquille. Je ne suis plus préoccupée par les agressions, le vol, la faim, l'essence, ou la qualité du bitume. Je me laisse porter, je suis seule, je me détends et je médite, pleinement consciente de ce qui m'entoure, mais l'esprit vagabondant au loin. Tout est à sa place, je suis à ma place.

À la frontière russe, j'apprends que Volker vient juste de passer : nous avons seulement une journée d'écart. Il m'attend de l'autre côté de la frontière. Je suis ravie de le revoir. Nous allons tous les deux en Mongolie et, comme il n'y a là-bas que des pistes, nous avons tous les deux besoin de trouver un garage pour changer nos pneus. Je n'avais pas du tout songé à ce détail lorsque j'avais préparé le voyage.

Trouver de bons pneus, adaptés à ma moto, à Novossibirsk, la capitale du district russe de Sibérie, paraît assez compliqué. Même si la ville est gigantesque, elle est éloignée de tout. Nous rencontrons Daniele, lui aussi en quête de pneus, chez un des garagistes chez qui nous passons. Daniele, militaire italien, passe six mois de l'année en Afghanistan et autres contrées difficiles et vit les six mois restants chez ses parents près de Venise, ou sur la route lorsqu'il lui prend l'envie de voyager. En l'occurrence, il est terriblement excité par l'aventure qui doit le mener jusqu'à Oulan-Bator, seul au guidon de sa moto. « *My adventure in the middle of nowhere*[1] », dit-il sans cesse, avec une pointe (ténue) de second degré. « *One man, one moto* », se plaît-il à répéter aussi, avec davantage d'autodérision. Évidemment, Daniele connaît par cœur *Long Way Round*, la série documentaire qui retrace le périple d'Ewan McGregor et Charley Boorman jusqu'au Cap, la référence absolue des motards tentés par l'aventure. Il s'est d'ailleurs suréquipé avant de partir. Mais cela ne l'empêche pas d'avoir besoin d'aide pour monter ses pneus et de vouloir faire route avec nous.

Nous voilà donc de nouveau en trio. En tête, Volker. À l'arrière, Daniele et moi qui nous arrêtons sans cesse pour faire des images. Sans manifester d'impatience, Volker joue au chien de berger, revenant en arrière pour s'assurer que nous allons bien lorsqu'il sent qu'il a pris trop de distance. En plus des pneus, j'ai dû changer la manette d'embrayage, puis réparer le roulement arrière, nettoyer les bougies et la chaîne. Mais, pour le moment, Poupy tient bon. C'est moins le cas de la moto de Volker dont le nouveau pneu arrière ne cesse de se dégonfler, et l'oblige à s'arrêter tous les vingt ou trente kilomètres. Nous rappelons celui qui a changé la roue, utilisons la liste d'Igor, multiplions les réparations… rien n'y fait. Il finit par abandonner la partie et nous dit de cesser de

1. « Mon aventure au milieu de nulle part. »

l'attendre : nous le laissons à Tachanta, un village perdu de l'Altaï. Nouveaux adieux, nouvelle séparation.

Daniele se révèle être un compagnon de route drôle mais très, très bavard. Lorsqu'il rencontre un problème technique, il tient absolument à le résoudre seul quoiqu'il n'y connaisse pas grand-chose. Et, malgré ses fréquents séjours dans des zones de conflit, il manque affreusement d'esprit pratique. C'est moi qui lui fais découvrir la joie des pâtes chinoises, le plat détesté de tout nutritionniste, mais idéal pour tout campeur qui se respecte, bon marché et rapide à préparer. Je suis très intriguée par un détail de son « équipement » : ses slips en coton parfaitement blanc dans lesquels il parade parfois pour plaisanter ! Comment fait-il, quand on ne peut se décrasser qu'à intervalles très irréguliers ?

Daniele est très créatif pour ce qui est de la mise en scène de son *adventure* : et je te mets la moto dans le sable, et je fais des plongées et des contre-plongées… Nous nous aidons mutuellement avec beaucoup d'enthousiasme dans nos prises de vue.

La température est bien plus fraîche dans l'Altaï, et le climat plus humide. La frontière mongole se trouve en haut d'un col après quelques kilomètres d'un *no man's land* qui la sépare de la Russie. Ce jour-là, un vent froid balaie le sommet recouvert d'une grasse prairie verte. Nous arrivons à l'heure du déjeuner : on nous explique qu'il faudra patienter deux bonnes heures. Il n'y a pas d'endroit où manger, pas d'auvent sous lequel s'abriter. Plusieurs étrangers attendent comme nous, des Européens pour l'essentiel, à moto ou en 4 × 4, piaffant d'impatience à l'idée d'entrer dans le désert mongol.

Les frontières sont souvent des choses abstraites. Une ligne arbitrairement tracée entre deux zones, deux régions dont la géographie et la culture peuvent être assez semblables, sur quelques kilomètres au moins. C'est faux ici. Nous entrons en Mongolie comme sur une planète nouvelle, découvrant un univers dont nous percevons immédiatement que nous ne connaissons pas les règles. Sommes-nous même conçus pour bien les saisir ? Les zones frontalières sont d'ordinaire des lieux de vie : on y trouve des marchands ambulants, des bureaux de change, des pompes à essence, de petits commerces, sans parler de tout le demi-monde un peu louche qui peut y graviter. Ici, rien de tout cela. Un désert d'herbes rases. Et pas une route, pas un panneau. Des pistes, qui se dessinent vaguement. Au loin, des yourtes qui nous semblent former une sorte de ville. Où aller ? Nous sommes aussi excités qu'inquiets. Mais nous avons besoin de carburant, et de devises. Il nous faut prendre une décision : nous choisissons la piste qui nous semble la plus appropriée pour rejoindre l'agglomération.

Évidemment, nous nous trompons. Et, alors que nous faisons marche arrière, Daniele glisse dans la boue et finit par tomber. Il m'interdit de l'aider à redresser la machine en répétant son slogan habituel : « *My moto, my adventure.* » Alors qu'il s'escrime en vain et que je le filme, amusée par le sérieux avec lequel il prend la chose, surgit de nulle part un petit vieillard sur une improbable motocyclette rouge. Un tout petit monsieur, tout fripé, qui sanglote presque de rire. Il aide Daniele puis repart, toujours hilare, et disparaît comme il était arrivé, fondu d'un coup dans le désert.

C'est notre premier contact avec la Mongolie. Daniele et moi nous regardons stupéfaits, émerveillés, et ne sachant plus si, pour célébrer ces confins du monde, il convient de réciter une prière païenne, de nous lancer dans une danse de joie, d'éclater de rire à notre tour, ou tout cela ensemble.

6

Quitter la route

En arrivant en Mongolie, je quitte littéralement la route. La route déjà tracée, celle des géographes, celle que ponctuent les panneaux indicateurs, les feux, les stops, les interdits. Mais je quitte surtout la route des obligations chimériques que nous impose la société, la route des autres, la route que l'on choisit par commodité, parce que c'est plus simple, parce que c'est mieux ainsi. Ce droit de faire autrement, je l'ai pris. Jamais je n'ai eu à ce point l'impression de pouvoir aller partout où je voulais avec ma moto. Jamais je n'ai éprouvé sentiment de liberté plus complet, plus grisant, plus vertigineux que là-bas, dans cette vastitude silencieuse de la steppe, dans ce désert ouvert à tous les caprices.

Parcourir la Mongolie, c'est traverser une peinture vivante, mouvante, où figure toujours une yourte quelque part au loin que côtoient l'immensité et le vide. Le voyageur égaré ne sait certes pas toujours comment la rejoindre. Elle lui paraît souvent plus proche qu'elle n'est. Roulant au jugé, il est, en outre, à peu près sûr de se tromper au moins une fois de piste en essayant de l'atteindre. Cette trace de vie humaine qui semble infiniment rassurante a quelque chose d'un leurre : il est tout à fait possible de faire une mauvaise chute et d'être retrouvé des semaines plus tard, transformé en bout de viande séchée, pour peu qu'aucun véhicule n'ait eu assez tôt l'idée de prendre cette piste-là plutôt que les mille autres qui s'offraient à lui. Car cette liberté sauvage a un charme fou mais aussi un prix, le risque de se perdre, de tomber, de se blesser, d'avoir soif… Mais quel est le prix du rêve ?

À notre arrivée, Daniele et moi sommes comme des enfants le matin de Noël, tout ahuris de bonheur : nous restons ébahis, à embrasser le paysage. Nous finissons par gagner le bourg que nous cherchions. Mais, là encore, nous devons oublier nos repères et nos habitudes. En Mongolie, les villes sont des ensembles de yourtes et d'immeubles en dur qui, au premier abord, semblent parfaitement anarchiques. Il n'y a pas de quartiers, pas de plan immédiatement compréhensible, pas de secteur identifiable qui serait dévolu à l'administration, au commerce ou au culte. Mais il existe des points de rassemblement, autour desquels tourne la vie de la communauté : les puits, les pompes à essence, les marchés.

Les Mongols rient souvent des touristes, nombreux à prendre la route mythique d'Oulan-Bator. Ils rient beaucoup, toutes dents dehors et sans méchanceté aucune. Sans doute nous trouvent-ils un peu pataudς, nous Occidentaux que leur pays enchante et terrifie, et qui arrivons avec nos grosses motos suréquipées tandis qu'eux possèdent des choses toutes simples, des choses qui durent. Ils sont souvent pleins de bienveillance et d'envie d'aider, quoique nous ne nous comprenions pas du tout.

Malgré mes efforts, le seul mot que j'arrive à articuler correctement et que je mémorise, c'est *bayarlalaa*, merci. Quant au nom de la capitale, Oulan-Bator, je ne parviens jamais à le prononcer de manière à me faire comprendre. Quand je le montre sur la carte, mes interlocuteurs s'esclaffent : « Ah Oulan-Bator ! Bien sûr, oui, oui, on connaît ! Fallait le dire plus tôt ! » En quoi l'ai-je dit différemment d'eux ? Je n'ai jamais percé ce mystère.

Quoi qu'il en soit, quand ils comprenaient enfin ce que je cherchais, je les voyais désigner un point vague, dans la steppe : Oulan-Bator, « par là ». Très bien, « par là » alors. Et, faute d'autres repères, je tâchais d'aller « par là » en suivant la ligne des poteaux électriques qui joignent entre eux les villages et les villes. Car ici, on prend un cap. Les cartes donnent une idée, mais elles semblent avoir été dessinées par des artistes qui ont oublié de venir sur place.

Pendant deux jours, Daniele et moi avançons ainsi, tout à notre excitation. Nous nous aidons l'un l'autre pour nos prises de vue respectives en bégayant que c'est beau, si beau ! Et les chevaux sauvages ! Et les chameaux ! Au troisième jour, un motard nous dépasse, puis s'arrête. Volker. Volker lui-même, doté de pneus dignes de ce nom et pas mécontent de son effet. Nous nous racontons nos aventures, nos premières impressions mongoles et, tout naturellement, nous reprenons les habitudes de notre trio : Volker à l'avant, Daniele et moi derrière à lambiner et nous extasier. Le soir venu, nous dressons le camp ensemble…

Mais je me dis que non. Non, décidément, je ne peux pas traverser toute la Mongolie avec Daniele et Volker, si prévenants, si amicalement paternels. Je voulais ce paysage-là plus qu'aucun autre, je cherchais cette liberté-là, affolante, et j'ai besoin de vivre cette expérience seule, de la goûter en silence pour l'absorber et la laisser creuser en moi son chemin. Si je veux grandir, si je veux vraiment savoir de quel bois je suis faite, je dois suivre ma propre route, accepter l'inconnu et les risques qu'il suppose autant que les rencontres et la joie qu'il procure. Des rencontres qui n'ont jamais la même intensité lorsque je suis accompagnée d'autres voyageurs.

Toujours obsédé par l'idée d'une aventure siglée « *One man, one moto* », Daniele n'est pas contre une scission, lui non plus. Volker, de son côté, préférerait avoir de la compagnie. Mais il comprend, évidemment. Il nous donne une adresse, à Oulan-Bator, celle d'une auberge de jeunesse où il était descendu l'année précédente, lors d'un premier périple. Nous convenons que nous irons là-bas, pour essayer de nous y retrouver. Le lendemain matin, nous nous séparons de cette façon absurde et poétique que la steppe autorise : Volker prend la piste de droite, Daniele la piste de gauche, et moi celle du milieu.

Ce moment où je me retrouve seule à contempler ces dizaines de pistes qui se proposent à moi, où je hume l'air, est un moment particulier. Je me sens accomplie. La piste que je choisirai sera la mienne, la steppe que je traverserai sera mon chemin, celui de personne d'autre. Tous ces mois que j'ai vécus m'ont préparée à cet instant. Je suis maîtresse de mon destin. Je m'émerveille moi-même d'être là alors que je ne devais pas dépasser le périphérique ! Des chevaux courent au loin et me montrent la voie. Je ne voudrais être nulle part ailleurs.

Mais le destin que l'on se choisit, malgré toute sa beauté, possède toujours des limites et la conduite sur ce terrain ne fait pas du bien à la moto. Pour le dire crûment : Poupinette morfle. Il me semble même, parfois, qu'elle m'en veut un peu et renâcle par caprice. Je l'encourage, je lui parle, je lui assure que nos efforts seront récompensés – nous sommes déjà allées si loin, toutes les deux ! Je ne parviens jamais à me départir de l'émerveillement du premier jour. Y compris lorsque, décidément, les événements prennent une mauvaise tournure. Alors que j'affronte pendant des kilomètres le sol sableux de la plaine et ses mille dépressions qui me déportent d'un côté et de l'autre, le vent commence à se lever et un gros nuage noir se profile derrière moi. J'accélère, pour tâcher de lui échapper… Un instant de distraction, après des dizaines de kilomètres de piste rectiligne : je manque un virage sorti de nulle part, et fonce tout droit dans un fossé. Je ne suis pas blessée, un peu choquée seulement et très agacée par mon manque de vigilance. Je m'efforce de soulever les cent vingt kilos de la Varadero, de la redresser après l'avoir déchargée et désensablée. Lorsque enfin j'y parviens, je constate qu'elle ne démarre plus. Rien, pas un signe de vie. Je lui flatte la croupe, je la secoue, je fais une petite prière. Rien. Aucune réaction.

Il y a une yourte, au loin – toujours une yourte. Je prends ma sacoche avant, ma gourde, une polaire, et je m'apprête à partir lorsque je réalise que Poupy n'est pas le centre du monde, du moins pas un centre du monde repérable à l'œil nu en plein désert. Je note ses coordonnées GPS avant de m'éloigner. On a parfois de ces épiphanies : comment l'aurais-je retrouvée, sans cela ? Cent mètres plus loin, je serai déjà incapable de la repérer ! Évidemment, le nuage m'a rattrapée dans l'intervalle, et la pluie commence à tomber. Je marche en direction du profil blanc de la yourte, qui semble s'éloigner à mesure que j'approche. Deux heures d'un monologue intérieur qui passe sans arrêt de « Quelle horreur, quel cauchemar ! Voilà t'es contente tu voulais être seule, tu es servie » à « Je suis en Mongolie, quelle magie ! ».

J'arrive trempée, le visage rougi par le vent. De la yourte sortent un homme et une femme qui doivent avoir quelque quarante-cinq ans et me regardent, un peu éberlués. Ils me font entrer, m'offrent un thé au fort goût de mouton et me demandent de quoi j'ai besoin. Leurs trois petites filles sont là, bien au chaud, en train de puiser avec délice, dans un seau luisant, des morceaux de gras et de boyaux qu'elles dévorent en guise de friandises : mes narines frémissent de dégoût, je l'avoue, malgré ma reconnaissance pour l'accueil que je reçois, et je prie pour que ces charmants enfants ne m'offrent pas un bout de leur goûter par hospitalité. Le père de famille repart avec moi en 4 × 4 examiner la moto. Ce sont les bougies, foutues, bonnes à jeter. J'ai un ancien kit qui me permet de les remplacer ; il ne pourra pas tenir longtemps, mais pour l'heure je suis sauve. Après un dernier thé avec la famille, je poursuis ma route.

À Altay, la ville la plus proche, je me mets en quête de nouvelles bougies. J'en trouve d'assez médiocres, de fabrication chinoise, que je devrai nettoyer tous les cent kilomètres tant elles s'encrassent vite. Le vendeur qui me les fournit me guide jusqu'à un hôtel. Le confort est spartiate, mais la douche est bienvenue. Prétextant de vérifier le confort des lieux, il en profite pour essayer de m'embrasser. Je le rabroue fermement. Je suis reconnaissante, c'est sûr, mais tout de même pas à ce point. Rester sur ses gardes. Toujours rester sur ses gardes ! Je raconte mon anecdote à Saradna, la tenancière de l'hôtel : « Tous des porcs ! Faut les mater les mecs, c'est pour ça que c'est moi la patronne, ici ! » et elle ponctue son propos d'un large crachat. Elle décide de m'embarquer, avec mes voisines de palier, pour un tour complet des curiosités locales qui s'achève dans son salon de karaoké. Je suis éreintée, j'aurais surtout envie de rejoindre mon lit… mais je tiens jusqu'à une heure avancée, complètement saoule, essayant de fredonner des chansons mongoles que je ne connais pas et dont je suis incapable de lire les paroles. Mes compagnes sont euphoriques et chantent avec allégresse : *Tulgatsgaaya*[1] *!*

Sur les routes bien goudronnées de Paris, ma moto me faisait savoir qu'elle avait pris de l'âge. À présent, elle sent carrément le sapin. Un jour, alors que je roule, je remarque comme une odeur d'huile brûlée, puis j'entends un *ting ting* qui ne présage rien de bon et mon fessier ressent soudain chaque bosse du sol. À la

1. « Santé ! »

station-service la plus proche, j'examine la chose. C'est bien cela, la suspension est complètement fichue : le ressort est cassé, de l'huile s'est mise à en suinter. Un groupe de Mongols approche, riant ouvertement en commentant la situation avec le sans-gêne des gens du cru, l'assurance de ceux qui savent – au contraire des novices dans mon genre : « *Tourist, tourist !* » Je suis affreusement vexée. Qu'ils se moquent ! Je vais la réparer, moi, cette suspension, et toute seule ! Je sors ma petite trousse à outils et maugrée dans mon coin, pince à la main, tandis que mes admirateurs s'esclaffent de plus belle. Peut-être pris de pitié, ils viennent finalement me prêter main forte avec des outils dignes de ce nom, notamment un chalumeau dont beaucoup de conducteurs mongols sont équipés pour pourvoir à des réparations d'urgence ou pour réchauffer l'huile qui gèle immanquablement en hiver. Je leur suis redevable pour leur aide, mais demeure tout de même un peu inquiète : il est bien spécifié sur la pièce que l'on est en train de restaurer qu'il faut la tenir éloignée du feu. Cela dit, je n'ai guère d'autre solution, le chauffeur a l'air absolument sûr de lui et son propre camion semble avoir été réparé une bonne centaine de fois : je laisse faire, et le regarde ressouder le ressort.

La réparation de la suspension est un peu artisanale, bien sûr, mais elle paraît tenir : je reprends mon chemin vers l'est. Je veux grappiller encore quelques kilomètres de plus mais je m'inquiète à chaque instant pour la malheureuse Poupinette. Je sens bien que je tire sur la corde. Nous sommes toutes les deux épuisées, elle surtout. Mais je dois continuer, atteindre au moins Oulan-Bator. Je m'efforce désormais de modérer mes ambitions. Ce serait formidable d'atteindre le Japon, bien sûr, mais je préfère me concentrer sur un but réaliste. Étant donné les circonstances, être ici est déjà un exploit et rejoindre la capitale mongole serait un triomphe.

Quelques heures plus tard, j'aperçois un hameau et m'en approche. Un petit vieillard sort d'une yourte en m'entendant arriver, entouré d'une nuée de gamins. Alors que je suis à l'arrêt, que je descends de la moto et m'avance vers lui, la moto tombe – fatiguée, j'ai mal mis la béquille – et la manette d'embrayage se casse net. C'est trop, cette fois, pour la journée… Debout, les bras ballants, je craque et fonds en larmes dans une sorte de crise nerveuse où toutes mes fatigues et mes inquiétudes se déversent. Voilà des jours que je conduis debout – ce qui est nouveau pour moi –, sur des pistes difficiles, sans trouver de réseau pour donner des nouvelles à Christian, et je sais que je n'ai plus rien pour réparer cette manette. Je suis à deux doigts de penser que c'est la fin du voyage.

Le grand-père a beau m'arriver à l'épaule, il me prend dans ses bras comme si j'étais l'une de ses petites-filles. Il me tapote le dos, il sèche mes larmes. Dans un mélange de mongol et de russe, il répète des mots qui rassurent et consolent : ce n'est pas grave, ça va aller, on va trouver une solution. Nous démontons la pièce ensemble et faisons le tour du village dans l'espoir d'en trouver une nouvelle. Peine perdue. Le vieux monsieur continue son soliloque. Ce n'est rien, tu vas manger d'abord et puis te reposer, regarde, tu peux installer ta tente ici. Il me donne du riz, du thé, et m'envoie au lit. Je m'écroule. Le lendemain matin, alors que sa femme vient de me préparer un copieux petit déjeuner fait de beignets frits et de lait de yak, mon petit grand-père réapparaît, triomphant : il a, je ne sais où, dégoté une nouvelle manette. En démontant un vieux solex, peut-être ? Je pourrais lui sauter au cou. Nous montons la pièce ensemble et je lui prête Poupy pour le remercier. Il part, heureux comme un pape, faire un petit tour dans la plaine.

La Mongolie est pleine de ces rencontres étonnantes, touchantes, et chaque col, station-service ou yourte-restaurant offre des moments épiques d'une minute ou d'une journée qui laissent une empreinte durable.

Ainsi ces deux hommes, ronds comme des billes, qui roulaient sur une petite moto en chantant, avant de faire une pirouette avant. Quand je me suis précipitée vers eux, ma trousse de secours en main, pour essuyer la tête en sang du passager, ils rigolaient comme des fous. Ils se sont relevés, ont repris leur moto, m'ont offert une lampée de vodka, et ont poursuivi leur chemin en zigzaguant… pour retomber cinq cents mètres plus loin.

Je croise aussi beaucoup d'étrangers dans ce pays exploité par tout le monde, sauf par les Mongols. Lors d'une de mes fameuses pannes, alors que je suis en train de m'escrimer sur mes satanées bougies chinoises de nouveau encrassées et complètement fondues, j'ai à peine sorti ma boîte à outils lorsqu'un 4 × 4 s'arrête à ma hauteur. Le conducteur, un Syrien d'une quarantaine d'années, sort et me prend d'office les outils des mains avec gentillesse et un brin de condescendance : il semble absolument convaincu qu'en sa qualité d'homme, il se débrouillera bien mieux que moi.

Après que j'ai finalement résolu moi-même le problème – en lui laissant entendre que je lui dois beaucoup –, il me propose de l'accompagner à son campement. Il passe trois mois dans la steppe mongole, pour chasser l'aigle avec deux compatriotes. J'ai soudain la chair de poule. La Mongolie est victime d'un important trafic d'animaux sauvages à destination, notamment, des Émirats arabes unis et de l'Arabie saoudite. Et je viens de tomber sur trois trafiquants. Très gentils et accueillants, au demeurant.

Je deviens l'occasion d'un jour de fête : Jamad, le chef, se met en tête de préparer des *shashliks*, des brochettes de viande, et nous allons ensemble acheter un mouton. Puis nous passons le reste de l'après-midi à préparer le repas : égorger la brebis, la dépecer, tailler les morceaux de viande et les accommoder pour qu'ils soient ensuite grillés. Il me décrit, pendant ce temps, son étrange activité. Les aigles et les faucons sont vendus à prix d'or aux princes saoudiens passionnés de chasse, et ces quelques mois de braconnage dans la steppe suffisent à les faire vivre l'année entière, ses camarades et lui.

La soirée est belle, les brochettes merveilleuses, mes compagnons me parlent longuement de la Syrie, une Syrie encore épargnée par la guerre et où je rêve d'aller. Ils me proposent même de camper avec eux pour la nuit. Je n'ai pas l'ombre d'une inquiétude : la nature de nos discussions, l'atmosphère du campement me tranquillisent sur le fait que je ne risque rien. Je suis plutôt gênée par la grande yourte qui renferme des aigles et des faucons capturés, ainsi que des colombes qui servent d'appâts. Les cages sont très petites, assez sales. J'envisage un court instant d'entamer une discussion sur le bien-être animal avant de renoncer : il est peu probable que nous puissions nous comprendre, surtout avec le peu de mots que nous sommes capables d'utiliser. Je pars le lendemain matin, en glissant une plume d'aigle dans mon journal de bord et en pensant à ces oiseaux.

Cela fait maintenant une quinzaine de jours que je parcours seule le pays. Oulan-Bator est encore à sept cents kilomètres, mais je suis sereine : nous avançons lentement, mais sûrement. Je roule sur la terre mais j'embrasse le ciel. Il n'est plus aussi haut et inaccessible que lorsque je le voyais au-dessus des immeubles parisiens. L'air n'est plus seulement un gaz que je respire, il m'entoure, m'enveloppe de son essence. Je suis à ma place dans cet univers grandiose. Minuscule, un microbe parmi les microbes, mais précisément là où je dois être. Je ne suis plus sur le territoire de l'homme mais du vivant entier, un territoire où les pistes conduisent à des destins étranges et font se croiser des vies improbables. On ne vient pas ici par hasard, mais alimenté par de mystérieuses énergies qui nous tirent les uns vers les autres. L'impression unique d'un infini, jalonné pourtant de la finitude de la vie.

Ici et là, je croise des carcasses de chevaux et de chameaux abandonnées dans le désert, spectacle étrangement beau, plus paisible que macabre, et même très naturel dans ce paysage d'origine du monde. Ces bêtes naissent, se dressent, marchent, vivent, broutent l'herbe de la steppe. Un jour elles s'arrêtent, s'écroulent, meurent et nourrissent la terre, les rapaces, les vers qui les transforment à leur tour en terre et en une herbe nouvelle. Il est désormais interdit, pour des raisons sanitaires, de laisser ainsi mourir ces animaux : il faut les incinérer ou les brûler. Certains Mongols, cependant, continuent à laisser faire la nature.

En haut de certains cols à l'ascension épique, des stupas sont installés au sommet, ces tumuli de pierres érigés en dévotion au Bouddha. La tradition veut que chaque passant ajoute un petit caillou à l'amoncellement existant. Mais elle exige aussi qu'il fasse plusieurs fois le tour du stupa en priant… et, d'après certains pratiquants, qu'il boive un petit verre de vodka, pour trinquer avec les esprits. Quelle que soit l'heure, bien sûr. Il faut reconnaître que les routes sont tellement difficiles, et les véhicules si abîmés, qu'être arrivé au bout d'une côte difficile vaut bien, en effet, une petite célébration.

Un matin, Poupy et moi nous arrêtons nous aussi (elle a tellement râlé et peiné que j'ai bien cru que nous n'atteindrions jamais le but), et nous fêtons avec du chocolat notre petite victoire. Au même moment, tout un groupe débarque en minibus, et me propose de m'associer à la cérémonie. Inutile d'espérer un thé : j'absorbe comme je peux l'alcool qu'on me tend. Les Mongols boivent, beaucoup. Jamais je n'ai croisé dans les rues, dans les campagnes, autant de personnes ivres qu'en Mongolie, à toute heure du jour. Des hommes mais aussi des femmes, ce qui est plus rare. Peut-être faut-il boire pour résister à la misère et au froid.

Lors d'une pause dans une station-service, j'échange quelques mots avec un Japonais d'origine mongole.

Sukh Oshir vit avec sa femme et son fils au Japon, mais il est régulièrement envoyé en mission en Mongolie, pour plusieurs semaines à chaque fois. Il est ingénieur, géologue : il est chargé de superviser l'exploitation de certaines des mines et d'en trouver de nouvelles. La Mongolie compte d'immenses mines de charbon, de cuivre, d'uranium et d'or, que des puissances étrangères exploitent. Il m'interroge sur mon voyage, je lui raconte le retour aux sources de ma vieille Honda. Le projet l'enchante, il m'encourage et, au détour de la conversation, il me demande si j'ai un téléphone satellite. J'explique que j'ai bien un portable, mais sans carte SIM. La chose le laisse perplexe, le fait même un peu rire. Voyager seule en Mongolie, sans moyen de communication ? Je dois être un peu dingue !

Nous nous quittons là-dessus mais, quelques kilomètres plus loin, sa camionnette blanche me rattrape. Sukh Oshir me tend un Nokia pourvu d'une SIM locale, et le chargeur qui l'accompagne. C'est son téléphone de secours, m'explique-t-il. En cas de pépin, je pourrai l'appeler à tout moment : même loin, il pourra faire office de traducteur. Je n'aurai qu'à lui rendre l'appareil une fois arrivée à Oulan-Bator où il vit. Sukh Oshir repart sans plus de façons. Ce geste, cette marque de confiance désintéressée et spontanée surgie de nulle part, m'émeut. Elle me donne, aussi, la certitude que nous arriverons à destination.

7

Oulan-Bator

Ce voyage est une quête vers moi-même, je le sais, mais à l'instant où je suis entrée en Mongolie, cette quête est devenue une sorte de rêve éveillé. Il a surtout le goût d'un achèvement. Nous sommes là, Poupy et moi. Qui l'aurait parié ?

Comme par superstition, j'ai très peu lu ou préparé mon parcours dans ce pays. Je l'ai imaginé, ça oui, mais je le construis à présent, kilomètre après kilomètre, en me laissant complètement porter par ce que je vois, en découvrant cette terre par tous mes pores, par mes narines, par mon simple effort d'être là. Cette aventure est bien celle dont j'avais besoin, que je recherchais, j'en suis plus que jamais convaincue. Une aventure dont le sel est l'inconnu, le risque, la souffrance, le bonheur et la liberté.

Oulan-Bator n'est plus loin à présent et, miracle, une route apparaît. Une vraie route, rectiligne, bitumée, solide, sans vaguelettes de sable ni direction approximative : la première que je rencontre depuis mon arrivée dans le pays. Jamais je n'aurais cru éprouver tant de joie devant un morceau de goudron. Jamais je n'aurais pensé m'allonger un jour sur un bout d'asphalte et l'embrasser par pure reconnaissance. Ce sentiment le dispute à un soupçon de regret tant l'absence de route offrait de liberté. Est-ce la fin de mon aventure ? C'est en tout cas le début de la civilisation et du chemin dicté par les hommes.

Quelques kilomètres plus loin se dessine le contour d'une sorte de cité, un ensemble de barres de béton plantées les unes à côté des autres. J'y entre, je fais un rapide tour des lieux en cherchant des yeux un bureau de poste, ou ce qui pourrait y ressembler… Il n'y a personne, aucun bruit, seulement le vent qui passe entre les tours et fait voler la poussière de la steppe. La plaine est là, toute proche, encore palpable : on pourrait croire à cet instant que l'humanité a été éradiquée et qu'il ne reste plus, au milieu du désert, que les débris du monde. Et puis, tout à coup, j'aperçois un cheval, solitaire et non sellé, un cheval qui va seul entre ces immeubles de HLM et semble n'appartenir à personne. La scène est si poétique, si étonnante, que je m'arrête pour la filmer. Alors que je suis là, debout à côté de la moto, à regarder le cheval qui lentement passe et disparaît, le silence est déchiré par une pétarade. Un groupe de motards surgit sur des engins de sport, absolument inadaptés aux pistes mongoles. Une, puis deux, puis quinze motos ; la bande s'arrête à ma hauteur. Ce sont des garçons d'une vingtaine d'années, surexcités, portant des crêtes et des tatouages, qui s'empressent de me demander ce que je fabrique là toute seule. Ils arrivent d'Oulan-Bator, m'expliquent-ils, et vont passer le week-end entre copains dans la steppe, comme on irait à la campagne en Normandie. Est-ce que je ne veux pas les accompagner ?

Oh, allez, ce sera drôle ! Ils ont loué une yourte, et prévoient d'y préparer une sorte de soupe traditionnelle : je pourrai filmer l'opération, il y aura de la matière. L'un d'eux me montre, sans que je me rappelle ce qui a pu l'y amener, le dessin de SS qu'il porte tatoué au mollet. Un soldat nazi parfaitement exécuté, avec son petit brassard à croix gammée. Est-ce qu'il sait bien de quoi il s'agit ? J'en doute un peu tant il semble trouver la chose naturelle et tant il a l'air doux avec ses grands yeux bleus, si rares ici. Mais son niveau d'anglais m'empêche d'éclaircir ce point.

Je finis par me laisser convaincre de les suivre. Une fête dans la steppe avant la capitale, après tout, ça ne se refuse pas. Me voilà donc en route (c'est-à-dire de nouveau sur la piste), au milieu de mes nouveaux camarades. L'un d'eux a un side-car, qui plaît beaucoup à la bande : en chemin, ils s'arrêtent pour y grimper à tour de rôle, en prenant au passage de grandes lampées de vodka. Nous arrivons enfin à la yourte. Deux yourtes, en fait. L'une est habitée par une famille, l'autre est réservée à la fête. L'homme qui nous accueille est très brun, de traits plus arabes que mongols, et semble préoccupé. On le serait à moins : mes compagnons, à peine installés, multiplient les cascades à moto en s'imbibant toujours d'alcools variés. Manifestement soucieuse de garder ses distances, l'épouse ne fait que de discrètes sorties tandis que le père de famille s'attelle aux préparatifs du repas. Les garçons ont joué à attraper la chèvre qui doit nous servir de dîner sous les rires de leurs camarades qui les traitaient de citadins. L'homme de la yourte s'occupe ensuite de son abattage. Il couche la bête au sol en s'asseyant sur elle et sort un long couteau.

Je m'attendais à ce qu'il l'égorge, c'est bien pire : il lui ouvre le ventre, y plonge le bras pour couper les tendons et en sort les viscères encore palpitants tandis que la chèvre pousse des râles d'agonie.

J'ai le cœur solide mais, sur le moment, j'ai un peu la nausée. Tout le monde a l'air de trouver la scène parfaitement naturelle et on me regarde en coin, le rire aux lèvres. Je verrai l'instant d'après les petites filles jouer avec les boyaux élastiques de l'animal en les emplissant d'eau comme des ballons. Tout le monde s'attelle au découpage de la bête et à la cuisine. Dans le fond de la marmite sont placés des galets, qui seront sortis juste avant le repas, tout brûlants et enduits de sauce graisseuse ; mes compagnons me montrent comment me les passer sur les mains afin de les désinfecter. C'est vrai qu'ici je ne vois pas d'eau… En tant qu'hôte étrangère, j'ai droit à la meilleure part du déjeuner : des bouts de gras bien onctueux, un vrai bonheur. J'essaie de manger assez vite pour que le gras ne durcisse pas en refroidissant, mais assez lentement pour qu'ils ne s'empressent pas de me resservir en imaginant que j'ai adoré.

Le reste de l'après-midi se déroule sans heurts. Embrumés par l'alcool et par de mauvais joints, les garçons traînassent dans leur yourte entre deux tours de moto. Il arrive, évidemment, que certains viennent me trouver et deviennent un peu lourdauds, mais une sorte de contrôle collectif se met naturellement en place : lorsque l'un devient pénible, les autres interviennent et l'obligent à me laisser tranquille. Ils m'ont promis que je passerai un bon moment, que j'aurai mon content de culture locale sans l'ombre d'une contrariété, et ils ont manifestement à cœur de tenir parole. Ce qui n'empêche pas le père de famille de rester prudent : ces quinze types proches du coma éthylique ne lui disent décidément rien qui vaille. Ils ne s'en prendraient pas à sa famille, c'est certain, mais s'ils finissaient par se blesser ou, pire, par foncer à moto dans la yourte familiale après une figure manquée ?

Alors que le soir tombe, mes camarades m'annoncent qu'ils vont rejoindre la ville voisine, pour y faire la fête et y passer la nuit : « On n'aura pas besoin de conduire et on pourra boire ! Tu vas voir, ça va être génial ! » Je ris intérieurement de la proposition. Quinze types ivres morts, une boîte de nuit, un hôtel : le résultat de l'équation est assez évident, même en imaginant une bande de filles qui s'agrégerait à la soirée, ou des prostituées. C'est non. Merci pour l'invitation, mais je vais rester dormir là, si la famille veut bien de moi.

Le père se détend enfin, rassuré peut-être de me voir décliner l'offre ou simplement soulagé par le départ de la bande. Il me propose de dormir avec sa famille, et m'installe un matelas dans la yourte. J'apprends que les petites filles ne sont là que pour les vacances et passent le reste de l'année en pension, en ville. En Mongolie, les femmes sont souvent plus éduquées que les hommes : il faut qu'elles puissent s'occuper du commerce et assurer la gestion des exploitations, quand on demande plutôt aux hommes d'avoir des bras et de l'endurance.

Au matin, le père est parti et sa femme m'offre un thé. L'eau est salée, âcre et d'une hygiène douteuse. Il n'y a pas de puits à proximité des yourtes. Le père doit faire chaque jour plusieurs kilomètres à cheval pour en ramener de la source la plus proche, nichée dans une montagne. J'ai de l'admiration pour cette vie simple et belle, mais où l'eau est toujours saumâtre et la nature bien rude.

Dans la journée, j'atteins Oulan-Bator. Enfin ! À l'entrée dans la capitale, je suis partagée entre la joie d'être enfin arrivée, le soulagement, l'exaltation… et une intense déception. J'imaginais une sorte de cité mythique, comme produite spontanément par le sable de la steppe. Je découvre un monde chaotique, industriel, d'une pauvreté extrême, où des gamins dorment ici et là dans la rue. Un million et demi de personnes se pressent dans les ruelles boueuses : la moitié de la population de ce pays grand comme trois fois la France. Des immeubles ont été construits à la va-vite à mesure que la capitale se développait, mais ils ne sont le plus souvent alimentés ni en eau ni en électricité. Par ailleurs, beaucoup des Mongols qui migrent vers la capitale pour s'y construire un avenir qu'ils espèrent meilleur emmènent leur yourte avec eux et d'immenses bidonvilles de feutre se créent un peu partout.

Il y a pourtant de l'argent, beaucoup d'argent, grâce aux mines notamment : les boutiques Louis Vuitton et Christian Dior côtoient la misère la plus noire. Au loin, sur une colline qui domine la cité, la statue équestre de Gengis Khan, père fondateur de la Mongolie : on dit de lui qu'il a eu plusieurs centaines d'enfants qui ont peuplé le pays.

Je me rends à l'hôtel indiqué par Volker et le trouve attablé avec des amis devant une pinte de bière. Nous tombons dans les bras l'un de l'autre, trop heureux d'être arrivés sains et saufs. Et Daniele ? Daniele n'est pas là encore, mais nous ne voulons pas croire qu'il ait eu un accident. J'appelle aussitôt Sukh Oshir, le géologue qui m'avait si gentiment laissé son téléphone portable. Pour tout avouer, l'appareil n'a jamais servi : il n'y avait absolument aucun réseau la seule fois où j'ai essayé de l'utiliser. Mais j'éprouve une immense fierté à pouvoir lui rendre son bien, le remercier et lui prouver s'il en avait besoin qu'on peut faire confiance à une totale inconnue. Nous passons une soirée avec quelques-uns de ses collègues dans un pub irlandais où se produit, hasard du chemin, le plus célèbre groupe local, Altan Urag, un groupe de punk métal diaphonique[1]. Sukh Oshir est convaincu que, si je suis arrivée jusque-là, j'atteindrai le but du voyage. Il me donne l'adresse et le numéro de son épouse au Japon : je dois absolument aller lui rendre visite, lorsque la moto et moi aurons traversé le Pacifique.

Il faudrait, pour cela, que Poupinette tienne bon, et je profite d'être en ville pour lui faire passer un bilan de santé complet. C'est peu de dire qu'elle est mal en point. Volker, comme tout le monde, me conseille d'arrêter là. Je suis déjà allée si loin ! Oulan-Bator est d'ailleurs le point d'arrivée d'une foule d'expéditions, la fin naturelle de toutes les aventures. Le très fameux Mongolian Rallye, par exemple, qui part d'Angleterre et dont le but est d'emmener un véhicule – n'importe lequel – jusqu'à la capitale mongole. Ce qui a d'ailleurs une conséquence curieuse : dans l'un des garages qui sert de cimetière, je trouve de vieux 4 × 4, des motos

1. Compositeur de plusieurs musiques de films ou de séries, dont celle de *Marco Polo*.

de sport et même une ambulance désossée ! La visite me permet au moins de dégoter les pièces de rechange dont Poupy a besoin. Durant l'expédition, j'aurai presque entièrement démonté et remonté ma valeureuse 125.

La dernière ligne droite va cependant être compliquée, je le sais : je vais devoir parcourir les quatre mille kilomètres sibériens qui séparent la frontière mongole de Vladivostok en moins de dix jours ! En effet, l'ambassade russe à Oulan-Bator ne délivre que des visas de transit de dix jours, pas un de plus, durant lesquels je devrai faire la route et trouver un bateau pour sortir du pays avec la moto une fois à Vladivostok. Avec une moto qui roule au maximum à cent dix kilomètres sur une bonne route, le temps sera compté et aucune panne ne doit me ralentir. Il faut que Poupy soit parfaitement prête. Inquiet, Volker a rallié tous les voyageurs de la *guest house* à sa cause. Il me dit que c'est une folie, qu'il serait un peu prétentieux de vouloir aller plus loin. Des mots que j'ai déjà entendus avant mon départ de Paris. Je l'écoute tout en continuant de préparer ma moto.

Daniele arrive enfin, quelques jours après moi. Nous nous sautons au cou, nous rions, nous poussons des cris. Volker, qui se fait un principe de ne jamais danser mais qui a un goût certain pour les célébrations, décide que de telles retrouvailles et un pareil succès méritent une nuit de fête : nous partons en goguette, bras dessus bras dessous. Il y a avec nous la petite amie de notre Allemand, une jeune femme qu'il a rencontrée l'année précédente. Elle est mongole et travaille dans l'export. La demoiselle, très *working-girl*, s'agace un peu de l'image exotique que les étrangers se font de son pays. La Mongolie ne se résume pas pour ses habitants à un désert sablonneux, et ils tiennent à prouver que la vie qu'ils mènent en ville est semblable à celle de tout jeune de pays développé. Sans doute l'amie de Volker perçoit-elle, aussi, que nous avons partagé ces dernières semaines une expérience qui lui échappe, qu'il s'est créé entre nous trois un lien purement fraternel, certes, mais dont elle est exclue. C'est tout de même une belle soirée. Sur la piste de danse, nous dépassons tout le monde de deux têtes : on jurerait des géants extatiques mélangés à la foule.

Daniele peine cependant à masquer sa tristesse. Lui qui était si drôle et si enthousiaste a désormais le visage sombre. Son *adventure* touche à sa fin. Il doit prendre l'avion quelques jours plus tard pour rentrer en Italie. Je ne dois pas m'attarder, moi non plus. Poupy est aussi prête qu'elle peut l'être et je viens de recevoir le fameux visa de dix jours. Sans aucune hésitation, je repars.

8

Au bout du continent s'arrête la route

J'ai passé quinze jours à Oulan-Bator. Quinze jours où j'ai été entourée d'amis, où j'ai dormi sous un toit et dans un vrai lit, une parenthèse où je n'ai eu à me soucier ni de ma sécurité ni des intempéries ni des kilomètres à venir. Lorsque enfin je reprends la route, le contraste est brutal. La solitude surtout me semble rude, comme la vigilance de chaque instant qu'elle suppose. C'est moi qui en ai décidé ainsi, je le sais, pas un instant je ne regrette le choix que j'ai fait de poursuivre mon périple, mais quitter la Mongolie m'attriste énormément. Je roule vers la frontière en disant doucement au revoir à ce pays que je garderai toujours dans mon cœur.

Le premier soir, je dresse mon campement au sommet d'une butte, un peu à l'écart de la route. Alors qu'au matin je refais comme d'habitude mon paquetage et enfourche ma moto, prête à partir, elle se dérobe soudain sous mes pieds. Je ne parviens pas à la retenir et elle s'écroule par terre. Et je lutte en vain pour la redresser. Pourtant je l'ai déjà fait de nombreuses fois avec succès. Pourquoi je n'y parviens pas cette fois-là ? J'aperçois une voiture au loin, qui arrive vers moi. Je dévale le talus, cours à sa rencontre en moulinant des bras, et me mets en travers de la route. Le conducteur accepte de m'aider et nous parvenons ensemble à soulever la Varadero mais, alors qu'il a déjà tourné les talons et commencé de redescendre vers sa voiture, l'homme s'arrête, et ramasse un petit objet perdu sur le chemin. « Ce n'est pas à toi, ça ? » *Ça*, c'est la valve qui, lorsque l'essence vient à manquer, me permet de passer sur la réserve et qui, sur ma vieille Honda cent fois rafistolée, empêche en outre le carburant de goutter.

Cette pièce, je l'ai perdue le jour précédent, en roulant vers ce lieu de campement. Elle est tombée à plus de trente mètres de l'endroit où j'ai planté ma tente. Sans cette chute et l'aide de cet homme à l'œil de lynx, le voyage aurait viré au cauchemar complet. Cette fois, j'en suis convaincue : Poupy, dont je connais chaque grincement et chaque odeur, m'a parlé à sa façon ce matin-là, en rechignant à partir sans la pièce qui lui manquait. À sa façon, elle m'a rappelé qu'il allait falloir être attentive, et lui offrir un bon check-up avant chaque départ.

Mais l'avertissement n'est pas tout à fait suffisant. Avoir pu traverser la Mongolie m'a galvanisée. Après les approximations du début de voyage, je me sens maintenant presque invincible, et je refuse d'écouter la fatigue accumulée au cours des trois derniers mois. Et je baisse la garde. Je m'en rends compte dans l'une des premières villes où je fais halte en Russie, pour y prendre de l'essence et de l'argent liquide. Près du distributeur devant lequel je me gare, il y a deux adolescents. L'un de dix-sept ans environ, sur une mobylette rouge ; l'autre plus jeune, sur un vélo. Nous échangeons quelques mots en russe, quelques sourires… et, stupidement, je fais les trois ou quatre pas qui me séparent de la banque en laissant sous leur garde la moto chargée. En une fraction de seconde, les voilà enfuis avec ma sacoche avant. Il y a là tout mon voyage : mes disques durs avec toutes mes images, mes cartes mémoire, mes carnets, tous les souvenirs qui, évidemment, sont ce jour-là rassemblés alors que je prends soin d'habitude de les disperser dans des sacs différents. Je m'élance en courant, folle de rage, à la poursuite des garçons en leur criant de s'arrêter, sentant déjà les larmes me monter aux yeux. Aussitôt, un petit garçon se met à courir avec moi en s'époumonant à son tour. De ce moment, je garde une impression curieuse : mon cerveau embrouillé ne peut s'empêcher de remarquer que ce gamin est franchement adorable dans son élan d'empathie spontané… tout en étant totalement catastrophée par cette perte que je pressens irréparable. Inutile évidemment d'espérer rattraper les adolescents. Je les vois disparaître et je m'effondre à terre, en pleurant hystériquement.

Je ne me souviens plus bien de ce qui suit mais je finis par me retrouver au poste de police, devant le commissaire. Une expérience unique en son genre et qui, a posteriori, peut sembler très drôle. Pas un agent ne parle anglais : toujours secouée de sanglots, je bricole des explications en russe. Le commissaire m'offre du chocolat et un thé chaud accompagné d'un plein verre de cognac, tandis qu'à son invitation je m'affale dans le grand sofa rouge de son bureau. Je vois l'équipe s'agiter dans un brouhaha général jusqu'à ce que les agents reviennent, avec un sourire épanoui. Auraient-ils mis la main sur mes voleurs ? Non. Ils ont réussi en revanche, après maints essais, à faire fonctionner leur logiciel de traduction. Logiciel grâce auquel ils parviennent à me dire : « Comment allez-vous ? » (À merveille, merci.) Puis : « Tout va bien se passer. » (Ah bon ? et par quelle opération du Saint-Esprit ?)

Tout sera fait pour retrouver ma sacoche, assure le commissaire. Il s'agit cependant de faire vite : si les coupables ne sont pas pris tout de suite, ils auront le temps d'abandonner la mobylette et de cacher mes affaires avant de les revendre. Je fais une description sommaire du duo. On me présente des photos, une galerie de portraits de petits délinquants, dans l'espoir que je les identifie. Les images, m'explique-t-on, ont été prises dans une sorte de camp de redressement pour adolescents. On y voit, dans un décor champêtre, tout un groupe de garçons en treillis qui s'entraînent à démonter puis remonter des kalachnikovs. Ça me paraît une curieuse façon de faire rentrer des jeunes dans le rang, mais je ne fais pas de commentaire. De toute façon, l'enquête est inutile : ils se ressemblent tous et je n'ai que peu confiance en ma mémoire visuelle.

Une touriste française perdue, l'animal est assez rare dans ce coin de Russie pour que l'on se mette en frais : le commissaire fait revenir de congés le seul de ses agents qui sache parler anglais et le charge de veiller sur moi. Il accomplit sa tâche avec une sollicitude toute maternelle et joue les nounous le reste de la journée, m'emmenant chez lui pour me faire à manger, me consolant du mieux qu'il peut, m'entraînant au temple bouddhiste puis au cybercafé où je peux prévenir Christian et partager avec lui mes malheurs. On m'installe pour la nuit sur le sofa du commissaire et, à minuit, les agents me réveillent : ils ont retrouvé les jeunes, la mobylette et mon sac. Hourra ! Rien ne manque, pas même l'argent.

Au petit matin suit un moment plus sidérant encore : l'avocat chargé de ma défense me demande quelle peine je souhaite infliger à ces jeunes. Un an, deux ? Si l'idée est qu'ils passent un an à manier des armes avec leurs copains, j'aimerais autant qu'ils viennent s'excuser et passent quelque temps à servir la soupe populaire ! La presse et la télévision locales sont convoquées et je me retrouve, aux côtés du commissaire et de ma nourrice en uniforme, à témoigner face caméra de ce que les autorités russes sont prodigieuses, et luttent contre le crime avec une efficacité exemplaire.

Une fois ma sacoche retrouvée, je range immédiatement dans le top case mon deuxième disque dur, celui qui contient toute la mémoire visuelle de mon voyage. La leçon du « Range bien tes affaires toujours à leurs places respectives » finira bien par rentrer. Je reprends la route soulagée, mais anxieuse et plus fatiguée que jamais. L'épisode m'a sonnée, et m'a fait perdre un temps précieux.

Le trajet vers Vladivostok est monotone mais très beau, typiquement russe : une très longue route bordée de forêts de pins et de bouleaux. Je ne peux plus m'offrir le luxe de prendre des chemins de traverse, de me perdre en contemplations. Cette fois, je dois avaler la distance comme une forcenée. Quatre mille kilomètres en dix jours, c'est beaucoup : la vitesse est limitée à cent kilomètres à l'heure et la police aime bien flasher à des entrées de villes non indiquées. Je suis contrainte de rouler dix heures par jour, en ne faisant que les arrêts strictement indispensables.

Il ne me reste bientôt plus que quatre bougies neuves. Mes bougies, ces fichues bougies chinoises, continuent de m'empoisonner la vie : j'ai maintenant à m'arrêter tous les cinquante ou soixante kilomètres pour les désencrasser. Je trouve un petit garage de motos et raconte mon épopée à Dimitri, le patron, dans l'espoir qu'il sache où trouver ces si précieuses pièces mais en version japonaise. Dimitri n'a pas une hésitation : il va vers sa propre moto, démonte les siennes et me les tend. « Va, ton voyage est important, il faut que tu réalises ton rêve. » Avec la liste d'Igor, j'avais eu un premier aperçu de cette étonnante solidarité des Russes, de ces réseaux d'entraide informels, bâtis en marge d'un système officiel dont on n'attend pas grand-chose et dont il est d'ailleurs préférable de se méfier. Cette fois-là, le sacrifice me laisse sans voix. Aurais-je été capable d'en faire autant ? Mon sauveur a été touché par l'histoire de ma Varadero, du projet un peu fou de cette expédition. Et puis, il en a sans doute vu d'autres : dans ces régions reculées de Russie, la plupart des véhicules sont des antiquités qu'on ne cesse de bricoler. Les cent trente mille kilomètres de Poupinette font même pâle figure à côté des quatre cent ou cinq cent mille qu'affichent les compteurs de certaines autres motos…

De cette Russie du bout du monde, c'est cette solidarité fruste et simple qui va me marquer. Comme la gentillesse de cette Russe entre deux âges, qui parcourt seule le pays au volant de sa petite voiture pour le découvrir et qui, par pure gentillesse, m'offre un collier d'agate. Comme la rencontre avec Vassili et Vassili, des motards eux aussi, que je croise un soir de pluie après un nouveau problème technique, sur la chaîne cette fois, et qui m'emmènent jusqu'à un hôtel dont ils paient la chambre avant de se retirer discrètement. Ou cette employée de station-service, qui me laisse camper derrière sa guérite et qui, au matin, me prépare le petit déjeuner en me racontant sa vie et ses fins de mois difficiles.

Le 31 août, je suis à une cinquantaine de kilomètres de Vladivostok lorsque la suspension casse à nouveau. Un garagiste parvient à la réassembler, mais me prévient que cela ne tiendra pas. Poussivement, sous un ciel lourd de pluie, je parcours les derniers kilomètres lorsque, après un col, j'aperçois soudain la mer. La mer ! Ce grand bleu qui m'annonce que je suis arrivée au bout du continent. Au bout de la route possible…

Je m'arrête un peu plus loin, devant l'immense panneau affichant le nom de Vladivostok en cyrillique. Je peine à en croire mes yeux. Je suis tétanisée, et mille images des derniers mois de route me reviennent en tête. J'ai besoin d'imprimer ce moment à jamais. Je multiplie les photos sous le regard amusé de la police locale qui finit par poser à mes côtés. Je suis arrivée à vingt-deux mille cinq cents kilomètres de Paris. Entre le Japon et moi, il n'y a plus qu'un morceau d'océan. Je reste là un long moment, à contempler la mer à côté de ma Honda. Nous avons réussi ! Je pleure de joie, de tristesse aussi à l'idée de la fin prochaine.

L'un des Vassili rencontrés sur la route m'a donné le numéro d'un de ses amis qui habite en ville, et qui pourrait m'aider à organiser mon départ. Sans téléphone, je le fais appeler par une passante un peu étonnée et, quelques minutes plus tard, je vois débarquer Sacha, dont le blouson patché de biker contraste avec son grand sourire. Il vit avec sa compagne Olga, aussi amoureuse que lui des deux-roues. Ils ont tout un groupe d'amis motards, les seuls motards russes (et peut-être les seuls Russes tout court) qui ne boivent pas une goutte d'alcool et ne prennent aucune liberté avec les règlements. Une bande étonnante et chaleureuse. Sacha m'invite chez lui, nous nous arrêtons devant la petite maison qu'il occupe pour déposer mon chargement.

Alors qu'en guise de remerciement je lui propose de faire une virée avec Poupinette, la moto reste silencieuse quand je veux la démarrer. Le tableau électrique refuse de s'allumer. Elle ne donne plus aucun signe de vie. Cette fois, c'est fini. Ma 125 a donné tout ce qu'elle pouvait pour me conduire jusque-là, avec pugnacité. Elle a tenu bon comme elle a pu. Mais elle n'ira pas plus loin. Après ces années, ces dizaines de milliers de kilomètres ensemble, elle a senti qu'elle pouvait rendre les armes. Elle est morte. Je me mets à pleurer à chaudes larmes.

Aujourd'hui encore, les larmes me montent aux yeux lorsque je pense à elle. Cette moto était une compagne, une alliée, le symbole de ma vie de jeune femme, de ces années où j'avais peu à peu pris mon indépendance, commencé de tracer ma voie. Elle m'a rendue libre, tout simplement.

Je l'aimais, je reste persuadée qu'elle m'aimait en retour et, avec elle, c'est tout un pan de moi qui semble disparaître.

Devant Sacha qui soudain ne dit plus rien non plus, je la prends dans mes bras, je l'enlace et la caresse. Je vais la laisser ici à cet homme qui me promet qu'il en prendra soin. Je n'emporterai avec moi que sa plaque d'immatriculation. Je l'ai toujours : elle est de ces objets de presque rien dont on sait que l'on ne se séparera jamais.

Au fond de moi, je me dis quand même qu'un jour, je viendrai la rechercher.

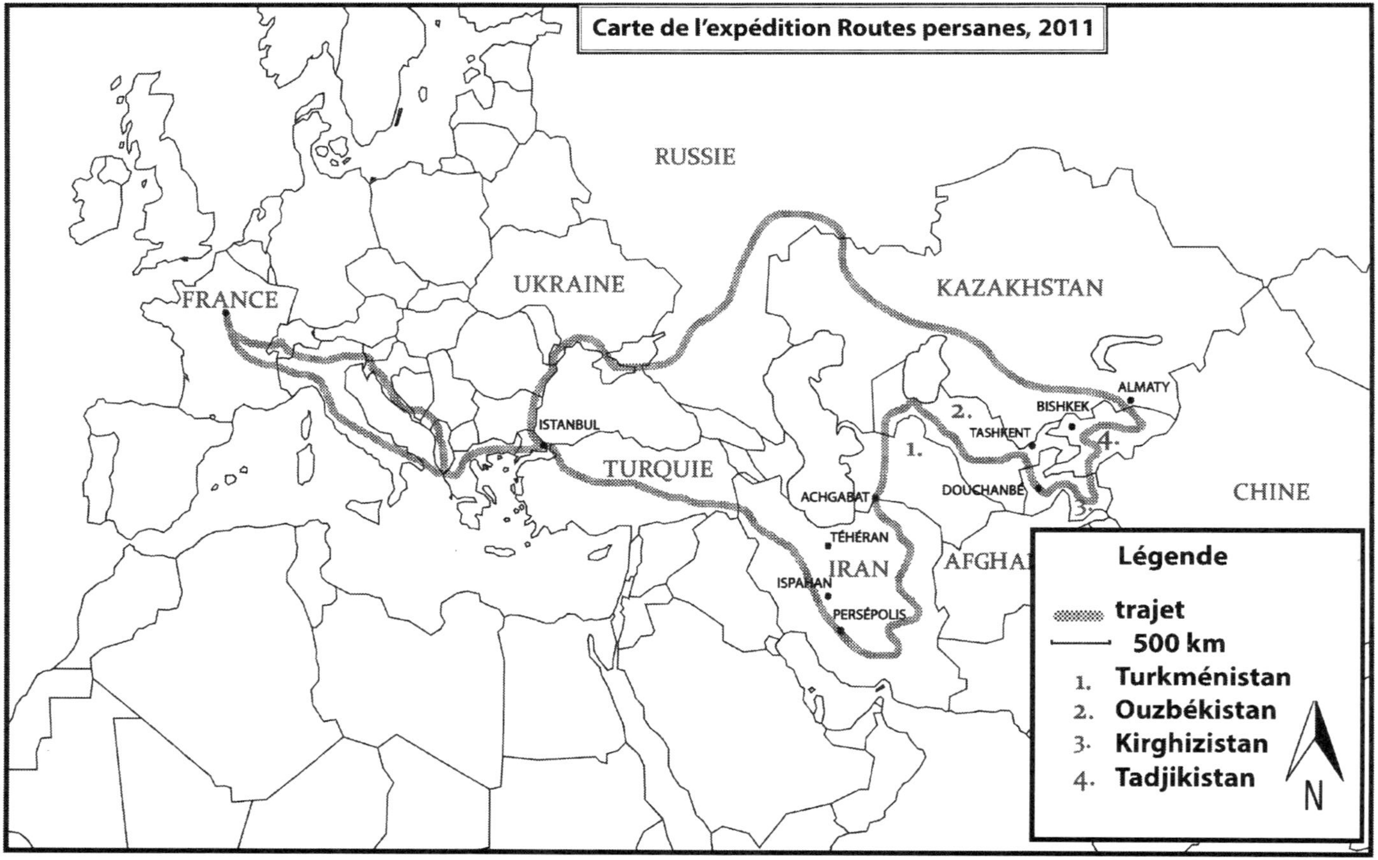

Carte de l'expédition Routes persanes, 2011
RUSSIE
UKRAINE
FRANCE
KAZAKHSTAN
TURQUIE
ISTANBUL
ACHGABAT
TÉHÉRAN
IRAN
ISPAHAN
PERSÉPOLIS
AFGHA
TASHKENT
BISHKEK
ALMATY
DOUCHANBÉ
CHINE
1.
2.
3.
4.
Légende
trajet
500 km
1. Turkménistan
2. Ouzbékistan
3. Kirghizistan
4. Tadjikistan
N

Deuxième partie

LES ROUTES PERSANES

9

Nouveau départ

Septembre 2010. Je repose le pied à Paris après une dizaine de jours au Japon : parenthèse de douceur après ces longues semaines de route et de solitude. Le temps nécessaire pour faire le deuil de Poupy et avoir envie de reprendre le cours de ma vie. J'ai aussi eu l'honneur de visiter l'usine historique de motos Honda à Kumamoto, la première du pays, avec le directeur pour l'Europe, un certain M. Yamamoto (certains noms prédestinent). J'ai même pu acheter un petit porte-clefs en forme de sushi : je l'avais promis à Mehdi, le mécanicien qui m'avait aidée à préparer le départ. Voilà, parole tenue.

Revenir est un bonheur que je ne soupçonnais pas. Le jour de mon départ, je doutais même de pouvoir atteindre la frontière et, près de quatre mois plus tard, je suis allée au bout de la promesse que je m'étais faite, au bout du continent, au bout de ma moto. C'est fait, je l'ai fait. Avoir accompli ce rêve qui me tenait tant à cœur est à soi seul une joie immense.

Je retrouve Christian, mes parents, ma sœur, mon frère, mes amis. Je retrouve Paris, l'appartement proche du parc de la Villette où j'ai fait mon nid, sa rue pleine de fleurs, d'épiceries et de cafés. Je retrouve la fac, mon métier de costumière au théâtre, le plaisir des coulisses et les bavardages des comédiens. Ma vie est comme je l'avais laissée et je m'enchante de tous ses minuscules détails quotidiens. Je peux cuisiner avec un luxe d'ustensiles et d'épices, emplir un réfrigérateur, faire des orgies de fromage et inventer pour mes amis des plats nouveaux. Je peux prendre des cafés en terrasse, paresser le long du canal, me prélasser sous l'eau chaude de la douche. Le seul fait de pouvoir changer de tenue me réjouit, moi qui ne suis pourtant pas une victime de la mode. Portés à l'identique pendant quatre mois, mes vêtements étaient devenus une sorte d'uniforme patiné par les éléments : un T-shirt, un pantalon différent suffisent à me faire sentir une autre personne. Suis-je vraiment partie ?

Je range dans un coin les rushes et les photos que j'ai rapportés, dans l'idée de faire un tri plus tard, quand j'en aurai le temps et le courage. Aucune urgence, puisque je ne songe pas un instant à diffuser le résultat. Surtout, je suis infiniment fatiguée. Pendant ces quatre mois, j'ai dû être sur tous les fronts : trouver à manger, dénicher un lieu sûr pour dormir, ne pas me tromper de chemin, chercher de l'essence, prendre soin de la moto, apprendre à m'adapter à chaque pays, chaque culture, essayer de me faire comprendre, déchiffrer les comportements humains, être constamment vigilante. C'était épuisant. J'ai eu peu de nuits complètes de sommeil, toujours à l'affût des bruits suspects, toujours sur le qui-vive. J'ai une très lourde dette de sommeil à payer et, dans les jours qui suivent mon retour, j'enchaîne les nuits de dix heures et les siestes à rallonge.

Aux amis que je revois, aux étrangers que je rencontre et qui me posent des questions, je raconte par bribes mon aventure. Les inconnus, souvent, me disent que je suis « couillue », « franchement couillue ». Ce n'est pas que l'expression me choque, mais elle me surprend tant elle est fréquente. Il faudrait donc être dotée d'une « franche » paire de testicules pour prendre seule la route ? Une femme ne peut-elle être courageuse et vivre ses propres aventures sans recevoir un qualificatif si masculin ? Comme si la langue française manquait de mots… Nous pourrions d'ailleurs en inventer de nouveaux, en évitant les « T'es bien clitorisée, toi » ou « T'as de gros ovaires » qui seraient aussi élégants que le « couillue » mais manqueraient de créativité. Je dirais volontiers, par exemple, que je suis assez « maillartée » ou carrément « néelesque », pour rendre hommage à mes prédécé-sœurs en exploration Ella Maillart et Alexandra David-Néel, parties suivre leurs rêves et leurs envies. Aujourd'hui, dix ans plus tard, plus personne en tout cas ne songerait à me qualifier de « couillue ». Question de mode, peut-être. Je préfère y voir l'effet d'un changement des mentalités : il semble admis, désormais, qu'une femme puisse se lancer dans un projet comme le mien.

À mon retour en France, je ne songe pas un instant à reprendre la route immédiatement. Comment le pourrais-je, d'ailleurs ? Toutes mes économies se sont évanouies dans le voyage, et je serais bien incapable, pour l'heure, de m'offrir une nouvelle moto. Mais le hasard en décide autrement. Quelques semaines après mon retour, je contacte le service marketing de Honda en France, qui avait organisé pour moi la visite au

Japon : je tiens à les remercier de vive voix pour l'aide qu'ils m'ont apportée. Mon interlocuteur, Sébastien, m'invite à déjeuner début décembre afin que nous fassions enfin connaissance et que je lui raconte les détails de mon périple. Alors que le repas touche à sa fin, il évoque un futur modèle, la Crossrunner, une VFR800 taillée pour le voyage, qui va bientôt sortir. Il me demande si j'envisagerais de repartir sur cette moto-là s'il la mettait à ma disposition. Je suis aussi surprise qu'heureuse. Et un peu inquiète quand même : il faudrait repartir dans l'année. J'avais bien prévu de refaire une expédition, mais pas aussi vite. Je suis encore fatiguée de mon aventure, toutefois l'idée me séduit. Après en avoir discuté avec Christian, qui est toujours aussi encourageant, j'accepte, dans la semaine, cette proposition : c'est une chance unique, qu'il serait trop bête de laisser passer.

D'autant plus que ce nouveau voyage, je ne l'imagine plus du tout comme le premier. Il a été important, capital pour moi dans l'apprentissage qu'il m'a offert, néanmoins je n'ai pas songé en rapporter un documentaire ni même un témoignage. La caméra devait me servir à garder un souvenir personnel de ce que j'imaginais comme une aventure unique. Je n'avais pas envisagé un instant que mon expédition puisse intéresser qui que ce soit. J'avais même été surprise, en rentrant, de découvrir que, grâce au blog entretenu par Christian, l'histoire de Back to Japan avait circulé chez les motards. Que mon périple loin des sentiers battus, au plus près des habitants, de leurs vies, de leurs quotidiens avait touché, ému. Pourtant, une très large partie de mon attention, de mon énergie et de mon temps avait été absorbée par Poupy elle-même, et par l'obsession que j'avais d'atteindre mon but, ce qui ne m'avait pas toujours laissé la disponibilité nécessaire pour m'ouvrir suffisamment aux autres.

Toutefois j'ai découvert que la moto était un moyen de rencontrer les gens, de les attirer, de permettre facilement un contact ou d'engager la conversation. Elle m'a permis d'aller plus loin dans la connaissance des individus et des pays et c'est ce que je souhaite faire lors de mon prochain voyage.

L'Iran s'impose tout de suite à moi comme ma nouvelle destination. Une évidence, un rêve de toujours que je tiens de ma mère. Elle n'y a jamais voyagé elle-même mais elle nous a élevées, ma sœur et moi, dans ce fantasme d'une Perse millénaire embaumant le safran. À l'université, plus tard, j'ai rencontré aussi deux Iraniennes, des jumelles, avec qui j'avais souvent parlé de leur pays, qu'elles aimaient beaucoup. Elles rêvaient de pouvoir comme moi passer le permis moto chez elles mais m'avaient appris que les femmes n'avaient pas le droit de conduire de deux-roues là-bas, ce qui m'avait interloquée. En outre, lors de ma première expédition avec Poupy, tous les voyageurs que j'ai croisés et qui étaient allés en Iran avaient été unanimes : à découvrir absolument !

J'ai composé avec toutes ces bribes une image ambiguë de ce pays : je suis fascinée, bien sûr, par ce que je connais de la culture ancestrale de l'Iran, par les images sublimes que j'ai pu voir de Persépolis, l'ancienne capitale de l'Empire perse. Mais je suis très intriguée, aussi, par l'histoire contemporaine du pays et de son peuple, un peuple opprimé par une dictature devant laquelle tremble le monde entier, mais que l'on m'a décrit comme infiniment chaleureux, et glanant sa liberté où il peut.

En 2010, au moment où je vais prendre la route, la situation en Iran est particulière, c'est-à-dire particulièrement difficile. Après le « mouvement vert » qui a suivi la réélection du président Ahmadinejad en 2009, le régime s'est durci, et ses opposants ont été brutalement réprimés. À quoi s'est ajoutée l'affaire Clotilde Reiss, cette étudiante française accusée d'espionnage et jetée en prison après avoir pris part à des manifestations : les relations diplomatiques entre Paris et Téhéran sont devenues très tendues.

Je ne trouve pourtant pas là matière à renoncer. Au contraire : les réactions vives, pour ne pas dire violentes, que mon projet suscite ne font que me renforcer dans ma conviction. Certains me disent qu'un tel voyage ne pourra que servir le régime : que je lui donnerai du crédit, que je ferai sans le vouloir le jeu de sa communication, ou qu'en me pliant au port du voile je contribuerai à l'oppression des femmes. D'autres, plus simplement, estiment qu'une telle expédition est bien trop dangereuse. Quelques-uns, tout de même, s'enthousiasment à l'avance pour la qualité du témoignage que je pourrais en retirer puisque j'ai cette fois décidé de partir avec une caméra dans l'idée de faire un film documentaire. Les proches d'entre les proches, fidèles à leur philosophie habituelle, suspendent leur jugement et s'épargnent la peine inutile d'essayer de me faire changer d'avis.

Je compte gagner le pays en passant par l'Italie, la Grèce et la Turquie, puis passer par le Pakistan, aller jusqu'en Inde et, de là, repartir vers l'ouest en traversant une partie de la Chine. Puis le Tadjikistan, l'Ouzbékistan, l'Ukraine, l'Autriche, la Suisse : la route inversée de celle que j'avais faite lors de mon premier voyage… et l'occasion rêvée de voir enfin la mer d'Aral à laquelle j'avais alors renoncé.

Dès janvier 2011, je me rends à l'ambassade d'Iran à Paris, pour entamer les démarches. Le moins qu'on puisse dire c'est que les touristes y sont froidement accueillis. Il y a des gardes partout, des contrôles de sécurité à n'en plus finir et, pour obtenir un visa, il me faut une lettre d'invitation d'un Iranien vivant en Iran. Je dois aussi enregistrer mes empreintes digitales, ce qui n'est pas encore très courant à l'époque. Une fois dans l'ambassade, je découvre que toutes les femmes sont voilées, même les Françaises visiblement aussi touristes que moi : je noue comme les autres le foulard que j'avais emporté par précaution.

Premier rendez-vous, première douche froide : la fonctionnaire qui me reçoit au guichet, une toute jeune femme au voile gris bien serré autour de l'ovale de son visage, est aimable comme une porte de prison. Elle se fend même d'un ricanement agressif lorsque je demande s'il me sera possible de conduire ma moto. « Vous n'y pensez pas, bien sûr que non ! » Je ne serai tolérée sur ma nouvelle Honda que comme passagère. Elle me confirme ce que mes collègues étudiantes m'avaient dit. Je rentre dépitée, mais Christian se dit prêt à me retrouver à la frontière et à faire office de chauffeur en Iran, pour me laisser de nouveau à l'entrée du Pakistan. Ce n'est pas tout à fait comme ça que j'imaginais le voyage, mais puisque je n'ai pas le choix, je prends les choses avec philosophie : je suis tout de même très contente de savoir que nous allons passer ce mois ensemble, après mes quatre mois en solitaire de l'année précédente.

Il me faudra tout de même deux rendez-vous encore pour obtenir le visa. Avec, à chaque visite, le même accueil glacial. Celui-ci obtenu, je sollicite celui du Pakistan, deuxième étape de mon parcours. À l'ambassade, au mois de mai 2011, l'ensemble de l'administration semble plongé dans le chaos le plus total. Des dizaines de personnes s'y pressent, anxieuses et même affolées. Oussama Ben Laden a été tué le 2 mai, et des troubles ont aussitôt commencé de se multiplier dans le pays : les Pakistanais résidant en France craignent plus que tout de devoir rentrer dans ces circonstances. Je repars bredouille, un peu préoccupée. Tant pis, j'improviserai à la frontière pakistanaise comme j'ai prévu de le faire dans les autres pays. Tant que je suis assurée de pouvoir mettre le pied en Iran, tout va bien.

Je découvre ma nouvelle moto au siège de Honda France, à Croissy-Beaubourg. Tout juste sortie de l'usine, flambant neuve. Je suis excitée évidemment, très impressionnée aussi. Ma nouvelle compagne n'a rien à voir avec l'ancienne. Certes, je suis convaincue que le potentiel de ma chère Poupy n'a jamais été estimé à sa juste valeur. Je considère même que les 125, de manière générale, sont injustement dénigrées puisque, pour parler clair, la plupart des amateurs ne les tiennent pas pour de vraies motos. Mais je dois avouer que conduire une 800 cm^3 donne à la route une dimension nouvelle. D'autant que celle-ci est inspirée d'un modèle de course que Honda a cherché à adapter à un usage plus quotidien : c'est un engin nerveux, qui réagit au quart de tour. Elle m'intimide un peu, je vais devoir l'apprivoiser. En la prenant pour la première fois en main, je comprends aussi que, cette fois, le jeu est tout autre. J'ai désormais une responsabilité, un contrat moral avec une marque qui me fait confiance et qui espère aussi récupérer sa moto dans quelques mois.

Je prends conscience que je suis bien moins libre qu'un an plus tôt. D'autant qu'Honda m'a mise également en relation avec d'autres partenaires, qui ont pris part au projet. Bridgestone me fournit deux jeux de pneus, Bering un équipement complet, Scorpion un casque muni d'un pare-soleil (j'ai perdu bien trop de fois mes lunettes, cette protection-là devrait rester en place), j'ai une nouvelle bagagerie. Jamais je n'ai été aussi luxueusement équipée ! Je récupère la tente deux places de Christian, puisqu'il doit me rejoindre. Une tente solide, capable de résister à toutes les intempéries et, surtout, munie d'une double ouverture qui me permettrait d'avoir une issue à l'arrière si l'entrée était bloquée par un intrus (petite leçon tirée de mes mésaventures kazakhes). Lorsque je serai seule, j'aurai dans l'habitacle beaucoup de place, et pourrai garder toutes mes affaires à portée de main.

Sur le trajet lui-même, je suis mieux préparée que lors de ma première expédition. Un peu, au moins. Je continue de me fier au hasard et je n'ai fait encore une fois que photocopier quelques pages de vocabulaire turc, ourdou ou tadjik et j'essaie de me mettre dans le crâne quelques bribes de farsi. Mais, pour ce qui est de l'Iran, j'ai tout de même une idée précise de là où je veux aller. J'ai dessiné tout un périple, qui passera par des lieux mythiques. Pas Téhéran : il ne me semble pas franchement approprié d'aller tenter le diable en me promenant, caméra à la main, dans l'épicentre de la contestation. Mais Tabriz, Ispahan, Chiraz, Yazd, Machhad : les noms et les lieux dont j'ai rêvé tant d'années.

10

Premiers jours en Iran

Je reprends la route le 25 juin. J'ai de nouveau organisé un pique-nique à la Villette, de nouveau les très proches sont là, de nouveau aussi, je prends la route de la Suisse. Seule, cette fois. Anxieuse, bien sûr, enthousiaste surtout, et avec une légère impression de déjà-vu : je sais que je peux le faire. Avec une sécurité que je n'avais pas à ma première expédition : aucun risque, à présent, que la moto me lâche au premier kilomètre, normalement. Mais avec aussi une petite pression supplémentaire, car cette fois l'idée n'est pas de la laisser au bout du chemin et de son existence mais au contraire de la ramener entière.

Je prends les dix premiers jours comme une partie de plaisir, un petit intervalle de tourisme entre Paris et l'Iran qui me permet de retrouver en douceur le rythme du voyage. Je m'arrête deux jours à Venise où je rêvais d'aller depuis longtemps, je découvre les routes somptueuses de la Croatie, les lacs transparents, les forêts. Des souvenirs me reviennent, parfois, des nuits si courtes et si angoissées que j'ai vécues un an plus tôt. Comme cela me semble loin ! Je campe sans anxiété, le soleil brille. Des odeurs de sable et de sapin me montent aux narines quand je roule et me donnent envie à chaque instant de m'arrêter pour piquer un plongeon. Puis le Monténégro et l'Albanie – où mes deux pneus de rechange disparaissent : j'ai dû un soir manquer de vigilance en défaisant mon chargement, mais je suppose qu'ils ne sont pas restés orphelins bien longtemps… C'est la Grèce ensuite et la splendeur de la région des Météores, où un prêtre orthodoxe bénit spontanément ma moto.

J'entre en Turquie au mois de juillet. En ce début des années 2010, la route de l'est est encore fréquemment empruntée par les aventuriers à moto qui descendent ensuite la côte de l'Afrique. Depuis la mort d'Oussama Ben Laden, le voyage est devenu plus dangereux. On rapporte que des voyageurs ont été enlevés, que certains axes sont barrés. Même en Turquie, pourtant peu touchée par les troubles, la tension est palpable ; les frontières avec la Syrie sont désormais fermées en raison de la guerre civile qui a éclaté en mars dans la foulée des Printemps arabes. La partie centrale du pays reste agréable, mais lorsque j'atteins la frontière avec l'Iran où Christian me rejoint, l'atmosphère change : nous ne cessons de croiser des militaires armés. Nous sommes cette fois au Kurdistan, pays qui n'existe sur aucune carte officielle, habité par un peuple fier et farouche, contenu par une Turquie qui refuse de rendre indépendant ce mouchoir de poche.

À la frontière iranienne, du côté turc kurde, des chauffeurs routiers se paient le luxe de se moquer de moi : ah, je veux aller en Iran ? Il va falloir que je me voile, hein, et bien serré ! S'ensuit toute une tirade sur les femmes iraniennes : des « prostituées » malgré leur foulard et leur apparente modestie, toutes maquillées comme des voitures volées, pas une pour rattraper l'autre. Fantastique ! Le peuple iranien a décidément bonne réputation.

Avant d'aborder la frontière du côté iranien, j'entreprends donc d'enfiler le costume que j'ai composé au petit bonheur avant mon départ, et qui est censé me suivre durant toute la traversée du pays. Soit une robe longue au-dessus de mon jean, une chemise au-dessus de la robe, et le foulard obligatoire que je noue tant bien que mal en turban pour ne pas qu'il m'encombre trop. Évidemment, le résultat est moyennement élégant. Il est surtout très inconfortable. Je m'aperçois que je m'y suis prise comme un manche : je meurs de chaud sous ces multiples couches de tissu. J'entre au moins parfaitement dans le cadre légal : une femme honnête et respectable dont pas une mèche, pas un bout de peau ne dépasse. Je prends place à l'arrière de la moto et nous filons vers l'est : c'est Christian, désormais, qui tiendra le guidon. En chemin entre les deux postes, je repasse mentalement le contenu de nos bagages, imaginant des arguments pour justifier la présence d'une caméra et d'un appareil photo au cas où notre statut de touristes ne suffirait pas, élaborant des explications valables sur notre relation puisque nous ne sommes pas mariés et ne portons pas le même nom. En arrivant devant le poste de douane iranien, je suis dévorée d'anxiété. Qu'attendre d'un pays à ce point cadenassé, sous la coupe d'une telle oppression policière ? Et puis, le Kazakhstan et l'Ouzbékistan m'ont donné une petite idée du climat qui peut régner sous un régime autoritaire : j'imagine le peuple iranien méfiant, au moins timide, et je m'inquiète déjà des contacts que je parviendrais à nouer. Surprise, c'est une petite troupe de gamins hilares qui nous accueille au poste de douane, au milieu de la poussière de la route et du capharnaüm des voitures et des camions.

Tout aussitôt, un Iranien d'une quarantaine d'années nous accoste dans un grand sourire, ravi, nous dit-il, que des étrangers viennent visiter son beau pays. Arman est vendeur de fruits et de légumes, et fait tous les deux jours le trajet entre la Turquie, où il livre sa production, et Ourmia, où il habite : la capitale de la province d'Azerbaïdjan occidental, une grande ville peuplée majoritairement d'Azéris. Il alpague Christian, le saisit par la main et entreprend de le guider de bureau en bureau pour régler les formalités : moins d'une demi-heure plus tard, les gardes-frontières nous laissent passer sans même fouiller la moto, en nous lançant de grands « *Welcome to Iran !* ». Nous en restons ébahis. Ont-ils pour consigne de faire la propagande du régime ? Leur a-t-on signifié qu'il fallait être particulièrement aimable avec les visiteurs étrangers en ces temps troublés ?

Apparemment pas : la suite est à l'avenant, et nous sommes jetés d'un coup dans le grand bain du *taarof*, l'accueil à l'iranienne, l'une des vertus cardinales du pays. Arman insiste pour nous inviter chez lui. Il tient absolument à ce que ses enfants rencontrent des Européens, ne fût-ce que pour pratiquer leur anglais, et son beau-frère Dabdeh, parfaitement bilingue, pourra nous servir d'interprète. Nous acceptons avec enthousiasme, et il nous fait le geste de le suivre en montant dans sa vieille camionnette.

L'instant d'après, il a déjà disparu en trombe derrière le virage. Christian démarre précipitamment pour le suivre. Mais après le virage, déjà plus de camionnette. La route est très sinueuse, la visibilité est faible : comment cette vieille guimbarde a-t-elle déjà pu parcourir une telle distance ? Au bout de quelques minutes, nous le rejoignons mais, dès qu'il nous voit, il accélère encore. Je sens Christian se tendre. C'est la première fois qu'il conduit cette moto, et nous déboulons à plus de cent quarante kilomètres à l'heure dans les virages comme dans un circuit de course. Nous peinons à comprendre pourquoi il va si vite, lui qui paraissait si débonnaire auparavant.

La distance n'est que d'une vingtaine de kilomètres, mais lorsque finalement nous nous arrêtons dans un village, Christian est en sueur, comme s'il avait fait les 24 Heures du Mans. Tout sourire, Arman s'approche de nous, très heureux de nous montrer sa maison, en lançant : « Voilà, c'est chez moi. Comme vous me suiviez, j'ai fait bien attention de rouler tranquillement. » Regard dépité de Christian…

Nous découvrirons rapidement que ce n'est en rien une vantardise de conducteur. En Iran, il n'y a que deux états pour les voitures. À l'arrêt ou pied au plancher. Tout le monde conduit vite, très vite. Une forme de *fast and furious* permanent où la plus gentille jeune fille semble confondre jeux d'arcade et circulation réelle. Cela explique peut-être les plus de quarante mille morts par an sur les routes du pays.

Mais déjà Arman nous fait de grands signes en appelant le reste de sa famille. Je prends grand soin d'ajuster mon voile en enlevant mon casque avant d'entrer dans la maison. Mais alors que je passe le pas de porte, Arman me lance : « Tu peux te mettre à l'aise, pas besoin de voile : ici, tu es à la maison ! »

Sans être certaine d'avoir bien compris, je vois débouler la famille de mon hôte, sa femme et ses deux filles, toutes joyeuses, de jean et T-shirt vêtues, cheveux au vent, qui nous prennent dans leurs bras, comme si nous étions de vieux cousins en visite. Christian aussi.

L'épouse d'Arman, Hélène, est comptable à l'hôpital d'Ourmia, et leurs trois enfants sont passionnés de médecine. Les aînées Mozgan et Mozdeh, vingt et dix-neuf ans, veulent être respectivement ophtalmologue et cardiologue. Le benjamin Kami, âgé de dix-sept ans, rêve de se spécialiser en neurologie. Quant à Dabdeh, le fameux beau-frère, il parle en effet parfaitement anglais : il a vécu plusieurs années au Danemark et, pour ce que j'en perçois, il en est revenu tout auréolé de gloire européenne. Au sein de la famille, il est manifestement devenu l'arbitre du bon goût, celui qui sait ce qu'il convient de faire, comment il convient de vivre, et quel subtil alliage de cultures occidentale et persane les Iraniens éclairés doivent réussir à combiner.

Nous commencions à nous en douter : nos hôtes ne sont pas des religieux de stricte observance. Dabdeh nous propose d'emblée un verre de vin. Au marché noir, nous explique-t-il dans un éclat de rire, on trouve de l'alcool sans le moindre problème. Les deux jeunes filles, certes, se chargent des tâches ménagères sans que leur frère cadet bouge un cil, mais leurs concessions aux usages traditionnels semblent s'arrêter là. Promises à de brillantes études, rayonnantes et malicieuses, elles se mêlent sans retenue aux conversations, posent mille questions sur la France et sur le voyage qui semble les passionner, et même – discrètement – sur les bonnes méthodes pour rencontrer un amoureux en Occident, ce qui les intrigue un peu. Évidemment, je m'interroge en retour sur la façon dont Mozgan et Mozdeh envisagent leur vie de jeunes femmes, leur avenir professionnel, leurs futures relations amoureuses... Mais je n'ose pas leur demander trop directement puisque tout passe par les traductions de Dabdeh. Et je répugne, surtout, à sortir mon équipement de reporter pour me lancer dans un entretien formel, face caméra. Je réalise que je ne me sens pas encore prête, que je ne suis pas sûre des questions à poser. Je remets cela à plus tard.

Nous quittons Arman et sa famille au bout de deux jours. Il aurait voulu que nous restions au moins une semaine. Mais l'Iran est à nos pieds, je rêve d'Ispahan, de safran et des grands déserts, et mon visa ne dure qu'un mois. La route m'appelle. Elle est d'une grande beauté alors que nous traversons le lac d'Ourmia et les couleurs rosâtres de ses salines, dont les reflets semblent changer sans cesse de couleur. Nous nous gavons de ces premiers paysages même si chaque arrêt photo est assez pénible : il fait près de 40 °C, et la chaleur m'accable sous mon costume quatre pièces d'Iranienne comme il faut. Je ne le porte que depuis quelques jours, mais il commence déjà à me peser. Je rêve d'un plongeon dans le lac, d'autant plus que plusieurs jeunes gens s'ébattent joyeusement dans l'eau.

Je devrais faire de même, mais impossible, toutes les filles sont habillées jusqu'au cou et je ne peux me baigner avec ma seule tenue de voyageuse : l'eau salée empêcherait mes vêtements de sécher, et ce ne serait pas très confortable sur la moto. Je suis d'autant plus agacée que les hommes, eux, sont en slip de bain moulant. Je trouve cela injuste. Mais c'est la règle ici, et je ne dérogerai pas : ce n'est pas à moi de transgresser les usages et les lois des pays que je traverse.

La liberté de s'habiller comme on le désire, qui semble en France une évidence – quoique souvent questionnée –, me paraît soudain ici précieuse. Elle pourrait se résumer à ce geste simple : se jeter en maillot de bain dans l'eau fraîche d'un lac. Par solidarité avec moi, Christian décide de ne plus enlever le foulard qu'il porte habituellement comme un bandana…

Cette coutume vestimentaire inégalitaire ne gâche cependant pas les relations avec les habitants, toujours chaleureux et spontanés. Partout, ils viennent nous saluer, nous font des signes de bienvenue. Impossible de s'arrêter au bord de la route sans qu'une voiture vienne à notre hauteur, qu'on nous serre la main, qu'on nous offre des abricots, des cacahuètes, ou un simple sourire joyeux. Demander son chemin, c'est assurément se voir offrir de l'aide, comme par ce couple à scooter à Tabriz, avec entre eux deux un petit bébé. Après nous avoir dit « *Welcome to Iran, may I help you please ? I would enjoy helping you*[1] » et avoir pris les quelques photos d'usage (tout le monde veut faire des selfies avec

1. « Bienvenue en Iran, est-ce que je peux vous aider ? Cela me ferait très plaisir. »

nous et la moto), ils nous guident au travers de la ville pour trouver un hôtel convenable. Partout, la moto intrigue et nous démarque sans hésitation des locaux, même de loin, même habillés à l'iranienne : aucun engin de grosse cylindrée n'est autorisé dans le pays, sauf sur des circuits de sport, et ma 800 cm^3 est un objet de curiosité. Les Iraniens l'adorent, et il arrive que la police intervienne pour disperser les attroupements autour de la Crossrunner.

Même en roulant, nous sommes sans cesse abordés par des chauffeurs qui désirent nous serrer la main en conduisant, nous donner un chewing-gum, sans se rendre toujours compte qu'une moto comme la nôtre est moins stable que leur véhicule.

Le 14 juillet dans l'après-midi, après un millier de kilomètres, nous arrivons enfin à Ispahan, un peu sonnés par la route où tout le monde circule toujours comme sur un circuit de course. Le temps de décharger la moto et de déposer nos bagages dans un hôtel pour touristes et nous faisons nos premiers pas en ville. Des premiers pas très remarqués. Nous avons eu beau essayer de nous adapter à la mode locale, nous sommes à peu près aussi discrets que les Dupont et Dupond au pays de l'or noir dans *Tintin*, Christian, avec son bermuda de baroudeur, et moi, avec mon voile noué comme celui d'une babouchka ukrainienne. Pour une fois, cependant, c'est lui qui a droit aux regards les plus réprobateurs. Moins de dix minutes plus tard, un homme entre deux âges vient le trouver pour lui conseiller d'adopter une tenue plus correcte : nous découvrons que, pour un homme, montrer ses mollets en public – en dehors d'une plage – est extrêmement impudique : à peu près aussi choquant que de se promener dans les rues de Paris en maillot de bain.

À l'évidence, Ispahan mérite sa réputation de plus belle ville d'Iran. Nous contemplons, étourdis, les splendeurs de l'ancienne capitale perse. Les coupoles bleues de la grande mosquée, les palais aux détails sculptés, la merveilleuse place Naghch-e Djahan et les ponts enjambant le Zayandeh Roud, « le fleuve qui fait naître ». Nous découvrons avec un plaisir mêlé d'un peu d'étonnement un art de vivre qui – ici en tout cas – semble décontracté. Les terrasses sont bondées d'Iraniens et d'Iraniennes qui prennent le temps d'apprécier un thé, des jeunes gens jouent au volley dans les parcs, discutent bruyamment, certains couples se tiennent même par la main, des familles sont installées sur la moindre parcelle d'herbe avec de grands tapis et piqueniquent, les marchands de glace font fortune.

Je découvre alors ce à quoi peut ressembler la vie d'une star hollywoodienne qui se promène dans la rue. Tout le monde me regarde, me salue, vient me parler, et je ne compte pas le nombre de photos que l'on me demande, seule, avec des groupes, ensemble puis séparément avec chaque membre du groupe, de côté, de face, avec un téléphone, un second, un appareil photo et tout ce qui peut permettre de garder un souvenir. Un accueil joyeux et sincère qui rend les visites très lentes mais assure un contact sans filtre avec la population. L'Iran reste une théocratie dictatoriale et nous le rappelle régulièrement (avec ses nombreuses affiches austères de l'ayatollah Khomeyni ou du président Mahmud Ahmadinejad), mais ses habitants savent profiter des moindres instants de bien-être et de liberté.

Nous arpentons le marché, l'un des plus célèbres du pays, spécialisé dans les tapisseries et les draperies. À chaque halte, ils sont nombreux, très nombreux, à venir spontanément vers nous pour engager la conversation. Beaucoup pour nous assurer qu'ils ne sont pas tels que l'Occident les dépeint : qu'ils ne sont ni des barbares lapideurs de femmes (l'un de nos interlocuteurs, en nous parlant, fait mine de lancer une pierre imaginaire), ni des monstres assoiffés de sang. D'autres, pour tâcher de nous convertir à leurs vues. Comme cette jeune fille voilée de noir, qui mène des études coraniques et tient à m'expliquer que le tchador est une libération, qu'il n'existe pas de meilleur rempart contre les hommes. Tous, à l'en croire, sont des espèces de fauves prêts à se jeter sur la première pucelle venue, à l'exception, seulement, des père et frère de ladite demoiselle. Je tente de lui souffler que je connais bon nombre d'hommes dont il n'y a rien à craindre et avec qui j'ai noué des relations d'amitié dont je regretterais d'être privée. J'ajoute, avec le plus de délicatesse possible, que le voile, à mon sens, ne suffirait pas à protéger une femme d'un vrai fou libidineux dont elle croiserait la route. Elle sourit, un sourire de bienveillante incompréhension et de déception mêlées : elle n'a pas réussi à me convaincre.

Je suis frappée durant cette déambulation dans le marché par le nombre de femmes que je croise, un bandage sur le nez. Une, puis deux, puis dix… J'oscille bientôt entre l'effroi et la révolte. Toutes ces violences, toutes ces femmes au visage démoli ! Par qui ? Un père, un frère, un mari ? Comment peut-on les regarder passer avec tant d'indifférence ? Le doute me vient quand je commence à croiser des hommes au nez pareillement emmailloté. Le doute, et bientôt une honte cuisante : j'ai sauté à pieds joints dans les préjugés, moi qui prétendais m'en tenir éloignée. Les bandages ne dénotent qu'un effet de mode : des légions d'Iraniennes – et d'Iraniens – passent sur le billard pour se faire refaire le nez, et montrer ainsi publiquement qu'elles sortent d'une opération est une forme de coquetterie. Pas si surprenant, au fond, pour les femmes dont le visage, après tout, est la seule partie du corps qu'elles peuvent exhiber librement.

Même lorsqu'elles échappent à la chirurgie esthétique, la plupart des jeunes femmes que je rencontre sont aussi extrêmement maquillées : les sourcils épilés et redessinés, les lèvres très rouges, les yeux fardés. Le foulard se porte le plus en arrière du crâne possible, avec une fausse négligence, laissant échapper des mèches de cheveux souvent teints en blond… Le reste de la tenue type est du même ordre : on se couvre de la tête aux pieds, certes, mais dans des imperméables serrés et des jeans moulants qui ne laissent pas ignorer grand-chose des formes qu'ils sont censés dissimuler. Je repense aux commentaires injurieux des camionneurs turcs. Des « prostituées », les Iraniennes ? Elles contournent surtout du mieux qu'elles peuvent la sévérité des règles islamiques.

Les jeunes hommes ne sont pas en reste et sont tout aussi *fashion victims*, dans leurs jeans et chemises serrés près du corps.

Je resterai assez ébahie par cette manière très subtile, assez rusée et extraordinairement technique de respecter la loi coranique. Les femmes doivent porter le voile, dit-on, et les femmes le portent, évidemment, mais à leur manière.

Au hasard des ruelles, nous entrons dans la boutique de Mohammad qui propose des feuilles de sucre dorées, une douceur locale, et lui demandons l'adresse d'une maison de thé. Avec un large signe d'acquiescement, il nous invite à le suivre au fond de son propre magasin où il nous sert une tasse de thé. Ce n'était pas ce que nous avions prévu, mais nous avons une tasse entre les mains. Mohammad ne s'arrête pas là : il décide de nous emmener chez lui, où sa femme nous installe sur les épais tapis du salon et nous sert de nouveau du thé, accompagné de grands plats de dattes et de palets au sucre. Elle est très douce et très timide. Très pieuse, aussi. À notre arrivée, elle a couru se cacher pour remettre son foulard et ne cesse, le temps de notre visite, de le réajuster ou de s'assurer qu'il ne glisse pas. Cela alors qu'en arrière-plan, sur un immense écran de télévision, défilent les clips de MTV où se trémoussent des filles à demi nues dans des clips de rap. Nul ne semble remarquer le paradoxe, et ni Christian ni moi n'osons sourire de ce choc des cultures pour ne pas blesser nos hôtes.

D'autant que notre présence a l'air d'enchanter Mohammad, qui tente de mettre en pratique les cours de français qu'il a suivis. Il faut absolument que nous nous retrouvions le lendemain soir, nous explique-t-il : une petite fête est organisée chez ses parents où nous aurons l'occasion de rencontrer sa sœur, qui a vécu en France avec son mari pendant plusieurs années et parle bien mieux que lui. Nous convenons qu'il viendra nous chercher pour la soirée.

Le lendemain, à 19 heures pétantes, nous retrouvons devant l'hôtel Mohammad pourvu d'un scooter. Hors de question de prendre ma moto : nous monterons à trois sur le sien. Commence alors un rodéo infernal, à l'iranienne, dans la cohue de la circulation : trop vite, trop de zigzags, de queues de poisson, d'évitements à la dernière seconde. Mais tout va bien pour Mohammad qui tient son guidon d'une seule main, occupé au téléphone qu'il tient de l'autre par une discussion incessante et enjouée qui semble à mille lieues de cette route. La police regarde tout cela de manière débonnaire, sifflant de temps en temps sans jamais savoir qui et quoi. Je suis tentée de fermer les yeux, mais je sors au lieu de cela la caméra pour filmer notre épique traversée de la ville : quitte à mourir, autant garder un souvenir. Nos anges gardiens font de leur mieux et nous voilà indemnes chez la maman de Mohammad.

Près de l'entrée, sur un lit médicalisé[1], gît un vieillard dans un état semi-comateux. Le grand-père, nous dit-on, que nous saluons d'un geste un peu embarrassé. Mais, dans le salon, les oncles et tantes, neveux et nièces, sont déjà en train de festoyer. La veille, me voyant mal en point dans ma tenue trop chaude, l'épouse de Mohammad m'a offert l'une de ses chemises. Une chemise voyante, qui semble sortie des années 1980 ou du pinceau d'un simili Picasso sous

1. Les hôpitaux sont rares et chers en Iran, où le principe des maisons de retraite n'existe pas. Il n'est pas rare que les personnes âgées, même lourdement médicalisées, restent à la maison.

acide : elle est couverte de taches roses, vertes, jaunes et bleues. Par politesse je l'ai mise ce soir-là, et je manque de m'étrangler en voyant les autres femmes bras nus et décolletées, en jean et T-shirt pour les plus jeunes, en robe d'été pour les aînées. Dire que, pour une fois, j'aurais pu me mettre à l'aise ! Toutes les femmes ont tombé le voile, à l'exception de la mère et de la femme de Mohammad qui le portent avant tout par conviction.

Une sorte de vin artisanal de fabrication maison nous est aussitôt proposé et la soirée devient festive. Les garçons mettent de la musique dans les voitures garées dans la cour en ouvrant grand les fenêtres de la maison pour bien entendre : cela fera office de sono. J'apprends que ce sont elles qui, en Iran, servent de sortes de boîtes de nuit : dans le mince espace privé que forme l'habitacle roulant, on danse, on chante, on drague… et parfois plus, sans doute. Pour l'heure, l'une des jeunes filles exécute au milieu du salon une danse du ventre sophistiquée, et je la rejoins. Nos hôtes choisissent des tubes de Michael Jackson pour nous faire plaisir et nous rappeler « notre pays », comme ils disent. Christian et moi nous lançons dans une démonstration de rock qui fait forte impression malgré la piètre qualité de la prestation et suffit à nous faire admettre définitivement dans la famille. Nous pouvons sortir la caméra et chacun s'amusera avec. Les langues se délient. La plupart des gens présents ont participé à la « révolution verte » de 2009, qui visait à renverser le régime et a été durement réprimée dans le sang. Mais c'est promis, ils vont remettre cela. Parce que la liberté n'a pas de prix.

Plus tard, dans la cour, nous partageons des maïs grillés sur un brasero et, à la fin de la soirée, nous nous rassemblons dans le salon pour une séance photo. Je ne m'en aperçois pas sur le moment mais, dans un geste d'une délicatesse extrême – immortalisé par la caméra de Christian –, la maman de Mohammad retire pour l'occasion son foulard... Une vraie photo de famille dont je me souviendrai à jamais. Les plus jeunes nous invitent ensuite à sortir avec eux. Dans leur voiture, cela va sans dire. Nous sommes épuisés et déclinons ; sans doute sont-ils un peu déçus par notre manque d'endurance.

11

Cinq minutes

La suite de notre voyage doit nous mener à Chiraz, la ville la plus proche du site antique de Persépolis. Pour changer d'ambiance et de température, nous décidons de passer par les monts Zagros, cette chaîne de montagnes qui traverse l'Irak et l'Iran. À mesure que nous prenons de l'altitude, le monde semble s'apaiser. Pour la première fois, nous ne sommes plus dans la fournaise des plaines, ou dans des zones plus urbaines, entourés de centaines de personnes qui nous observent. Le calme et la fraîcheur des montagnes sont bienfaisants. Les paysages, des enchantements. Les tons ocre succèdent aux tons ocre, parfois lézardés par les confettis de verdure que dessinent les cultures. Contraste des couleurs et puissance des montagnes nous offrent un nouveau visage de l'Iran où tout semble simple, sans tensions, où personne n'est surveillé. Ici et là, nous observons les tentes des peuples nomades vivant dans cette région. Ils ont choisi l'éloignement, la liberté, loin des contraintes d'un régime qui ne semble pas s'exercer jusque-là. Nous respectons ce choix et décidons de ne pas les déranger. Mais leurs tentes sont un appel : nous nous autorisons à monter la nôtre au détour d'un chemin, sur les lèvres d'une rivière qui serpente. Je suis bien.

À tel point que, quand nous reprenons la route dans le silence isolé de ces montagnes, je me remets à conduire la moto. Alors que nous gravissons un sommet, une voiture arrive à notre hauteur, un fracas de musique s'échappant des vitres ouvertes. À son bord, quatre jeunes femmes qui nous font signe de nous arrêter, se garent à notre hauteur et sortent en proie à une excitation qui, dans les premières secondes, nous laisse un peu étourdis. Voir une moto étrangère, et conduite par une femme qui plus est, leur semble totalement inouï : elles poussent des cris d'enthousiasme, nous enlacent, nous embrassent, nous applaudissent et se mettent aussitôt à danser autour de la Honda en poussant le volume de leur musique. Je les accompagne en suivant le rythme du mieux que je peux, avant qu'une seconde voiture ne s'arrête elle aussi – « C'est notre ami », me glisse l'une des filles en guise d'explication –, et un jeune homme avec chemise, pantalon moulant et lunettes de soleil nous rejoint. Sur le son de « Dirty Dancer » de Enrique Iglesias et Usher, la danse devient endiablée, et communicative. Dans la minute qui suit, nous voyons un scooter, puis deux qui se garent sur le bas-côté, une dizaine de mètres plus loin : les conducteurs descendent à leur tour pour se mettre à danser. Sans oser s'approcher cependant, dans une sorte de communion lointaine avec la bulle d'exultation qui, d'un coup, s'est formée autour de nous.

Combien de temps cette scène étonnante dure-t-elle ? Une poignée de minutes, quatre ou cinq, guère plus. Bientôt, un camion passe à notre hauteur puis s'arrête en klaxonnant violemment en guise de rappel à l'ordre. Danser en public comme nous le faisons n'est pas seulement mal vu : c'est strictement interdit. Immédiatement, mes nouvelles camarades s'assombrissent et semblent inquiètes. Elles baissent nerveusement la musique et nous demandent de les suivre à moto. Un peu plus loin, au bord de la route, est installé une sorte de petit salon de thé où nous nous arrêtons quelques minutes, le temps de se dire au revoir normalement. Les quatre jeunes femmes me serrent ensuite dans leurs bras en me disant adieu. Laila, la plus exubérante, sort de leur boîte à gants un petit cafard en plastique et me le glisse dans la main avec un battement de cils avant de partir. « Nous sommes du mouvement pour la liberté, me dit-elle à mi-voix, nous sommes comme les cafards : on nous écrase, mais on revient toujours. » Les voilà disparues, déjà, sans que j'aie eu le temps de poser des questions, d'obtenir des explications circonstanciées. Pourquoi avaient-elles cet objet dans leur boîte à gants, et d'où vient ce symbole ? À quel parti, à quel groupe appartiennent-elles en fait ? Aujourd'hui encore, je l'ignore. Mais je ne vois plus les cafards de la même manière.

Cet épisode me laisse admirative devant l'audace et l'insolence de ces jeunes femmes. Je devine les risques qu'elles ont pris en laissant libre cours, sur un coup de tête, à leur goût de la musique, à leur amour de la danse, à leurs vingt ans. Quatre minutes, peut-être cinq. Cinq minutes de respiration dans un monde en apnée. Je prends conscience que ce moment, dans sa fugacité même, concentre tout ce que je suis venue chercher dans ce voyage et dans ce pays. Tout ce que j'ai commencé à découvrir l'année précédente en traversant seule le continent asiatique, en parcourant la Mongolie : le mystère, la fragilité, la beauté fulgurante de la liberté. C'était la mienne, dans ce premier voyage. C'est celle exprimée par les autres que je veux maintenant découvrir et comprendre. Ces nuances que je commence à percevoir qui font de nos libertés une notion vaste et complexe. Ces cinq minutes-là, je le sais, sont un cadeau inestimable que ces femmes m'ont fait. Je pourrais croire les avoir rêvées si Christian ne les avait filmées et s'il ne me restait, dans le creux de la main, le petit cafard en plastique. Il m'accompagne depuis, symbole d'une lutte que les femmes iraniennes ne cessent de mener, avec une détermination qui se renforce jour après jour.

Deux tiers des universitaires dans ce pays sont des femmes, et pour beaucoup dans des filières technologiques. L'accès au marché du travail est ensuite compliqué, mais ce sont souvent elles qui détiennent le savoir informatique. Cela leur permet de développer des réseaux de proxy passant par le Danemark ou ailleurs pour pouvoir communiquer sans être pistées, pour discuter, réfléchir ensemble sans se faire remarquer, comme ces cafards que l'on ne voit pas, mais qui sont toujours présents.

D'autres sont dans une lutte plus ouverte, et profitent des lacunes de la loi.

Certaines lancent l'idée d'une série de photos sans voile sur Facebook. Une autre entre dans un stade de foot – interdit aux femmes – déguisée en homme avant de se découvrir et de revendiquer son droit à être là… Un jeu terrible. Qui ne se terminera que le jour où ces luttes ne seront plus nécessaires. Un jour. Demain ? Dans dix ans ? Comment savoir ? Mais comme ces lames de fond invisibles et puissantes, elles demeurent présentes. À chaque réprimande, à chaque écrasement, leur force croît et une autre femme relève la tête. Au grand jour ou dans les arcanes des réseaux, d'un geste rapide comme une danse au bord d'une route ou d'un mouvement qui s'imprime durablement dans les esprits, les femmes iraniennes tissent chaque jour davantage leur monde. Parce qu'il est un appel que l'on ne peut jamais totalement faire taire, qui résonne en chacun de nous, femmes ou hommes de tous les pays : celui de la liberté.

Ce cafard sera le premier symbole tangible de ce qui deviendra définitivement ma quête à la fin de ce voyage : celle des traces aussi ténues soient-elles de la liberté, sous toutes ses formes : « Les voies de la liberté ».

Un peu bouleversée par cette rencontre avec mes quatre danseuses, je laisse à nouveau le guidon à Christian, et me laisse emporter par mes pensées au fi des paysages splendides des monts Zagros. Nous traversons plusieurs villages qui se nichent dans les montagnes, dont l'odeur nous enivre. Des dizaines d'échoppes spécialisées dans la fabrication traditionnelle de nougat blanc à la pistache, le *gaz*, à la texture plus légère que celle de son cousin français, exhalent leur parfum sucré. Nous nous arrêtons devant l'une des fabriques et sommes aussitôt accueillis par le patron des lieux, un jeune homme au teint mat, très élancé et très timide. Il nous propose d'aller chez son frère, qui habite un peu plus loin dans le même village et sera ravi, nous dit-il, de nous offrir le thé.

De fait, nous sommes une fois de plus chaleureusement reçus. Je reste un instant interdite en saluant son épouse : la jeune femme est rose vif de la tête aux pieds. La robe, le foulard, le fard à paupières, le rouge à lèvres, le vernis à ongles… : une sorte de Barbie à l'iranienne. On peut difficilement imaginer plus voyant, plus rose. Sitôt les présentations faites, elle disparaît dans la cuisine qu'elle ne quittera guère le temps du repas, sinon pour nous servir – tout sourire et très gentiment. Nous ferons quelques timides tentatives, Christian et moi, pour lui proposer de se joindre à nous, et j'hésiterai à la rejoindre aux fourneaux pour tâcher d'échanger avec elle quelques mots plus personnels, mais ma place d'invitée est manifestement au salon, et je crains un faux pas.

D'autant qu'un troisième comparse se joint à nous. Accueillir un couple d'étrangers est un événement qui mérite d'être fêté dignement, et notre hôte s'empresse d'appeler le professeur d'anglais du village. L'homme qui apparaît bientôt est salué avec une déférence et un respect marqué, sans trace d'aucune familiarité. Il est svelte, porte une courte barbe bien taillée, de petites lunettes, un costume strict mais élégant : il a parfaitement l'allure qu'on imagine à un professeur d'anglais. Et l'ambiance change immédiatement. Car c'est sur un autre terrain que l'anglais, sur un autre enseignement, que la discussion s'engage. Il est avant tout l'imam, un de ces imams de petits villages, loin de Téhéran, qui se considèrent comme la seule autorité morale et judicaire du secteur, avec le droit de dicter les lois. Sitôt arrivé, il se lance dans une grande entreprise de conversion religieuse. Destinée à Christian, exclusivement. Passé les présentations, je n'ai plus droit à un regard ni à un mot. Il semble évident que, si mon époux parvient à emprunter le chemin qui lui fera connaître Dieu et sauvera son âme, je n'aurai d'autre choix que de l'y suivre. Or il y a urgence. Lorsque le douzième imam reviendra, nous explique-t-il sur le ton du conseil amical, les mécréants dans notre genre iront brûler dans les flammes de l'enfer : il ne faudrait pas trop tarder à rentrer dans le rang.

Ce premier round achevé, c'est sur moi que l'aimable monsieur décide de concentrer son attention, mais toujours en omettant de m'adresser la parole. Est-ce qu'elle s'occupe bien de toi ? Est-ce qu'elle est une bonne épouse ? Est-ce qu'elle te fait bien à manger ? Je dissimule l'énervement qui me monte à la gorge de mon mieux, et soudain, je craque : avec mon plus grand et innocent sourire je réponds à la place de Christian pour le rassurer sur le fait que je suis une femme modèle, un cordon bleu, une fée du logis dont Christian ne peut pas se plaindre. Mais je n'ai pas le temps d'aller au bout de mes explications vertueuses qu'un froid glacial s'abat sur la pièce. J'en perds mes propres mots. Tout le monde se tait. Je sens que j'ai commis là un impair irréparable. L'imam regarde Christian durement et notre hôte regarde l'imam, stupéfait, visiblement en attente de ce qui va se passer. Nous sommes extraordinairement mal à l'aise, toute envie de nougat disparue, avec l'impression d'être comme Hansel et Gretel, piégés dans la maison de pain d'épice.

Christian se tourne vers moi et me dit qu'il faut que l'on parte sans attendre. Problème, je dois à tout prix aller aux toilettes, chose absolument impossible pour une femme dans la rue ou les lieux publics. Je demande donc à m'y rendre. Notre hôte se précipite pour m'indiquer le chemin. Lui aussi semble content de sortir de la pièce. Quand j'en ressors, je vois Christian habillé, casque en main, qui me tend le mien et me dit : « On s'en va. » À la seconde où j'ai quitté le salon pour aller aux toilettes, l'imam s'est mis à expliquer à Christian que je me tenais très mal, qu'une femme n'avait pas à prendre la parole comme je le faisais et qu'il serait bien inspiré de me tenir la bride un peu plus courte pour ne pas être lui-même déshonoré. Peu habitué à ce genre de discours et parfois légèrement sanguin, Christian lui a répondu qu'il était temps de partir, s'est levé et est venu me chercher.

L'instant d'après, nous enfourchons la moto sous le regard courroucé de l'imam en train d'essayer de nous retenir. Mais le comique vient toujours à la rescousse des drames. Alors que nous démarrons, le conducteur d'un vélomoteur qui passe par là, stupéfait par la vue de notre moto, nous regarde si intensément qu'il entre en collision avec la voiture garée devant la maison… Qui est celle de l'imam ! Plus de peur que de mal, mais l'imam est furieux. La diversion nous permet de quitter les lieux sans demander notre reste, un peu tristes pour le sympathique vendeur de nougat qui a vraiment cru bien faire en invitant ce professeur d'anglais.

Après quelques jours encore dans les montagnes, et de nombreux délicieux nougats, nous quittons les montagnes de Zagros pour nous rendre à Chiraz, antichambre de la mythique Persépolis, l'une des villes qui ont initialement motivé mon envie de venir en Iran.

La mosquée rose, les bazars somptueux et les jardins de Chiraz nous émerveillent. Nous prenons le temps de visiter les tombeaux des poètes Hafez et Saadi, véritables institutions iraniennes. La poésie est ici un art, et il est peu d'Iraniens qui ne soient capables de réciter des vers d'Hafez. Ils sont nombreux à venir rendre hommage à l'écrivain. L'endroit est apaisant, agréable, mais nous ne nous y attardons pas. À moins de vingt kilomètres, un aimant trop puissant m'attire. Persépolis.

Et je ne suis pas déçue. La cité antique me laisse sans voix et m'émeut profondément. Il ne reste que des ruines. Mais les piliers grandioses, les sculptures d'une finesse étonnante, l'ampleur des lieux, laissent deviner la splendeur de cette ville avant sa destruction en 330 avant J.-C. par Alexandre le Grand qui y mit le feu, et dont on dit qu'il regretta ensuite son geste. Sa construction avait commencé en 521 avant J.-C. : elle devait déployer toute la diversité et la beauté de l'art perse et illustrer le commencement d'un nouveau règne, celui de Darius Ier.

Il est difficile d'imaginer la grandeur de ces palais, la vie qui y régnait. L'ocre est omniprésent, toutes les autres couleurs ayant disparu, lavées par le vent et le temps. Les nombreux bas-reliefs, aux lignes sculptées d'une grande pureté, nous restituent toute la vie de l'époque, ainsi que son bestiaire réel et imaginaire. Ces témoins du passé semblent souligner la fugacité de notre existence malgré notre rage d'immortalité. L'homme est capable de créer des choses follement belles. Je me promène avec bonheur dans ce site devenu un symbole pour les Iraniens.

Ces ruines antiques ont été le théâtre de nombreux épisodes de ces années troublées. Une fête somptueuse donnée par le shah pour fêter le 2 500e anniversaire de la fondation de l'Empire perse a ainsi contribué à entacher encore son image auprès du peuple qui mourait de faim. Et après sa chute, lorsque l'ayatollah Sadeq Khalkhali a tenté d'effacer Persépolis à grand renfort de bulldozers, les habitants de Chiraz se sont interposés pour empêcher cet acte barbare iconoclaste et Persépolis est toujours là. On ne peut tuer complètement les cultures qui ont forgé les peuples.

Un autre exemple m'en est donné, encore plus frappant, à Yazd où nous nous rendons quelques jours plus tard : dans ce pays chiite où toute autre religion est persécutée, l'antique cité du zoroastrisme est étonnamment respectée. Le premier monothéisme de l'histoire, celui de Zarathoustra, est né ici et continue d'y subsister. Environ trente mille Iraniens s'en réclament seulement, et il a disparu partout ailleurs dans le pays. Tout le paradoxe de l'Iran est là. Beaucoup d'Iraniens me diront fièrement que l'islam est une religion importée et que le peuple est perse avant d'être arabe. Ce qui ne les empêche pas d'être très conservateurs sur les règles de l'islam, et peu tolérants envers les autres religions, même celles nées ici. À Yazd pourtant, les tours du silence sont toujours debout, ces tours de terre ocre où les prêtres venaient auparavant disposer à l'air libre les corps des morts, pour que les vautours viennent les y dévorer. La flamme sacrée du zoroastrisme continue de brûler et d'être entretenue au temple. Et personne n'aurait l'audace de vouloir l'éteindre.

Je tombe amoureuse de la vieille ville de Yazd dès mes premiers pas dans les ruelles étroites, où les voitures peuvent à peine passer et que des toits de terre et de paille couvrent par endroits pour offrir de l'ombre. Les façades de pisé cachent des bâtisses dont on ne peut rien deviner du dehors – tantôt très riches, tantôt très humbles. Toutes ont des systèmes de sonnettes différenciés pour les femmes et pour les hommes, afin que l'hôte sache comment s'habiller selon qui est à la porte, et les cours intérieures abritent des jardins merveilleux. C'est à Yazd que l'on comprend pourquoi le mot perse qui désigne le jardin, *pardez*, a donné le mot « paradis » : on oublie totalement ici la fournaise du dehors et on s'y repose, comme éloigné de tout.

Ce sont des coins de nature idyllique : des plantes luxuriantes, des fontaines décorées de mosaïques bleues, des oiseaux en liberté… Nous découvrons les anciens *bagdirs*, ces systèmes de ventilation et de rafraîchissement où le vent qui souffle en hauteur, attiré par l'eau froide des bassins et rafraîchi à son contact, vient naturellement climatiser les maisons. Nous découvrons aussi les anciens canaux d'irrigation, les *qanâts*, creusés en profondeur et longs parfois de dix kilomètres. Leur entretien, périlleux, était assuré par les anciens qui se portaient volontaires pour cette tâche qui permettait à la communauté de survivre.

Les habitants de Yazd sont réputés en Iran pour leur pudeur, et il me semble comprendre mieux, alors, le sens que peut revêtir ce mot. Il s'agit d'être modeste, de cacher ce que l'on possède, de ne jamais faire étalage de son prestige ou de sa richesse. De faire preuve de délicatesse, au fond. Les femmes sont voilées, mais les maisons aussi. Il règne dans la ville un parfum de mystère. Ainsi pratiquée, la pudeur ne me déplaît pas. Mais cette qualité est aussi moquée par certains Iraniens qui disent qu'il y a là une forme de radinerie déguisée, que les habitants de Yazd couvent leurs trésors comme des dragons leurs tas d'or. Je ne m'aventurerais pas à un tel jugement. Mais sans doute faut-il plus de temps qu'ailleurs pour être invité dans leurs paradis.

12

Machhad

Cela fait maintenant près de trois semaines que nous sommes en Iran. Je suis profondément fascinée, pourtant je peine toujours à laisser libre cours à mon envie de sortir ma caméra. Les gens viennent à nous, sans cesse, mais je crains à chaque fois de rompre la beauté, l'intimité, la spontanéité des rencontres en sortant cet objet qui s'interposerait entre nous, en me mettant à poser des questions plus formelles que celles d'une discussion à bâtons rompus. Quelles questions, d'ailleurs ? Et par où commencer dans l'exploration de cet esprit si particulier des Iraniens, ce balancement continu entre le respect de l'ordre établi et les soupapes de liberté ?

Il est vrai aussi que je commence tout juste, au bout de ces trois semaines, à comprendre un peu mieux l'art délicat du *taarof*, cette courtoisie persane à laquelle nous avons été confrontés dès le passage de la frontière et que nous expérimentons tous les jours. Très subtile, elle est capable, parfois, de déconcerter les Iraniens eux-mêmes. Le *taarof* est le pilier de toute relation débutante dans ce pays, un impératif catégorique d'hospitalité : il s'agit d'accueillir la personne qui se présente avec le plus de chaleur possible, de se mettre à son service, de lui complaire jusqu'à l'excès. Difficile, dans ces conditions, de démêler ce qui tient du code social et ce qui tient de la réelle empathie. Difficile, aussi, de bien savoir comment se comporter.

Un jour, alors que nous flânons dans un magasin, un vendeur nous prie sur tous les tons de le laisser nous offrir quelque chose, ce qui évidemment semble absurde. Une autre fois, j'ai l'imprudence d'admirer à voix haute le joli gant de crin que possède une mère de famille qui nous reçoit : elle court aussitôt m'en acheter un semblable. Cette constante gentillesse est agréable, bien sûr, mais elle est contraignante. Comment s'autoriser à être un peu renfrogné ou, pire, mélancolique ? Comment faire comprendre que l'on a besoin de solitude et de silence ? Comment parvenir à refuser le cadeau que l'on vous fait ? D'autant que l'un des principes du *taarof* consiste à ne jamais dire non. On répondra « peut-être », « je vais voir », « j'y réfléchis ». Mais jamais non. Ce qui ne rend pas les discussions et négociations toujours aisées. Pour le visiteur novice, ces échanges de politesse semblent sans fin. Mais c'est aussi ce qui fait le charme des labyrinthes culturels.

Notre idée, en partant de Yazd, est de traverser une partie du désert du Dasht-e Lut pour rejoindre la frontière du Turkménistan, où nos chemins à Christian et moi doivent se séparer. Alors que nous nous arrêtons dans une petite gargote pour manger un morceau avant de prendre la route, notre voisin de table nous salue, échange avec nous quelques mots, puis passe un appel où il semble être question de nous, enfin nous tend carrément l'appareil. Au bout du fil, un homme nous explique, en anglais, qu'il tient absolument à ce que nous venions déjeuner avec lui.

« C'est très gentil, mais d'abord nous venons de manger, et puis nous avons à faire et surtout…

— Non, non, j'y tiens, il faut absolument que vous veniez, je vous envoie une voiture, je dois vous parler, vraiment, je vous en prie. »

Il raccroche. L'invitation tient plus de l'ordre que de la courtoisie : nous sommes un peu surpris, presque inquiets. Est-ce le parrain de la région ? Notre voisin semble stressé et insiste encore, comme si notre venue était de la plus grande importance, comme s'il était inenvisageable pour lui de revenir sans nous auprès de son patron. Nous finissons par accepter : après tout, nous allons y aller à moto et nous partirons si nous sentons venir un coup fourré.

Nous le suivons donc et, quelques kilomètres plus loin, nous nous arrêtons sur une place de village… au milieu d'une équipe de tournage. C'est le réalisateur que nous avons eu au téléphone : Hassan, un garçon d'une petite trentaine d'années qui nous saute quasiment au cou pour nous souhaiter la bienvenue, nous explique à quel point il est heureux de nous voir et enchaîne : « Est-ce que vous accepteriez d'être figurants ? Nous tournons demain et il nous manque des Occidentaux capables de jouer les touristes ! » À l'entendre, nous sauverions le film !

Les circonstances sont trop amusantes pour que nous imaginions refuser. Au milieu de son babillage enthousiaste et très amical, Hassan nous fait servir une généreuse portion de riz et de poulet que nous n'avons d'autre choix que de manger, même si nous commençons tout juste la digestion de notre premier déjeuner. Le reste de l'équipe montre le même enthousiasme communicatif. Une équipe au grand complet, en tous points semblables à celles que j'ai pu croiser en France en tant que costumière et qui fonctionne avec les mêmes bidouillages de pincettes, de gaffeurs et de câbles, la même atmosphère de ruche… À ceci près qu'absolument tous les membres de celle-ci, du maquilleur au costumier, sont masculins. L'ambiance est celle, décontractée, d'un groupe qui travaille avec passion et bonne humeur tout en étant efficace.

Un type me surprend tout de même : le producteur, dont je comprends qu'il assiste à chaque journée du tournage. Petit, trapu, un peu enrobé, il veille avant tout aux valeurs morales du film qu'il finance. Le scénario est d'ailleurs au-dessus de tout soupçon : un enfant vole un touriste avant de se repentir et de parcourir le pays à sa recherche.

Nous éclatons de rire en découvrant le déguisement que le costumier a prévu pour nous : des chemises hawaïennes aux couleurs criardes et un voile à fleurs pour couvrir mes cheveux. Et nous voilà, sous l'œil des caméras, appliqués à avoir l'air de « parfaits » touristes.

Aux abords du désert, la température dépasse allègrement les 52 °C, et on nous prodigue une attention presque maternelle : on veille à ce que nous buvions suffisamment, que nous allions à intervalles réguliers nous reposer à l'ombre, que nous ayons de quoi manger. Le soir venu, une fête s'improvise. Pas d'alcool, évidemment, mais toute l'équipe chante et danse jusqu'à une heure avancée. À l'exception du producteur, préoccupé apparemment par le couple que nous formons, Christian et moi. Il semble même assez tracassé. Au cours du repas, nous esquivons tant bien que mal une première salve de questions sur notre fréquentation des lieux de culte. Il me parle de sa femme qui est une merveilleuse épouse et dont la première qualité est d'aller à la mosquée tous les jours. Je hoche la tête d'un air entendu, toujours curieuse d'apprendre quelles sont les qualités recherchées par un homme chez une femme. Surtout je ne veux pas le froisser, et je ne sais pas bien comment lui répondre.

Je ne suis pas baptisée, mais je porte en moi l'image d'un Dieu universel, une forme d'énergie cosmique. Yahvé, Jéhovah, Allah, Bouddha, Pacha Mama, Tao, sont des noms qui, à mes yeux, désignent la même puissance, que l'on interprète différemment. S'il est un Dieu, il est partout. Il n'a pas besoin de lieux de culte dédiés, et préfère sans doute que nous utilisions notre temps à nous aimer et à prendre soin de ses créations terrestres et animales plutôt qu'à prouver notre allégeance au travers d'un dogme, en construisant des cathédrales, des mosquées ou des pagodes ou en nous entretuant en son nom.

La religion n'est pas mauvaise lorsqu'elle rend meilleur, mais devient dangereuse lorsqu'elle est exclusive et extrême. La foi est une chose intime, sensible et personnelle, une chose aussi impalpable que l'amour et tout aussi puissante. J'admire ceux qui ne sont pas habités par le doute, mais chacun doit cependant être libre de sa foi, et la mienne est plus orientée dans un principe proche de l'animisme, où tout est lié, tout est énergie, où nous faisons partie d'un tout. Pour ne jamais heurter personne, je préfère souvent rester aussi réservée et nébuleuse que possible. Mohamed laisse de côté la religion mais est très curieux de nos manières de faire.

Alors que je suis sagement assise à côté de Christian, il l'entreprend : « Vous m'êtes vraiment sympathiques, mais, au fait Christian, combien as-tu de maîtresses ? » Je suis estomaquée par sa désinvolture. Christian aussi, qui me regarde comme s'il n'était pas certain d'avoir compris la question. Peut-être est-ce une erreur de formulation en anglais ? Mais le producteur réitère, sans laisser de place à l'ambiguïté. Je manque d'éclater de rire. J'essaie de lui faire comprendre que la question est légèrement indélicate, qu'il aurait par exemple pu attendre que je m'absente avant de la poser. Christian, quant à lui, tente de lui faire entendre que non, il n'a pas de maîtresses, une Mélusine, rien de plus… et que c'est déjà assez compliqué comme ça. Mohamed rit et comprend, mais reste perplexe : est-ce que ce n'est pas courant, en Europe, que les hommes aient quantité de maîtresses ? Christian lui explique que cela peut arriver mais que les contrats moraux qui unissent les couples supposent tout de même que les partenaires soient fidèles l'un à l'autre et que, s'ils ne s'entendent plus, ils divorcent. Et Mohamed de conclure sur une pirouette capable d'assurer la paix franco-iranienne : « Ça doit être un truc d'Américains ! » C'est sûr, leur pays a tous les vices…

Quoi qu'il en soit, nous sommes à peu près adoubés : un couple honnête, fréquentable, nous avons même le droit de dormir dans la même pièce. Pour la scène finale du tournage, Hassan a besoin de bien d'autres figurants occidentaux. Aussi a-t-il ameuté quelques voyageurs au long cours aussi étourdis que nous, dont trois Slovènes en voiture fraîchement arrivés d'Irak. À la pause, les nouveaux venus décident d'aller chercher des provisions et de l'essence au seul village des environs, vingt kilomètres plus loin. Cela tombe bien, Christian et moi allons reprendre la route et avons besoin nous aussi de nous ravitailler. Les Slovènes nous proposent d'aller avec eux. Par commodité, je laisse Christian avec la moto et l'équipe, et je monte en voiture tranquillement. Scandale, émoi, quand l'équipe s'aperçoit que je m'en suis allée seule, avec trois inconnus ! Le producteur, surtout, est proche de la syncope : comment a-t-on pu laisser faire une chose pareille ? C'est sûr, ces pervers d'Occidentaux sans principes et sans honneur vont m'agresser : une femme seule avec trois hommes, ça ne peut que mal tourner, je serai déshonorée et Christian plus encore, tout cela à cause de leur négligence.

Résultat, alors que je suis paisiblement à la station-service avec mes nouveaux amis, je vois débarquer Christian, accompagné du producteur qui se rue sur moi, fou d'inquiétude, et paraît légèrement déconfit en me découvrant en train de remplir mes bidons d'eau en toute quiétude.

Christian m'explique qu'il n'a eu d'autre choix que de l'emmener, que Mohamed était à deux doigts d'interrompre le tournage pour voler à mon secours : il fallait qu'il voie de ses propres yeux que tout allait bien. Le soulagement du producteur est immense, tant il était convaincu d'avoir provoqué un drame. Mais il trouve tout de même Christian bien négligent, et même un peu stupide, de m'avoir laissée partir de cette façon. Il lui fait longuement la morale.

Nous prenons enfin la direction du désert, après mille recommandations de l'équipe de tournage. On nous conjure d'être prudents, à raison. Le Dasht-e Lut est l'une des zones les plus arides et les plus chaudes de la planète : une insolation, une panne peuvent y devenir fatales. J'y songerai sur la route, cette ligne droite que rien, pendant des dizaines de kilomètres, ne vient interrompre et qui semble se tordre sous le soleil. Nous avons pris suffisamment d'essence et assez d'eau, en principe, pour assurer la traversée, mais je serai soulagée d'en voir le bout et de rejoindre des contrées moins hostiles : par une telle chaleur, la moto souffre, et nous aussi. L'air brûle, le moteur brûle, le fait même de rouler ne nous rafraîchit pas et, lorsque nous nous arrêtons, nos bouches se dessèchent aussitôt. La nuit, la température descend à peine et, même immobile, même habillée d'une simple robe, je transpire à grosses gouttes. C'est inhumain, mais c'est splendide. La beauté du désert nous laisse muets, ces pierres ocre sculptées par les vents qui créent comme un décor de canyon, un paysage qui tient de Mars ou du début du monde. Au milieu de la route un peu gondolée par la chaleur, nous découvrirons une sorte de petit caravansérail, venu d'un autre temps, où nous nous arrêterons un moment silencieux, dans une paix immobile.

En sortant du désert, nous sommes pressés d'arriver à Machhad, dernière étape de notre traversée de l'Iran, la grande ville sainte du pays, qui abrite le mausolée de l'imam Reza, ce qui en fait l'un des plus hauts lieux de l'islam. J'imaginais une ville que la foi imprégnerait entièrement, je découvre la version perse de Lourdes : au premier coup d'œil, plutôt un haut lieu de commerce religieux. Les rues sont pleines de boutiques de chapelets, de safran, de galets de prière, et beaucoup vendent des sortes de coffrets cadeaux à ramener chez soi, comme des paniers cadeaux spécial pèlerinage contenant une petite boussole, un chapelet et une turbah[1]. Les habitants semblent loin de partager le sérieux un peu sévère des pèlerins qui affluent de tout le pays pour se recueillir sur la tombe de l'imam Reza. Peut-être parce qu'ils respirent chaque jour l'atmosphère sainte de la ville et qu'ils ne se sentent pas tenus de prouver quoi que ce soit. Peut-être aussi parce que ce sont eux qui tiennent les boutiques.

Nous avons envie d'aller visiter le mausolée sans être certains qu'il soit accessible aux étrangers, encore moins aux non-musulmans. Nous décidons de nous rendre sur place, et d'agir en fonction de ce que l'on nous dira. Impossible toutefois de se présenter en pantalon de baroudeuse sale de trois semaines avec un foulard trop petit pour couvrir entièrement mes cheveux. Il nous faut des tenues adéquates. Impossible de dénicher, pour Christian, un costume semblable à celui porté par les visiteurs. Nous nous rabattons sur une grande djellaba noire dont nous supposerons, au regard plein d'admiration et de respect des passants, qu'elle doit parfaitement convenir. Finalement, l'habit fait le moine. D'autant qu'il est porté par un étranger,

1. Petit morceau de terre ou d'argile issu d'un lieu sacré sur lequel on pose son front au moment de la prière.

un Occidental : un converti, sans doute, plus royaliste que le roi !

Pour moi, il s'agit plus simplement de me faire fabriquer un tchador – « la tente », en farsi – et je suis curieuse, je dois dire, d'observer les étapes de l'opération. Nous choisissons au hasard l'un des ateliers qui proposent d'en confectionner sur mesure. Le vendeur me montre mille tissus, aux mille nuances de noir, de transparence, d'épaisseur et de broderies. La subtilité de ces variations me fascine : il montre bien que le besoin de créativité et de coquetterie est universel, qu'il existe jusque dans la plus grande piété, et je serai bien plus attentive, ensuite, à la gamme de coupes et de motifs des silhouettes noires qui passeront près de moi dans la rue. Enfin je fais un choix et on m'amène au fond de la boutique, dans l'atelier entouré de draps sombres où travaille la couturière qui taillera le tchador pour moi. Elle est attablée devant sa machine à coudre, mollement rafraîchie par un ventilateur asthmatique ; par terre traînent des chutes de tissu. Soustraite à la vue des clients, elle n'est pas voilée. Elle a dix-neuf ans et porte un jean et un débardeur. Elle me salue avec un large sourire… Mais la rencontre me prend un peu par surprise, tant j'ai perdu l'habitude de voir d'autres femmes que moi sans foulard ni manteau.

La jeune fille prend mes mesures (c'est-à-dire ma hauteur de taille et mon tour de tête, le reste est inutile) et se met aussitôt à la tâche. Lorsque je reviens deux heures plus tard pour la séance d'essayage, je me retrouve face à un carré noir avec deux poignées que je ne sais pas vraiment comment ajuster sur moi. Voyant mon désarroi, elle m'indique la marche à suivre en pouffant un peu, mais avec gentillesse. Toute la subtilité de l'affaire vient d'un élastique qui ajuste le costume comme un serre-tête et permet de cacher le moindre cheveu tout en faisant tomber le vêtement sur le corps, effaçant parfaitement la silhouette de la personne.

Elle se recule ensuite un peu pour me contempler, les mains jointes, muette d'admiration. « Magnifique, regarde-toi, tu es magnifique ! » On jurerait que je porte une robe de mariée ou de princesse, la tenue de ma vie. Je sors de la cabine, réaction identique chez son patron. Il semble même paradoxalement me redécouvrir, me voir pour la première fois, avec un regard à la fois fier et heureux : « Ravissant, merveilleux ! » La sensation est plus curieuse encore lorsque je sors dans la rue, pour rejoindre Christian. J'ai l'impression d'avoir enfilé la cape d'invisibilité de Harry Potter : plus personne ne me regarde !

Fini, ces regards scrutateurs qui ne me lâchent jamais, les demandes incessantes de photos, les sourires. Je ne suis plus une rock-star. Je suis une femme « iranienne » en pèlerinage, fondue dans le décor, un parfait caméléon. Une paire de lunettes de soleil là-dessus et je n'existe pour ainsi dire plus. Aucun homme ne me regarde ou n'ose poser les yeux sur moi. Après deux jours passés à porter le tchador, alors même que je me sens terriblement déguisée, je commencerai à mieux saisir pourquoi certaines font ce choix. Je suis devenue ce que, dans l'imaginaire le plus traditionnel religieux, une femme doit être : une créature invisible et soumise. Mais j'en deviens aussi anonyme. Un anonymat qui, paradoxalement, me permet d'être libre d'aller où je veux. J'en ressens une certaine légèreté, une forme de repos. Je ne réalise qu'à cet instant le poids des regards qui pèsent sur ma différence depuis mon entrée dans le pays.

Je rêverais, pourtant, que chacune et chacun puisse s'habiller comme il l'entend, porter un voile, un boubou, un sari, une perruque, une casquette, une kippa, un tricorne, un entonnoir même, si cela lui chante. Mais cela se passe autrement dans la réalité, surtout dans ce pays. Le mouvement My Stealthy Freedom[1] – les Iraniennes qui se photographiaient sans le voile – a été un appel puissant pour obtenir ce droit de vivre selon son désir. Sa répression a montré à quel point cette demande simple n'est pas encore possible en Iran, où My Stealthy Freedom est considéré comme une pure provocation par le gouvernement. Il poursuit ses actions cependant, de manière sporadique, malgré le risque encouru.

Un vêtement n'est jamais quelque chose d'anodin. Il est la première chose que l'on voit de quelqu'un, avant la posture puis la parole. C'est ce qui le représente. Il peut être la marque de notre personnalité et/ou s'inscrire dans une culture, l'histoire d'un pays. Tout change lorsque le choix n'existe plus. Lorsque le vêtement est imposé par une loi, une coutume, à une seule catégorie de personnes de cette société – le plus souvent aux femmes –, il devient synonyme d'une privation de liberté qui peut aller jusqu'à la négation de l'individu, à son effacement du monde.

Dans bien des cultures, la femme doit être la garante de la tradition et de la morale. L'habillement devient une marque de pudeur, d'honnêteté, d'appartenance à

1. Ma liberté fugace.

une religion ou à un clan. L'homme est souvent moins sujet à de telles pressions, même s'il n'en est pas totalement exempt : je serais curieuse de voir la réaction des collègues d'un homme qui arriverait en jupe au bureau. Mais les enjeux ne sont tout de même pas les mêmes pour les femmes. Le fait d'imposer un vêtement, sous couvert d'ordre moral, s'inscrit à mes yeux dans la pure continuité de l'idéologie patriarcale. Une domination où la femme ne s'appartient plus, où son corps est finalement la propriété des hommes.

Les tchador, burka, niqab et autres vêtements recouvrant intégralement les femmes pour en cacher les silhouettes procèdent aussi de cette logique : ils sont censés nous protéger, nous les femmes aguicheuses et faibles, contre des hommes violents, incapables de contrôler leurs pulsions animales et donc excusés en cas d'agression. Dans certaines cultures, elle est même légitime si la femme n'a pas respecté le code sociétal : ne pas porter le voile, mettre un short ou une minijupe, rentrer chez soi tard le soir ou s'en aller seule à moto dans des pays lointains. Je suis parfois en butte à ce genre de messages sympathiques : « Si tu vas seule en Afrique et que tu te fais violer, c'est normal et ce sera ta faute. »

Il est donc préférable de cacher « l'objet du vice » plutôt que d'apprendre aux hommes à respecter le désir de l'autre et les limites entre prendre et demander. Comme si l'habillement pouvait servir d'excuse à un acte barbare. Comme si la femme était responsable de sa souffrance. Qu'elle la provoquait, qu'elle prenait un risque. Comme si la victime était la véritable fautive et que le coupable, lui, était dédouané de ses responsabilités. Tout cela forme des barrières psychologiques invisibles, d'autant plus compliquées à modifier qu'elles touchent des croyances profondément ancrées. Et les femmes elles-mêmes censurent parfois aussi leurs comparses ou vont jusqu'à s'autocensurer.

Ce problème touche les femmes du monde entier, en Occident comme ailleurs. Que l'on pense seulement à cette question posée aux victimes de viol : « Vous portiez quoi, à ce moment-là ? » Une question qui ne prend guère en compte la réalité puisque, en France par exemple, sur les près de cent mille femmes violées en 2019, 83 %[1] l'ont été par une personne qu'elles connaissaient déjà. Souvent chez elles. Alors qu'elles étaient habillées d'un vieux T-shirt, un jogging ou une simple jupe, et non des atours que l'on prête à l'aguicheuse volontairement provocatrice. À nous rabâcher que la violence vient des autres, de l'extérieur, nous devenons incapables d'admettre que la violence a lieu aussi près de chez nous. Et que cette violence-là se moque bien de la manière dont nous sommes habillées.

Mais ce jour-là, à Machhad, hors de question pour moi de jouer les rebelles : il s'agit d'observer, et de comprendre autant que faire se peut. Je brûle à présent de connaître ce qui se cache dans ce *holy shrine* devant lequel tous les musulmans chiites souhaitent se recueillir. Aimantés, Christian et moi suivons la foule vers l'intérieur du lieu sacré.

À l'entrée du mausolée, les hommes et les femmes sont séparés en deux flux distincts, pour être fouillés

1. Source CFCV et MIPROF.

et délestés si besoin de leurs appareils photo. Nous nous rejoignons dans l'une des nombreuses cours qui entourent le saint des saints. Elles sont spectaculaires, immenses comme des terrains de foot, avec, contre les murs, de nombreux tapis à dérouler au moment des prières. Tout est décoré de faïences, de mosaïques et de bulbes turquoise. De nombreux minarets dorés se dressent, gardiens des temples splendides et finement décorés. Le bâtiment principal qui abrite la tombe de l'imam se dresse au milieu, semblable à un palais. Et à nouveau le flot des fidèles m'entraîne, avec une fébrilité qui me prend aussitôt à la gorge.

À l'intérieur, l'espace est à nouveau divisé en deux, avec une entrée pour les hommes, une autre pour les femmes. Les murs et les plafonds sont recouverts de morceaux de miroir étincelants imbriqués dans le plus pur génie arithmétique arabe. Tout scintille. Je m'aperçois subitement que je n'ai pas la moindre idée du protocole à suivre. Aucune importance, les femmes qui m'entourent sont parfaitement indifférentes à ma présence, subjuguées par ce que nous devinons au loin, le haut de la tombe qui dépasse de la foule. Je n'ai qu'à les imiter. La foule se resserre jusqu'à devenir plus dense et plus hystérique que dans la fosse d'un concert de Madonna. Je suis emportée par le flux de cette rivière de ferveur. La frénésie augmente encore à mesure que l'on s'en approche. De haut-parleurs puissants sort régulièrement une voix récitant des versets du Coran.

Le dernier lit de l'imam est un bloc splendidement décoré de moulures et de pierres précieuses, entouré d'une épaisse grille protectrice. Une haute barrière divise la pièce et le tombeau de manière égale, une partie pour les femmes une autre pour les hommes, qui ne se voient pas, bien entendu. La passion est au comble de son intensité maintenant que nous sommes vraiment en vue du tombeau. Les femmes autour de moi sont prises d'une sorte de transe, crient, gémissent, récitent le Coran. Elles cherchent par tous les moyens à se frayer un chemin jusqu'à pouvoir toucher la tombe. Les visages sont extatiques, trempés de larmes, semblant essayer de humer l'air saint. Tout autour de la tombe sont postés des gardiens munis de longues barres finissant en plumeaux de ménagère, chargés de faire circuler celles et ceux qui resteraient trop longtemps agrippés aux grilles : le détail serait presque amusant si l'atmosphère était plus légère.

Jamais, avant ce jour, je n'avais fait l'expérience de la ferveur absolue. Ces femmes, qui quelques heures auparavant mangeaient tranquillement une glace dans la rue, ne sont désormais plus qu'exaltation. Cette communion parfaite me paraît aussi belle qu'inquiétante. Je me rends compte que la voix crachée des haut-parleurs par salves sévères a tout pouvoir sur la foule qui m'entoure. Qu'elle prône la paix et la bonté, et elle sera la plus bienveillante qui soit. Qu'elle appelle à la mort des impies, et ces femmes sans violence pourraient se transformer aussitôt en monstres. Plongées dans un tel état, elles pourraient en venir à lapider, à déchirer sans pitié un humain pour peu qu'elles en reçoivent l'ordre. Comment, dans une telle transe, ces hommes et ces femmes pourraient supporter un contradicteur ? Comment imaginer une discussion où la nuance, la mesure, serait envisageable ? Rien d'autre que la religion, leur religion, n'a d'importance ici.

L'expérience est troublante, pénible même. Mais elle me semble décisive pour mieux comprendre ce basculement, cette dualité que nous portons sans doute toutes et tous en nous. Une volonté de créer une humanité d'ouverture et de bonté et un besoin d'imposer ses visions, ses croyances. Je sais maintenant que la plus douce des personnes est susceptible d'en venir à des extrémités pour peu que ses convictions l'animent. Surtout si d'autres savent la manipuler. Mais que cela ne la définit pas pour toujours.

Une fois sortie du mausolée, je retrouve la plupart de ces femmes tranquillement assises sur des bancs ou des murets, à déguster un Coca ou un *shashlik*, la brochette locale. Toute ferveur a disparu de leur regard. Elles sont apaisées.

Nous passons notre soirée d'adieu au pays en installant notre tente aux abords de la ville, entre les hautes tentes d'Iraniens. Comme ils n'ont pas souvent le droit de sortir de leur pays mais qu'ils adorent voyager, chaque ville a des espaces de camping dans ses banlieues où tout le monde peut s'installer pour une nuit. Ces endroits sont pour nous économiques et pratiques pour rencontrer des gens. Ils ont tous le même modèle de tentes, de type « deux secondes », assez hautes pour que l'on puisse s'y changer ou s'y tenir debout le temps de la prière. Ici comme souvent, l'accueil est enjoué.

Nous n'avons même pas terminé de monter la tente que nous sommes invités par trois femmes à venir boire un thé, qui se transforme en goûter tardif puis en dîner. Elles sont rondes, joyeuses, vêtues de ces grands tissus dont elles s'enveloppent pour être à l'aise en public. Elles sont fans de leurs smartphones, avec lesquels elles documentent leur vie et qui s'enrichissent ce soir-là de nombreuses photos des deux étrangers que nous sommes. Trois vraies adolescentes de cinquante ans qui nous parlent avec bonheur de leurs enfants et de leurs maris qui vaquent un peu plus loin.

Elles nous demandent si nous aussi sommes allés au mausolée, ravies de savoir que nous avons ainsi une expérience commune à partager. Voyant nos appareils photo et nos caméras, elles nous demandent comment nous allons raconter notre voyage. La discussion s'engage sur ce que nous avons vu de l'Iran, la religion, les femmes et cette thématique que j'hésite encore à aborder frontalement, la liberté. L'une d'elles, agitant son portable devant elle, me répond en rigolant : « Parce que tu crois que je ne suis pas libre ? » Plus sérieusement, elle poursuit : « Regarde, je suis là, j'ai pu faire le pèlerinage dont je rêvais, j'aime ma religion, on est ici avec mes amies, mon mari, un mari que j'ai choisi, et on s'amuse ce soir avec toi. » Elle fait une pause puis, sans aucune animosité dans la voix, poursuit : « Tu sais, on sait un peu la façon dont vous imaginez nos vies, en Occident. Il y a beaucoup de choses qui sont dites sur nous, les femmes iraniennes, et l'oppression que l'on vit. Mais bizarrement, jamais personne n'est venu nous poser la question. Tu es la première à le faire ! »

Cette réponse est un électrochoc pour moi. Cela me semble soudain si évident. Je repense au cafard en plastique que j'ai toujours dans ma poche, aux femmes souriantes rencontrées un peu partout, à ces autres, plus sévères, qui ont essayé de me convertir. Il n'y a pas une seule forme de pensées propre à un pays, une seule liberté non plus. Nous pensons généralement savoir comment vivent les autres sans pourtant leur avoir posé la question : je ne veux plus désormais me comporter de cette façon. L'Iran, ce pays que l'on m'avait souvent décrit comme le plus dangereux qui soit, m'a révélé un tout autre visage, multicolore, avec des faces sombres, terribles parfois, et d'autres, tellement lumineuses. Comprendre, ce n'est pas présumer ou imposer, c'est voir et questionner. Et c'est ce que je vais faire à présent. Aller voir. Et demander…

13

Turkménistan

Au Pakistan et en Afghanistan, les troubles qui ont suivi la mort de Ben Laden en mai 2011 se sont encore accrus. J'ai abandonné dès l'Iran l'idée de traverser ces régions : je suis prête à me rendre dans des pays difficiles, pas à affronter des zones de guerre. Pour me rendre au Tadjikistan, la prochaine destination que je rêve de découvrir, je me rabats sur une route passant par le Turkménistan, l'Ouzbékistan et une bonne partie des autres « -stan » de l'ex-URSS.

J'imaginais le Turkménistan comme un régime autoritaire, un de plus. Je me rends compte, en arrivant sur place, que je suis très loin de la réalité. Je sors pourtant d'une belle expérience d'oppression politique, avec un mois dans un pays censé compter parmi les plus durs au monde. Mais l'Iran semble tout à fait supportable, voire même sympathique, à côté de la dictature turkmène.

Cela commence par un visa de seulement cinq jours, pas un de plus, pour tous les voyageurs. Les compteurs kilométriques sont relevés à l'entrée et à la sortie du pays. À la frontière, nous apprenons en outre qu'il faut verser une sorte de taxe à la banque d'État pour l'entrée de la moto sur le territoire. Alors que nous venons de nous exécuter, un garde, dans un second bureau, nous demande une nouvelle somme d'argent, assez conséquente d'ailleurs. Nous échappons au bakchich de justesse, après nous être fâchés et avoir fait mine d'aller chercher le fonctionnaire à qui nous venions de régler notre dû. Cette entrée en matière est peu engageante, mais nous n'avons rien vu encore. Le Turkménistan est un minuscule morceau de désert à la botte d'un dictateur fou, Gourbangouly Berdymoukhamedov, successeur en 2006 d'un président tout aussi malade, Saparmourat Niazov. L'un et l'autre ont réussi à pulvériser les bornes de la mégalomanie et poussé le culte de la personnalité jusqu'à une forme d'art délirant.

Berdymoukhamedov, dit Arkadag (le patron), est célébré dans des poèmes et des chansons par les « bardes » du régime ; nous découvrons qu'il a fait récemment détruire un village entier parce qu'il le trouvait disgracieux, indigne de son beau pays. Niazov quant à lui avait donné aux mois de l'année les prénoms des membres de sa famille. Il a aussi créé une nouvelle religion fondée sur le Runhama, ou « Livre de l'âme » qu'il a écrit, censé valoir autant que la Bible et le Coran réunis. Le Runhama doit être disponible dans tout endroit public et les entreprises étrangères qui s'installent sur place ont l'obligation de le traduire à leurs frais et de le mettre à disposition de leurs employés. Niazov aurait même eu, en 2006, une vision d'Allah qui lui aurait assuré que quiconque le lirait trois fois irait à coup sûr au paradis. Il a par ailleurs fait construire un monument au centre de la capitale, Achgabat : une statue à son effigie, en or massif, qui tournait sur elle-même durant la journée afin de rester toujours face au soleil. Son successeur l'a fait disparaître.

J'avais entendu parler de tout cela avant mon départ, bien sûr. J'avais lu des articles, on m'avait raconté des anecdotes. Mais, vue de loin, l'affaire semblait presque cocasse, une plaisanterie absurde, une sorte de version ex-soviétique de *Tintin et les Picaros*. Comment imaginer qu'une telle folie puisse être à ce point réelle et effrayante pour les habitants qui la subissent au quotidien ?

Dès nos premiers pas à Achgabat, nous avons le cœur serré. La ville est une sorte de champignon ultramoderne planté au milieu du désert, une chose très propre, très froide, aux rues immenses et totalement vides. Nous ne voyons quasiment personne dans les rues hormis des policiers. Depuis la frontière, nous avons fait la route avec un jeune Anglais à vélo, lancé lui aussi sur la route de la soie. Nous partons ensemble à la recherche d'une personne susceptible de nous indiquer un endroit où camper – les hôtels sont affreusement chers – pour ne trouver que des visages qui se ferment systématiquement à notre approche. Non, font nos interlocuteurs de la tête avant d'accélérer le pas. Non. Encore non. Une femme d'une quarantaine d'années finit tout de même par prendre pitié de mon air épuisé, et nous autorise à nous installer dans la cour qui fait face à sa maison. Elle a un visage aimable mais inquiet, et rentre bien vite chez elle pour n'être pas vue avec des étrangers : sans doute a-t-elle peur d'être tenue pour responsable de notre présence à cet endroit. Avant de refermer soigneusement sa porte et ses volets, elle nous fait comprendre qu'un couvre-feu est instauré dès

22 heures dans la capitale : nous n'aurons plus le droit, ensuite, de circuler en ville.

Le lendemain matin, après avoir déposé Christian à l'aéroport, cela me fait tout drôle de me retrouver de nouveau seule. Il va falloir que je me réhabitue. Je tente d'aller découvrir la ville, de prendre le pouls de la vraie vie d'Achgabat. Sur un marché que je finis par dénicher, j'entreprends de discuter avec les quelques personnes sympathiques que je rencontre. Elles me retournent mes sourires tout en restant discrètes. L'atmosphère s'alourdit lorsque avec leur accord je sors ma caméra : un policier en civil m'interdit de filmer et je dois finalement renoncer. De policiers, la ville n'en manque pas.

Le Turkménistan pourrait être un pays riche. Il dispose d'immenses réserves de gaz naturel, et j'ai entendu parler de la « porte de l'enfer », cet immense foyer qui brûle en continu depuis qu'il a été allumé par erreur sur un site de forage, en 1971, par des scientifiques soviétiques. Mais les Turkmènes ne bénéficient pas de ces ressources-là, qui terminent sur les comptes en banque internationaux de leurs leaders. En Iran, j'avais pu percevoir de l'inquiétude, de l'effroi chez certains de mes interlocuteurs. Ici, j'ai le sentiment d'un peuple passé au-delà même de la terreur : éteint. Quel peuple, d'ailleurs ? Dès que l'on sort de la capitale, on se retrouve dans une espèce de désert, un *far east* sablonneux, extrêmement aride, extrêmement venteux, dont les rares hameaux semblent presque abandonnés tant ils sont misérables. Dans l'un d'eux, je m'arrête boire un thé. Et je reste là, dans l'ombre sans fraîcheur d'un muret, à contempler le spectacle de cette terre perdue : quelques maisons basses, du sable, un chameau au loin.

À une distance respectable d'Achgabat, je finirai tout de même par trouver une ville qui, à défaut d'être aisée, semble avoir une vie à elle. Il y a des petits magasins, un marché et, surtout, des habitants qui me semblent moins résignés, plus spontanés que ceux que j'ai croisés jusque-là. Des personnes qui, comme cela se produit souvent ailleurs, s'approchent intriguées par la moto, s'arrêtent un instant, posent quelques questions, sourient. Je m'aperçois à nouveau à quel point conduire seule change vraiment la donne. Les hommes me parlent, ils n'ont pas le choix, Christian n'est plus là. Bien sûr, c'était avant tout par respect pour lui et pour moi, mais cela me fait du bien de parler à tout le monde. Il est plus confortable d'être deux pour de multiples raisons mais, en étant seule, je peux aller plus simplement vers l'autre, je ne fais pas peur.

Je n'ai cependant plus le temps de m'attarder : le compteur des cinq jours de visa continue de tourner. Après un mois de surveillance permanente en Iran, je rêve surtout d'un peu plus de légèreté et j'ai hâte de quitter le pays : j'avale les kilomètres qui me séparent de la frontière ouzbèke.

Je parviens à sortir du Turkménistan en moins d'une demi-heure, un record, mais entrer chez le voisin se révèle plus pénible que prévu. Cette fois, ni bakchich, ni multiples formulaires. Mais, d'après ce que j'en comprends, le pays se prépare à une grande fête nationale à l'occasion d'un anniversaire quelconque, et les autorités sont sur les dents. À l'interrogatoire habituel « Pas de drogue ? », « Pas d'armes ? » succèdent des questions plus étonnantes : « Pas de pornographie ? » Euh, non. « Pas de matériel religieux ? » L'Ouzbékistan est un pays musulman, mais se méfie de l'effet domino du Printemps arabe. Mon passage par l'Iran déplaît fortement au garde-frontière, qui se met en tête de trouver des documents de propagande dans mes bagages. Il commence donc à fouiller, à tout fouiller. J'ai rarement vu autant de zèle : je dois défaire l'intégralité du paquetage que j'ai mis tant de temps à boucler le matin même, ouvrir chaque sac, vider chaque caisse. C'est sans fin. Heureusement, j'ai caché mes précieuses images d'Iran dans ma veste à son insu et, à chaque minute passée à cette inspection absurde, je m'agace un peu plus de l'air finaud du fonctionnaire, de ce regard qui dit : « Tu caches quelque chose, et je finirai par trouver quoi. »

Satisfait de sa fouille, le douanier me laisse finalement partir, et je retrouve l'Ouzbékistan que j'ai quitté il y a tout juste une année.

Ma première étape doit être la mer d'Aral, cette mer que l'exploitation du coton a réussi à assécher, ce désert créé de toutes pièces par l'arbitraire d'un pouvoir fou. En effet, pour irriguer les plantations qui devaient le rendre riche, l'État a fait détourner le fleuve qui se jetait dans l'Aral et il a même pompé directement dans la mer lorsque l'eau lui manquait. J'ai vu, plus jeune, les images merveilleuses et terribles du désastre : des étendues de sable mort à perte de vue et des bateaux échoués, derniers témoins de l'époque où la petite ville de Moynaq était encore un port. J'ai besoin de voir cela de mes yeux, tant l'idée d'une mer détruite par l'activité humaine me semble vertigineuse. J'aimerais aussi parler avec des habitants, comprendre quel rapport ils entretiennent aujourd'hui avec ce scandale, ce que représente pour eux la disparition de ce qui avait toujours été le décor de leur existence, leur paysage familier. Comment était-ce, avant ? Comment vivait-on ? Et à quoi peut bien ressembler un port sans mer ? J'avais dû renoncer à m'y rendre lors de mon premier voyage ; impensable, cette fois, de ne pas y aller.

Je déchante rapidement. Moynaq est un minuscule village perdu, très pauvre, dont les maisons sont faites de terre et, détail qui aurait dû m'éclairer, d'un tas de matériaux de récupération. Je demande avec force gestes à un premier passant où sont les bateaux et il m'indique une direction vague en grognant quelque chose, les yeux un peu fuyants. J'essaie de la suivre sans beaucoup de conviction : rien. Je repose la question, à une dame cette fois. Le port ? Les bateaux ? Même impression de semi-hostilité : je n'ai pas droit à un sourire ni à un regard amical. Elle finit par faire un geste tout aussi imprécis que mon interlocuteur précédent, mais dans la direction exactement opposée. Au bout d'une heure d'errance dans le village et ses alentours, je finis par m'arrêter dans un coin d'ombre sur une petite placette, devant une épicerie où j'achète du Coca et du chocolat en guise de réconfort.

Je suis découragée, très abattue, et je commence à souffrir beaucoup de la chaleur terrible, et du vent brûlant qui balaie le village et recouvre toute chose d'une fine pellicule de sable et de poussière. Ma tenue de motarde me semble peser des tonnes, j'ai les lèvres desséchées, les yeux douloureux et je sens monter, avec la migraine, un début de nausée qui n'annonce rien de bon. J'aurais l'air fine si je tombais malade dans ce trou perdu. Pourquoi avoir gaspillé du carburant à faire ce détour, dans un pays où, je le sais d'expérience, l'essence est une denrée à peu près aussi rare que l'eau ?

Alors que je suis assise sous mon arbre à me demander quel parti prendre, je vois apparaître une petite tête au-dessus du muret qui me fait face. D'abord deux yeux noirs malicieux, qui disparaissent bien vite dans un gloussement, resurgissent, disparaissent à nouveau. Puis le visage entier d'une petite fille, excitée comme une puce par ce jeu de cache-cache. Amusée par son manège, je lui dis bonjour, lui souris, jusqu'à ce qu'une autre petite tête rejoigne la sienne : celle d'une sœur aînée, manifestement. Est-ce qu'elles savent où je pourrais m'installer pour passer la nuit ? Les fillettes finissent par comprendre la question et me font de grands gestes pour que je vienne dormir chez elles. Nous voilà, ma moto et moi, dans la cour d'une petite maison, convertie en salon d'été le temps de la saison chaude : des lits bas y sont installés, entourés de moustiquaires. J'aperçois, devant le muret, le tabouret sur lequel les deux gamines se sont postées pour me faire signe. Leur père et leur mère m'accueillent gentiment, m'offrent du thé. Je pourrai dormir avec leur fille aînée dans le salon, une pièce entièrement nue, à l'exception de tapis orientaux et d'un poste de télévision crachotant. Je découvrirai, durant mon bref séjour, que l'Ouzbékistan ne compte que trois chaînes : l'une de sports, l'une de vieux films soviétiques, la troisième consacrée aux informations politiques, c'est-à-dire à la propagande du régime.

L'aînée de la famille est alors en vacances chez ses parents mais passe le reste de l'année à Tachkent, où elle fait des études d'interprétariat. C'est une grande fille de dix-huit ans, toute mince, teinte en rousse. Elle est fort jolie et semble très sophistiquée dans ce petit village. Mais sa pensée semble aussi rectiligne que sa frange est impeccable. Tout semble sous contrôle, loin des drôleries fantasques de ses petites sœurs. Son anglais est parfait, et durant la longue discussion que j'ai avec son père et elle, assis en tailleur sur les tapis du salon, elle n'aura de cesse de m'expliquer que l'Ouzbékistan est un pays formidable, très agréable à vivre, un État prospère et moderne où les gens sont heureux.

Je tente une prudente question sur le score du président aux dernières élections – Islam Karimov, arrivé au pouvoir en 1990, a obtenu plus de 90 % des suffrages. Réponse : il est normal qu'il obtienne de tels résultats puisque le peuple l'aime ! Ah, bien. Le père fronce un peu les sourcils, bougonne dans son coin une remarque que je ne comprends pas. Il ne semble pas tout à fait partager l'enthousiasme de sa grande fille. Je m'enquiers ensuite de la mer d'Aral, de ce que son assèchement a signifié pour eux et pour Moynaq. Aucune espèce de problème, assure la demoiselle : la culture du coton est indispensable au développement du pays. Une nouvelle fois, le père a une moue contrariée. Je ne cherche pas à éclaircir cette différence de points de vue entre le père et la fille et nous terminons la soirée en regardant un vieux film en noir et blanc.

Je finis, tout de même, par apprendre ce qu'est devenu l'ancien port et par m'y rendre. Il est en fait à quelques centaines de mètres de là. Des bateaux autrefois échoués par dizaines, il ne reste pour ainsi dire rien : les habitants de Moynaq en ont récupéré le métal et le bois pour leurs propres besoins. Histoire de soigner la couleur locale et de satisfaire les rares touristes, six ou sept embarcations ont été conservées, bien rangées les unes à côté des autres sur le sable. Un grand panneau montre, à l'aide d'images satellites, jusqu'où la mer montait autrefois et où elle se trouve aujourd'hui. Des guides locaux proposent de rejoindre ses rives actuelles, à près de cent kilomètres de là, mais je n'ai aucune envie de m'y risquer à moto. Je pensais trouver un paysage fantomatique et même poétique, une image de fin du monde qui rappellerait la fugacité de nos vies. Le spectacle est seulement d'une tristesse à pleurer.

À mon désarroi s'ajoute une nausée qui monte encore, avec un sévère mal de crâne : je présente tous les symptômes du coup de chaleur, et je n'ai aucune idée de comment faire baisser ma température. Il n'y a rien dans ce village, pas de point d'eau où je pourrais me rafraîchir, presque aucune ombre : je me résous à essayer de gagner au plus vite Boukhara, à plus de six cents kilomètres de là, une ville où je sais pouvoir trouver un hôtel climatisé pourvu d'une salle de bains, et assez de calme pour me remettre d'aplomb.

Lorsque j'enfile à nouveau mon blouson de motarde le lendemain, le malaise s'aggrave encore. Je suis prise de vomissements, et rends chaque gorgée d'eau que j'essaie d'avaler. Je reprends la route mais à chaque instant je dois m'arrêter, au bord de l'évanouissement. Heureusement, elle longe à mi-chemin un long canal, où j'aperçois deux garçons en train de nager. C'est qu'il doit être possible de s'y baigner sans perdre un bras ou se couvrir de pustules violettes : je rejoins la rive et j'entre tout habillée dans l'eau boueuse, une eau qui a la couleur et la consistance suspectes d'une crème au caramel. J'y reste une bonne demi-heure, immobile en essayant de ne pas regarder les objets étranges qui dérivent à quelques mètres de moi et me frôlent parfois : une tête de mouton, par exemple, devant laquelle je manque de vomir de nouveau.

Comme ai-je fait pour tenir bon, le reste du chemin ? Je ne m'en souviens pas. Je me cramponne au guidon comme une perdue, brûlante, fiévreuse, la migraine me vrillant les tympans. Ne pense pas à la longueur de la route. Ne pense pas, d'ailleurs. Il n'y a pas d'ombre. Oublie-toi. Garde les yeux ouverts. Ne t'arrête pas, un kilomètre encore. Juste un. Tu peux le faire, allez, un kilomètre, ce n'est rien. Et celui-là encore, et le suivant.

Boukhara est comme je l'avais laissée : une sorte de musée à ciel ouvert, un décor idyllique où des touristes émerveillés déambulent sous les jolis passages couverts, dans les jardins et les mosquées décorées de mosaïques. Ici on s'arrête boire un thé, là on s'assoit quelques instants auprès d'une fontaine… Aucune trace de ce qui serait l'activité normale, la vie véritable d'une ville, pas de marchés, d'épiceries, de bazars : à chaque coin de rue on entend parler français et tous les habitants semblent devoir être soit guides, soit vendeurs de souvenirs. Je m'en moque bien, dans l'état où je suis. Au contraire, même, je pourrais bénir le dieu du tourisme international. Je passe trois jours à dormir dans une chambre climatisée tout à fait au-dessus de mes moyens, à boire des litres et des litres d'eau. En temps normal, j'aurais eu des scrupules. Cette fois-là, j'ai l'impression d'être au paradis. Je réussis à me remettre sur pied, et à me sentir suffisamment reposée pour pouvoir repartir.

J'avais oublié combien il était difficile de circuler en Ouzbékistan. En un an, il n'y a eu aucune espèce de progrès : je retrouve les mêmes nids-de-poule, qui tiennent plutôt du trou d'obus et entre lesquels je suis obligée de slalomer. Arrivant à Tachkent après quarante-huit heures de ce régime, il me semble que ma nouvelle moto mérite d'être enfin baptisée. J'ai eu un peu de peine à m'accoutumer à elle, à l'aimer comme j'aimais Poupy, à la considérer comme une monture à moi que je devais chérir et encourager. Mais je suis cette fois convaincue : nous avons traversé ensemble les chaleurs torrides, échappé à mille occasions d'accident, il lui faut maintenant un nom. Ce sera Shirine, un prénom farsi qui veut dire « sucré ». En guise d'eau bénite, je lui verse un peu de thé sur le guidon, lui donne une caresse et une petite tape sur le flanc. Nous sommes alliées, désormais.

Toutes les motos qui m'accompagneront dans mes futurs périples auront un nom, qui m'apparaîtra parfois comme une sorte d'évidence, et parfois tardera à s'imposer. Lucy en Éthiopie, dans un double hommage aux Beatles et à l'australopithèque découverte par les archéologues, ou Mustang au Népal, pour une moto un peu androgyne et qui me rappellera les chevaux cavalant librement dans la vallée du même nom. Mais c'est une autre histoire.

14

Pays de montagnes

La matinée touche à sa fin, ce 11 août, lorsque j'atteins Bekad, ville-frontière avec le Tadjikistan où un vent plus frais semble annoncer les hautes montagnes que je vais affronter. Je crois voir déjà leurs paysages splendides et leurs routes terribles, ces pistes à peine construites qui sinuent entre les cols d'altitude et dont tous les voyageurs m'ont parlé avec passion et effroi. Je sais déjà que ce sera une épreuve pour ma moto que je viens de baptiser. Mais je dois d'abord passer par les émotions de la frontière : entrer dans un nouveau pays est toujours un exercice de patience, de sérénité et de maîtrise de soi. Le premier garde-frontière à qui je me présente me fait signe de me garer sur le bas-côté : « Attendez là. » Bien, j'attends : j'imagine que, comme en Mongolie l'année précédente, je suis arrivée pendant la pause déjeuner et j'en profite pour grignoter de mon côté une barre de céréales.

D'ailleurs, je suis parée. Je m'en suis fait une règle de conduite : désormais, je n'aborde plus les passages de frontières sans avoir de quoi manger et de quoi boire, sans me préparer mentalement à devoir camper sur place si l'affaire devenait compliquée. J'essaie aussi autant que possible d'arriver en début de journée afin d'éviter de débarquer dans un pays inconnu en pleine nuit. Cette fois, donc, ayant attendu longuement et supposant la dernière bouchée avalée, je me résous à retourner voir le garde. « Excusez-moi, est-ce que vous savez si la frontière sera bientôt ouverte ? – Mais elle l'est ! » J'en reste bouche bée. Si je peux passer, pourquoi me laisse-t-on plantée là depuis bientôt deux heures ? « On attend vos amis. » Mes amis, évidemment. Une femme seule sur une moto, c'est déjà difficile à concevoir. Mais une femme seule sur une moto et qui voyage sans escorte, voilà qui n'est même pas imaginable.

Ce genre d'épisode n'est pas rare. À la frontière russo-ukrainienne, plus tard, j'en vivrai un plus comique encore. Dans le bureau où je pénètre, trois agents, installés devant une petite table, m'invitent courtoisement à m'asseoir et à leur présenter mes papiers et ceux de la moto. Après les premières formalités, l'un des gardes me demande le passeport du conducteur. Je tends à nouveau le mien, ils éclatent ensemble de rire : « La petite Française n'a rien compris, non, non, c'est le passeport du conducteur que l'on voudrait, celui de l'homme ! » J'ai beau expliquer avec quelques bribes de russe et d'anglais qu'il n'y a qu'un voyageur, moi-même, rien n'y fait. Vingt minutes d'incompréhension s'écoulent, jusqu'à ce qu'un autre agent finisse par entrer et leur confirme que je suis arrivée seule.

Certains épisodes comme celui-ci sont cocasses, d'autres pénibles ou angoissants, mais il est rare qu'aux frontières, rien ne se produise de notable. J'ai déjà eu droit aux soupçons, aux menaces, aux demandes de pots-de-vin. Au cours de mes voyages, je découvrirai d'autres traditions locales. À mon arrivée en Indonésie, par exemple, on me demandera de peser l'intégralité de mes affaires : j'aurai à défaire et porter jusqu'à une balance chaque sac et chaque caisse. Au Pakistan, à l'inverse, je tomberai sur un douanier trop prude pour oser me contrôler : il me demandera comme il se doit si je ne transporte ni arme ni drogue, mais refusera de vérifier par lui-même le contenu de mes bagages : « Je suis un gentleman, je n'ouvre pas les valises des femmes. » Au Nicaragua, plus tard encore, je découvrirai une mystérieuse obsession pour les drones, qui m'obligera à passer cette fois tous mes sacs au scan, scan planté au milieu d'une salle laissée à la surveillance plus que flottante de deux jeunes femmes en pleine séance de maquillage. Mais mon souvenir le plus marquant reste, en Afrique, la découverte de ces *no man's lands* longs de plusieurs dizaines de kilomètres qui séparent parfois deux pays, où vivote toute une population en errance, souvent privée de papiers, et où le sens de la circulation peut changer brutalement sans qu'aucun panneau indicateur ne prévienne le voyageur : j'apprends que je ne dois plus rouler à droite, mais à gauche, en voyant un camion me foncer dessus en klaxonnant comme un fou.

Mais revenons au Tadjikistan. Le garde finit par comprendre que je n'attends personne et m'indique le poste de contrôle, quelques mètres plus loin, où j'ai cette fois droit à un accueil carrément égrillard. Les deux types présents entreprennent de tout ouvrir avec des sourires entendus et des clignements d'yeux. Que cherchent-ils au juste ? Des dessous chics, de petites tenues délicates ? Manifestement quelque chose qui viendrait pimenter leur imaginaire, en tout cas. Les malheureux, j'ai presque des scrupules à ne leur offrir que des affaires de baroudeuse en piètre état ! Alors que je les vois qui balancent encore entre l'espoir et la frustration, débarque tout un groupe de Français dans un minibus. Accaparés par ces nouveaux arrivants, les douaniers tamponnent rapidement mon passeport et, d'un geste, m'indiquent l'entrée du pays.

Alors que je remballe les affaires qu'ils ont minutieusement éparpillées, on m'interpelle. « Vous n'êtes pas la fille qui est partie jusqu'à Vladivostok en 125 ? » Aussi étonnant que cela puisse paraître, l'un des touristes m'a reconnue : grand fan de moto et d'aventure, il a lu le blog de mon premier voyage et suivi mes aventures jusqu'au Japon. Ses amis et lui partent randonner en montagne et voyagent en minibus, accompagnés d'un guide et d'un chauffeur. Ils me proposent de les accompagner : je suis le groupe.

Les routes tadjikes méritent leur réputation, je le comprends dès les premiers kilomètres. La piste est sportive : caillouteuse, étroite, vertigineuse, elle grimpe sur les flancs d'une montagne en une série de virages serrés, avant de redescendre abruptement de l'autre côté. En temps normal, je prendrais mon temps. Toutefois le chauffeur du minibus devant moi ralentit à tout moment pour m'attendre, et j'aperçois dans le rétroviseur son visage qui me fait de petits signes de connivence : je me sens tenue de suivre le rythme, en prenant garde de ne pas tomber. Je tombe peu, mais c'est toujours lorsqu'un groupe vous observe et vous prend en photo que survient la chute. Je redouble donc de prudence et fais de mon mieux pour pousser la pauvre Shirine, dont les pneus ne sont pas vraiment conçus pour ce genre d'exercice. Lorsque je l'ai récupérée à sa sortie d'usine, il n'existait pas de pneus tout-terrain conçus pour elle. Elle est en outre un peu courte sur pattes, ce qui rend les obstacles plus difficiles à franchir. La position de conduite debout, indispensable sur les terrains ardus, est assez inconfortable, et son moteur sportif un peu nerveux n'est pas toujours évident à modérer. « Allez, vas-y, tu peux le faire, on y va ! » : je me mets naturellement à lui parler comme je parlais à Poupy, encourageant notre duo à tenir bon. Lorsque je touche enfin terre après avoir dévalé la dernière côte trois fois plus vite que je n'aurais dû, j'ai les jambes tremblantes et le cœur battant.

Mais l'épisode me donne la chance de dîner en excellente compagnie, à l'étape du soir, dans un refuge qui sert de point de ralliement aux différentes agences de trekking. J'y rencontre Voyid, le guide d'un groupe qui vient de terminer son aventure. C'est un jeune homme d'une trentaine d'années, aux yeux et à la chevelure très noirs. La France le passionne : parfaitement francophone, il est habitué à s'occuper des touristes hexagonaux et il prend manifestement beaucoup de plaisir à discuter avec eux à bâtons rompus – de la marche en montagne, des paysages tadjiks, des différences de tempéraments entre les peuples, de la politique, de la vie.

Sa tournure d'esprit me frappe, ce premier soir que nous passons ensemble. J'admire sa légèreté et sa finesse, sa curiosité, la subtile ironie avec laquelle il évoque son gouvernement. J'admire sa liberté, en somme, une liberté étonnante si l'on songe qu'il a grandi lui aussi sous un régime autoritaire. Le lendemain, alors que je m'apprête à repartir de mon côté, Voyid me rejoint : il vient de passer le relais à un autre guide et repart à Douchanbé, la capitale : il me propose de me la faire visiter puisque je dois également m'y rendre.

Il vit là-bas avec sa femme et son bébé, un minuscule garçon aussi brun que lui, ainsi qu'avec son neveu. Leur logement est trop petit pour qu'il puisse m'y accueillir : ils sont déjà quatre dans douze mètres carrés, et sa grand-mère doit passer deux nuits chez eux. Mais je serai la bienvenue chez son oncle dont la maison est un peu plus grande. J'aurai même ma propre chambre.

L'épouse de Voyid est aussi douce, spontanée et rayonnante que lui, et ils forment un vrai couple d'amoureux, un couple qui se permet en public des gestes de tendresse. C'est une chose plutôt rare ici : les femmes se montrent extrêmement réservées. Et, je m'en apercevrai mieux en vivant quelques jours en compagnie des cousines de Voyid, elles ne sortent jamais seules. Voyid m'emmène partout avec lui et adore jouer les poissons-pilotes : nos promenades communes me semblent très naturelles et je ne me pose d'abord aucune question sur sa présence auprès de moi tant elle est enrichissante. Sauf que cette escorte masculine n'est en réalité pas négociable. Un après-midi, j'annonce à Leyla, l'une des cousines, que je sors faire une course à l'épicerie. Elle se décompose. Seule ? Comment ça, seule ? « Le magasin est au bout du chemin, je fais juste l'aller-retour. » Mon ton rassurant ne suffit pas. Je pars néanmoins mais, lorsque je reviens quelques minutes plus tard, la maison est sens dessus dessous. La jeune fille semble avoir pris un sacré savon de la part de son père, qui me regarde comme si je rentrais d'une zone de guerre. « Tu ne peux pas faire ça, c'est trop risqué ! » Je reste dubitative. Mais une semaine de ce régime paranoïaque suffira à ressusciter mes vieilles angoisses : lorsque je quitterai la famille, je serai anxieuse comme je ne l'avais plus été depuis un an. Peut-être ont-ils raison ? Après tout, ils vivent ici ! Je guette à tout moment les agresseurs potentiels, doutant de ma capacité à discerner le danger et à me fier à mon instinct lorsque je fais une rencontre. Je vais devoir me faire violence pour me débarrasser de cette peur.

Si Douchanbé n'est au fond pas dangereuse, la ville ne respire pas le bonheur pour autant. On y suit très strictement les règles musulmanes et Voyid me fait comprendre que les touristes eux-mêmes doivent éviter de boire de l'eau en public durant la période du ramadan où nous sommes. La majorité des femmes sont voilées sans que ce soit légalement obligatoire, et sans la négligence étudiée que pratiquent si habilement les Iraniennes. Je découvre aussi certaines caractéristiques propres à une dictature ex-soviétique : une version supposée sympathique, paternelle, proche du peuple, de l'oppression. Comme ailleurs, le président s'affiche absolument partout, chez les commerçants ou dans la rue. Mais, à la différence de ses homologues turkmène ou ouzbèke, Emomalii Rahmon pose tantôt récoltant du blé au milieu d'un groupe d'agriculteurs, tantôt en bleu de chauffe dans une usine de métallurgie, tantôt en train de faire sauter des enfants sur ses genoux…

Back to Japan, 2010

Kazakhstan
C'est ma première expédition en moto : le Kazakhstan s'étend, immense, devant moi. Je fais une petite pause en pleine steppe.
L'air est chaud. Je suis seule avec ma vieille moto 125 cm^3. J'ai appris à mettre chaque chose à sa place dans mes sacs.

Ukraine
Babouchka me prépare maternellement un pique-nique pour que je puisse repartir.
Avec Vassa, son fils, elle m'a ouvert sa maison et m'a appris à ne plus avoir peur.

Mongolie
À une station-service, cette mère pose naturellement son enfant sur ma moto.

Le voyage offre de multiples rencontres dont ce petit bonhomme qui guidait son troupeau de moutons et qui s'étonne devant ma machine. La moto agit comme un aimant, elle intrigue.

La Mongolie vient de s'ouvrir devant moi. Je rêve éveillée. Je suis là où je devais être.

Jamais le ciel ne m'a paru si grand qu'ici, en Mongolie, devant cette mer d'herbe balayée par le vent. Je suis libre.

Russie

Vladivostok : je suis arrivée de l'autre côté du continent. 22 500 km. Je suis épuisée, heureuse et triste. Au revoir, Poupy. La mort dans l'âme, je dis adieu et merci à ma partenaire de métal.

Les routes persanes, 2011

Iran
La loi du *taarof* :
nous cherchions une maison
de thé et nous voilà
avec Christian chez Mahomed
et sa femme.

Dans le Dasht-e Lut,
le désert du vide.
56 °C, pas d'ombre.
Les roches sont sculptées
par le vent. Moi, je cuis.

© Christian Clot et Mélusine Mallender

Cinq minutes de liberté
pendant lesquelles
ces trois jeunes femmes
ont bravé l'interdit en dansant.
En Iran, on ne danse pas
en public.

© Christian Clot et Mélusine Mallender

Tadjikistan
La piste vertigineuse et étroite serpente entre les montagnes, maîtresses des lieux. Tout est minéral. Je souffre du manque d'oxygène.

Ouzbékistan
Moynaq : soixante ans plus tôt, il y avait encore la mer d'Aral, et il ne reste maintenant qu'un cimetière de bateaux. Un désastre écologique pour du coton.

Les grands lacs d'Afrique, 2014

Éthiopie
Habiba, ancienne exciseuse, a déposé les couteaux. Elle cherche maintenant à démontrer à sa communauté qu'il faut arrêter cette pratique. Elle prend le temps de me raconter son expérience.

Dans les rues d'Harar, je demande parfois de l'aide à des cameramen en herbe pour faire des plans.

À Harar, se perdre, se laisser porter par les rencontres… Partager un café est l'occasion d'un moment d'intimité avec Fatima.

Jamais je ne serai seule en Afrique de l'Est. Une constante durant ce périple.

Ouganda
Je passe l'équateur, ligne invisible et pourtant présente.

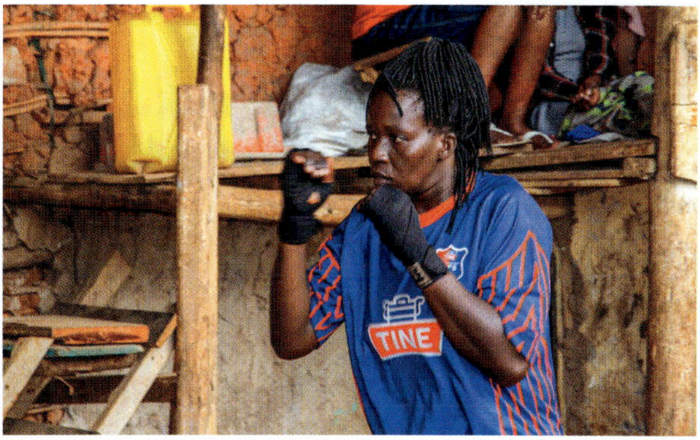

Hélène est boxeuse dans le plus grand bidonville de Kampala. Pour elle, la liberté, c'est pouvoir faire ce que l'on veut, aller où l'on veut sans avoir peur.

Les pistes rouges tracent des saignées dans le paysage luxuriant, liant les humains entre eux. Une route intense qu'on voudrait infinie.

Tanzanie
Je profite de l'ombre tranquille de ce baobab pour m'arrêter. Au début, je courais, je voulais tout voir, j'avais peur de rater quelque chose. J'apprends à savourer le temps.

Au bout de quelques jours, j'obtiens enfin mon permis pour circuler sur la Pamir Highway, la vraie raison de ma venue au Tadjikistan : une route mythique, qui traverse des paysages de haute montagne presque vierges de présence humaine.

La région attire toute une population d'alpinistes et de routards, bien sûr, mais elle est assez vaste, assez rude aussi, pour que l'on n'y croise que peu de monde. D'autant que le Pamir fait frontière avec l'Afghanistan, le Pakistan et la Chine : il est politiquement très surveillé. L'hiver, la route est même fermée : trop enneigée, trop dangereuse. Dès les premiers kilomètres, elle monte en pente raide et se change en une piste à flanc de montagne : lorsque deux camions doivent se croiser, ils sont obligés de procéder à de très longues manœuvres dont on n'est jamais sûr qu'elles réussissent. À moto, évidemment, l'opération est moins difficile, mais, roulant à droite, je me trouve le plus souvent du côté du ravin et j'ai l'occasion de m'offrir quelques vertiges.

Pas de quoi encore me décourager mais, à la première rivière que je croise, je reste interdite : le pont s'est effondré, la seule solution est de traverser à gué. Shirine peut-elle tenir le choc ? J'hésite à prendre le risque. Il y a deux hommes sur l'autre rive, deux ouvriers en train d'examiner les dégâts de la construction. En me voyant traverser à pied avec un premier sac de matériel électronique, ils se moquent copieusement de mon désarroi. Mais je n'en ai cure : je préfère passer dix fois de suite avec mes bagages les plus précieux que de jouer à celle qui sait et me vautrer dans l'eau. D'autant qu'il y a quand même un peu de courant… Ils rient et me proposent de faire passer la moto à ma place. Je rêve de passer devant eux comme une reine, chevauchant ma monture et faisant jaillir de grandes gerbes d'eau, mais les gros rochers que je sens sous mes bottes m'en dissuadent. Nous poussons donc Shirine ensemble. Après tout, il se peut décidément que j'aie une bonne étoile ou un ange gardien. Et j'ai intérêt à les ménager un peu.

Je repars, gouttant de toutes parts mais soulagée et heureuse. Alors que je contemple la pureté du paysage, surgissent deux Allemands sur d'énormes motos d'aventuriers, le format XXL de BMW, tout équipées, quasi neuves. Des pros de l'aventure à moto, apparemment. Ils jettent sur Shirine un regard de pitié, et l'un d'eux m'entreprend. « Tu comptes vraiment faire le voyage avec ça ? » C'est vrai que la Crossrunner n'est pas un trail, mais je suis tout de même un peu vexée pour elle. Il poursuit sans attendre : « Tu n'y penses pas, c'est impossible, la route est beaucoup trop difficile ! On a déjà eu du mal avec nos bécanes, il te faudrait au moins des pneus adaptés à la piste ! Toute seule, en plus ! Tu ne te rends pas compte des difficultés, vraiment ! Moi j'ai chuté au moins quatre fois depuis que nous sommes partis de Bichkek. C'est la route la plus dure que j'ai faite de ma vie ! »

Mon moral chute brutalement. Ils ont sans doute raison. Ils en viennent, ils savent de quoi ils parlent et la rivière que je viens de traverser confirme que la route est difficile. Pire, peut-être, que celles de la Mongolie sous la pluie. Suis-je certaine de vouloir me lancer là-dedans ? Avec la fatigue, aurais-je encore la force de relever ma moto si je chutais ? J'aurais l'air maligne, si j'avais un accident au milieu de ces montagnes. Et Shirine, dont j'ai promis de prendre soin…

Après m'avoir copieusement sermonnée et sévèrement déprimée, mes deux Allemands reprennent leur route en faisant virilement vrombir leur moteur et en me lançant une dernière sentence. « Surtout toi, sur une telle moto… tu comprends ! » Ils viennent de me convaincre de continuer. Pas pour relever un stupide défi de macho, je n'ai pas à prouver quoi que ce soit à qui que ce soit. Mais parce qu'une sorte de sonnette d'alarme résonne en moi. Ce n'est pas une discussion de motard à motard que nous avons eue, une de ces discussions de voyageurs qui se donnent des conseils et des astuces utiles sur les passages, les routes ou les éventuelles difficultés du terrain, mais la sentence de mecs, de « vrais motards », prodiguée à une femme sur une « petite moto » qui ne sait pas ce qu'elle fait.

Ah, ces avis péremptoires que l'on me dispense si fréquemment, sur ce qui est possible ou non ! Avant de partir avec ma Varadero 125 le message était : « C'est impossible, c'est une trop petite moto, pas du tout faite pour le voyage au long cours. » Lorsque je suis revenue, le discours avait changé : « Tu as pu le faire en tant que femme parce que tu avais une petite moto, légère à relever. » À mon départ avec la Crossrunner 800, rebelote : « C'est trop gros pour toi, elle n'est pas tout équipée, tu vas au-devant des galères… » Ce qui deviendra au retour : « Tu avais une moto puissante, tout le monde peut le faire avec un tel moteur. »

Une loi universelle valable pour les femmes – mais aussi pour les hommes qui se lancent dans des entreprises hors des sentiers battus : avant, c'est toujours impossible, après, c'était forcément facile. Il faut savoir différencier le conseil, qui permet d'agir avec plus d'acuité, du jugement qui n'apporte rien, puisque fondé sur de mauvaises raisons. Ce n'est pas toujours facile, car les arguments de « ceux qui savent » sont souvent très forts, très anxiogènes, et pleins de bon sens. C'est pour cela que, malheureusement, trop de monde s'empêche de partir. Un voyage à moto supposerait donc que l'on ait LA bonne moto avec LE bon matériel. En résumé : un gros trail 1200, de grosses valises métalliques, un GPS de compétition, un BTS de mécanique, un compte bien garni, et un homme au guidon. Je repense à ma Varadero, à mes sacs en tissu troués qui laissaient déborder ma tente trop petite. Qu'auraient pensé mes Allemands en la voyant ?

Je reprends la route, un peu préoccupée malgré tout. Difficile de balayer de telles remarques d'un revers de main, même dans ces conditions. Car il est vrai que cette route est difficile, en partie dangereuse, et qu'il vaudrait mieux l'affronter avec un vrai gros trail et des pneus adaptés. À défaut, je dois me battre un peu plus, aller moins vite, être plus vigilante, accepter la fatigue et prendre quelques risques supplémentaires. Mais c'est possible. Après tout, si l'on attend d'avoir tout ce qu'il faut, on ne part jamais. Il n'y a pas de mauvaises machines. Il y a la moto que l'on a, dont on connaît et accepte les défauts, et que l'on conduit en fonction. Sur cette piste, Shirine donne en l'occurrence le meilleur d'elle-même et continue de sauter gaillardement de roches en cailloux.

Quelques kilomètres plus loin, un vélo apparaît. Nouveau voyageur, nouvel arrêt. Alex est belge et affiche un large sourire, manifestement aussi heureux que moi de notre rencontre. Ses bagages usés, simples mais fonctionnels, son teint bronzé et poussiéreux, tout chez lui parle des efforts qu'il a accomplis. J'ai l'impression que cela fait une éternité que je n'ai pas entendu parler français. Le lien fraternel des voyageurs au long cours s'établit immédiatement entre nous : nous débitons à toute vitesse nos impressions communes. Il roule depuis une semaine sur ces pistes désertiques, n'ayant de contact qu'avec la population locale. « Tu viens d'arriver ? Quelle chance ! J'aimerais tellement en être encore au début ! C'est merveilleux, tu vas adorer ! » Moi, un peu balbutiante, toujours persuadée de m'être fourrée dans le pétrin : « Mais… et la route ? » Alex hausse les épaules. « La route ? Pas plus mauvaise qu'ici, si tu as déjà fait tout ce chemin tu pourras aller au bout. Tu es allée en Mongolie ? Aucun problème, alors. Les montagnes sont à couper le souffle, c'est la plus belle route que j'aie jamais vue. » Et il me donne une carte du Pamir, plus détaillée que celle que j'avais réussi à me procurer et qu'il a lui-même récupérée d'un voyageur précédent, ajoutant aux siennes le marquage de ses étages : j'y inscrirai les miennes, avant de la confier à un autre motard. Dans le même après-midi, je suis passée du statut de folle inconsciente à celui de sœur de piste. Décidément, l'appréciation du danger et des rencontres est une chose bien variable…

La piste est sublime, Alex a raison, et je repars réconfortée, décidée à nous faire confiance, à Shirine et moi. Je fais bien. Les paysages qui se succèdent sont si spectaculaires qu'ils valent largement l'effort qu'ils requièrent. La route se tortille entre des vallées verdoyantes et des monstres de pierre qui se dressent comme des gardiens immuables des lieux. Sans s'améliorer réellement, la piste me semble plus clémente, le soleil brille avec éclat, et mon impression de liberté est immense. À tout moment je voudrais m'arrêter pour immortaliser chaque sommet, chaque ravin.

Ici et là, quelques hameaux semblent oubliés du monde. Pourquoi donc des humains se sont-ils installés ci ? Pour voir chaque matin ces merveilles ? Le bruit de mon moteur fait systématiquement apparaître des dizaines de têtes d'enfants par-dessus les barrières et sur les bords de la route. Ils crient en me faisant des signes, me tendent les mains pour des tope-là. Je me lance dans une succession de *high five* en tenant le guidon d'une seule main et en zigzaguant entre les pierres. Dangereux, mais cela en vaut la peine : les petites mains applaudissent et s'agitent de plus belle, les gamins se tordent de rire. Je soulève aussi mon casque, créant toujours autant de surprise lorsqu'ils constatent que je suis une femme.

J'arrive avec fierté à Khorog. Le village est une halte incontournable de la Pamir Highway, une sorte de camp de base où l'on peut faire provision de produits frais, se reposer au retour des treks ou plus simplement s'acclimater à l'altitude – le village est à 2 000 mètres, et nous sommes encore très éloignés des sommets les plus hauts. Dans cette ville très verte, très aérée, règne une atmosphère cosmopolite et douce qui doit beaucoup à la population locale. Le Pamir est le berceau de la religion ismaélienne, un courant du chiisme sans commune mesure avec ce que j'ai découvert en Iran, une sorte d'islam des origines assez peu rigoriste. Difficile de croire, en se promenant à Khorog, que l'Afghanistan est juste de l'autre côté de la vallée, difficile même de se souvenir de l'austérité de Douchanbé : certaines des femmes portent des fichus colorés mais beaucoup vont tête nue ; les adolescents, filles et garçons, jouent ensemble dans les jardins publics ; on peut manger et boire pendant le ramadan sans offusquer la population.

Deux jours de repos me semblent devoir suffire pour affronter la suite du voyage : je suis arrivée jusqu'ici, aucune raison de m'inquiéter plus que de raison. Je reprends bientôt la route pour continuer à grimper, confiante. Nous grimpons même plutôt très bien : Shirine semble complètement dans son élément, nous avançons en symbiose comme jamais, la piste devient un jeu, un vrai plaisir… et j'en oublie l'altitude. Pourvue d'un moteur à injection contrairement à Poupy, Shirine fait ses propres mélanges d'oxygène à mesure que l'altitude augmente et elle avance comme un bon petit cheval.

Moi, en revanche, je sens au bout de quelques heures monter un mal de tête qui s'intensifie à chaque kilomètre. Bientôt une douleur insupportable me vrille les tympans, puis la nausée monte à son tour, et mes lèvres desséchées commencent à gonfler. Bravo, Mélusine ! Après le coup de chaleur, le mal de l'altitude. Je m'arrête et dresse le camp à proximité d'une petite maison, essayant de réfléchir efficacement et de me souvenir des leçons de Christian. En alpiniste chevronné, il connaît tout de cette maladie-là et me l'a décrite avec précision. À l'époque, je l'avais distraitement écouté, persuadée que je ne me retrouverais jamais seule dans une montagne de haute altitude. Et me voilà nauséeuse à 4 400 mètres, loin de tout. Je sais que le seul remède rapide serait de redescendre à une altitude supportable. Mais je n'ai aucune envie de revenir sur mes pas et de ruiner les efforts de toute une journée. J'ai mis sept heures pour parcourir deux cents kilomètres et la seule pensée de prendre le chemin en sens inverse m'épuise, d'autant que la nuit tombe et que ma tête me fait atrocement mal. Option rejetée, donc. Ensuite, que disait-il ? Faut-il prendre de l'aspirine, ou est-ce au contraire dangereux ? À partir de quel symptôme faut-il considérer que la situation est critique ? Au premier vomissement ? Est-ce qu'on est sûr d'y passer, si l'on se met à saigner du nez ? Je me résous à prendre un cachet, beaucoup d'eau, et je me couche pour essayer de reprendre des forces : je mets un réveil toutes les deux heures, cette nuit-là, pour vérifier que mon état n'empire pas. Et si je ne me réveillais pas ?

Au petit matin, je fais franchement peine à voir. Mon visage est gonflé, à moitié brûlé par le soleil de la veille et j'ai un bouton de fièvre : je suis transformée en une espèce de Quasimodo au féminin. Mais je suis bien vivante au moins, et la douleur ne s'est pas intensifiée, je suis rassurée. Toutefois je me fixe pour objectif de la journée de redescendre en altitude. L'air est brillant, transparent, la journée est superbe : je veux y voir un bon signe.

La chaleur monte rapidement après les températures glaciales de la nuit. Elle est déjà forte lorsque je commence à défaire la tente. J'ai rapidement de la compagnie : les petites filles de la maison voisine, rieuses, curieuses, qui viennent m'assister dans les préparatifs de départ. Puis arrive à son tour leur père avec qui j'échange quelques mots. Son travail ici consiste à s'occuper de la route, me dit-il. De la route ? Qu'est-ce que ça peut bien signifier, dans un endroit pareil ? Est-ce qu'il essaie d'égaliser la piste, en cassant les cailloux en cailloux plus petits ? Autant ramasser à main nue le sable du Sahara… Après avoir bu un peu de lait de yak sucré avec les femmes de la maisonnée, je me sens ragaillardie. Je prends la route de Murghab, la prochaine ville plus basse en altitude, afin de parfaire mon acclimatation.

Lorsque j'y pose enfin le pied, je comprends que le mal des montagnes n'est pas seulement douloureux. Il donne aussi la nette impression d'être soudainement âgé de quatre-vingt-dix ans. Mes jambes n'ont jamais été si lourdes, je n'ai jamais été si essoufflée. Deux marches, quatre pas, et je dois m'arrêter, la respiration coupée et la tête bourdonnante. Je regarde, comme hébétée, la population locale s'agiter autour de moi, frustrée de voir des jeunes jouer au foot comme si de rien n'était. Ça doit ressembler à ça, de devenir une vieille dame : savoir qu'en d'autres temps, en d'autres lieux, on a été capable de faire mille choses… et n'être plus capable de rien.

Murghab a la couleur ocre du plateau désertique où elle est perdue, à quelque 3 600 mètres d'altitude. Des maisons basses peintes en blanc, un sol sablonneux, aucun arbre, aucun cours d'eau et, au centre du village, une sorte de marché fait d'anciens conteneurs à moitié rouillés, où des portes et des fenêtres ont été découpées pour qu'ils soient transformés en échoppes. On y trouve en quantité des bonbons d'importation chinoise, mais pas de fruits, pas de légumes, rien qui ressemble à un produit frais. Le vent, en soufflant, balaie une poussière minérale. Le soleil est brûlant lorsqu'il paraît, mais les nuits sont glacées. Les enfants jouent au beau milieu de la route, car personne ne passe jamais. Murghab est une ville du bout du monde, en somme. Je m'y sens étrangement bien, curieusement sereine.

À mon arrivée, des gamines m'ont proposé une chambre chez l'habitant – avec une salle de bains, ont-elles précisé fièrement. Une salle de bains, j'en rêve, évidemment : je les ai suivies, pour arriver à une toute petite maison où il y a un dortoir, ou ce qui m'est présenté comme tel : une chambre de cinq ou six mètres carrés où des tapis sont alignés. Quant à la salle de bains... Une simple pièce au sol brut, où trônent un petit banc de bois et deux fûts de métal emplis d'eau, chauffés par des espèces de grosses résistances électriques raccordées artistiquement à un compteur. Le dispositif me plaît à moitié, je dois dire : nous, Français, avons une petite appréhension du mélange eau et installations électriques, le souvenir peut-être d'un certain chanteur mort en ayant voulu redresser une lampe depuis sa baignoire pleine. Mais enfin, l'eau chaude est trop tentante et je rêve de me décrasser. Va pour ce spa du Pamir, les lingettes pour bébé commençaient à devenir écœurantes. Rien n'est plus délectable qu'un moment de vapeur savonneuse après des kilomètres de poussière.

Et la salle de bains me ravit d'autant plus que j'ai mes règles. On l'oublie parfois, mais la vie n'est pas toujours une pub Always. Jamais vraiment, en fait. Avoir ses règles au milieu de la pampa, dans un endroit sans eau, est non seulement très désagréable, mais peut aussi s'avérer dangereux si l'on ne peut respecter le minimum d'hygiène nécessaire. J'essaie toujours de m'arranger pour disposer, dans ces périodes-là, d'un point d'eau et d'un peu d'intimité, mais ce n'est pas toujours possible. Il arrive que la route en décide autrement. Il faut alors des trésors d'ingéniosité pour gérer ce moment offert par dame nature. Il y a deux jours, au cœur de la route aride, cela aurait été bien plus compliqué. Ici, pour cette fois, le timing est parfait.

La fille aînée de la maison est là pour la saison : le reste de l'année, elle poursuit des études à Douchanbé. C'est une jeune fille maigre aux traits afghans et aux yeux très bleus, une jeune fille sage et qui me semble mélancolique. Son rêve, me confie-t-elle, son souhait le plus cher est de quitter ce pays où elle sait n'avoir aucun avenir. Je l'écoute pendant qu'elle se raconte, je lui souris, j'interviens à peine. Qu'est-ce que cela signifie, pour elle, la liberté ? L'adolescente a un petit sourire triste. La liberté, c'est partir, quitter le pays, s'installer ailleurs, loin, en Russie peut-être ou en Angleterre, rencontrer un homme riche qui pourrait la sauver. Quel espoir se bâtir, dans un pays comme celui-là ? Quelle autre vie rêver ?

Des mots très forts, qui me touchent infiniment. J'aimerais l'emmener avec moi.

15

Apprendre à rentrer

Je passe ma dernière nuit tadjike près d'un lac d'altitude, environnée d'un silence exceptionnel dont je garde le souvenir. Pas d'arbre dont le vent viendrait faire chanter les feuilles, aucun bruissement d'insecte, aucun cri de chouette : les seuls bruits que je perçois sont les miens, et chaque objet que je remue me semble faire un boucan monstrueux. Je jurerais presque être la dernière créature vivante au monde. Je pourrais rester dans ces lieux paisibles des semaines durant. Mais mon temps commence à être compté. Début septembre, je dois reprendre mon travail de costumière de théâtre, il me reste à peine un mois, et je tiens vraiment à aller jusqu'à Karakol, au Kirghizistan, le point le plus à l'est prévu pour ce périple.

Aussi, je reprends la route, reposée, jusqu'à la frontière kirghize. Une fois le col passé, le paysage minéral devient soudain vert, les montagnes se couvrent d'arbres, et la pluie commence à tomber. De la pluie, moi qui n'en ai pas vu depuis des semaines ! Je pourrais pousser des hourras. Mon enthousiasme faiblit un peu lorsque je me retrouve trempée des pieds à la tête et que la pluie se change en grêle, puis la grêle en neige quelques kilomètres plus loin.

À la première éclaircie, je prends le temps de manger et de reprendre quelques forces en regardant au loin les yourtes qui parsèment la vallée. Arrêtée depuis seulement quelques minutes, je vois débarquer une adolescente d'une douzaine d'années, portant des morceaux de pain et des bonbons dans des sacs plastique. Elle a des cheveux noirs comme le jais, des yeux légèrement bridés qui pétillent d'intelligence, elle porte un pantacourt et un T-shirt roses. Elle accourt vers moi en apercevant la moto, se lance dans une série d'explications dont je ne comprends pas un traître mot et me fait signe de l'accompagner. À deux pas de là, dans une sorte de petite vallée, une demi-douzaine de yourtes sont dressées en un cercle étroit. Des gamins jouent dans l'herbe, des vaches broutent plus loin. La petite fille me fait entrer dans une yourte, où une femme dort étendue sur un lit de bois sculpté – sa mère, si je comprends bien. Sans s'en préoccuper, la gamine m'installe sur un tapis, fait chauffer de l'eau pour le thé, change les langes d'un nourrisson emmailloté dans un berceau. Puis la mère se réveille, me salue sans avoir l'air un instant surprise de ma présence et, le plus naturellement du monde, entreprend de préparer le repas.

Au-dehors, les enfants ont pris possession de Shirine qu'ils escaladent comme ils le feraient d'un cheval particulièrement placide. Je réprime un frisson en les trouvant juchés sur elle par grappes et j'essaie tant bien que mal de leur faire comprendre quel danger ils couraient si la moto venait à tomber sur eux. Peine perdue. Le manège est bien trop attrayant. Les mères quant à elles se préoccupent avant tout de mon sort. Dormir dehors ? Pas question. Une petite femme brune aux cheveux enturbannés et aux pommettes saillantes qui semble avoir le statut non officiel de cheffe du village m'invite – m'enjoint – à passer la nuit chez elle dans sa yourte. Avec Shirine : elle aussi doit être mise à l'abri, cela ne souffre pas de discussion. S'ensuit une manœuvre aussi absurde que périlleuse pour faire passer la moto dans l'étroite entrée de la yourte. Mais enfin, nous y parvenons.

Ma nouvelle hôtesse est une femme d'une trentaine d'années, lumineuse et bavarde comme une pie, qui m'explique sans presque reprendre son souffle que son mari est parti travailler en Russie comme les maris des autres puisqu'il n'y a aucun travail ici, qu'elles lèveront le camp dans quelques jours afin d'emmener le bétail plus bas dans une autre vallée, pour l'hiver, que sa famille les rejoindra pour les aider à démonter les yourtes. Et puis, elle continue. Elle dit qu'elle va rejoindre son époux, quitte à faire des ménages, pour gagner de l'argent et obtenir un jour une vraie maison en dur. Et dire que nous sommes chez nous prêts à faire des centaines de kilomètres pour une nuit « authentique » en yourte ! Tout en parlant, tout en se racontant, elle me brosse les cheveux, les tresse, admire l'effet de ma nouvelle coiffure, met de la crème fraîche sur mes lèvres desséchées pour les hydrater, puis m'emmène voir les chèvres, me montre comment les traire, m'offre plus de crème et plus de thé… Son babillage ne s'interrompt jamais. Pas même lorsque nous allons nous coucher. L'une de ses camarades passe la nuit avec nous, et elles se lancent toutes les deux dans une discussion qui les mène jusqu'à 3 heures du matin bien sonnées. Ce qui ne les empêche pas l'une et l'autre de se lever à l'aube pour s'occuper des bêtes avec un enthousiasme inentamé. En levant une paupière vers 7 heures du matin, je retrouverai intact le flot de leur conversation.

J'en rencontrerai d'autres, au Kirghizistan, des femmes de cette trempe-là, énergiques, volontaires, volubiles et drôles. Et sans doute sont-elles pour beaucoup dans l'affection que je porte à ce pays, dans la tendresse qu'aujourd'hui encore il m'inspire. Cette mère et sa fille, par exemple, rencontrées plus loin sur la route, dans une sorte de restau-yourte où je me suis arrêtée transie et trempée. Elles m'invitent à prendre un thé, puis à passer la nuit à l'abri avec elles, et je suis frappée au cours de la soirée par les efforts que déploie l'adolescente de quatorze ans pour se faire comprendre, multipliant les mimiques et les gestes des mains. Nous ne parlons aucune langue commune, pourtant je saisis toutes les nuances de ses propos lorsqu'elle me parle de sa vie, de sa jument, de ses envies et, plus que tout, de son rêve de devenir photographe, ailleurs. En plaisantant, je lui demande si elle ne craint pas d'être enlevée par un guerrier à cheval – la tradition kirghize du *ala-kachuu* voulant que l'enlèvement éventuellement suivi de viol fasse office de demande en mariage. Elle éclate de rire : « M'enlever, moi ? J'aimerais bien les y voir, je ne me laisserais pas faire ! De toute façon, je monte mieux à cheval que les hommes. »

À un autre arrêt, c'est une grand-mère qui vend du miel et de la confiture de framboises et qui, d'abord bougonne, me propose de rompre avec sa famille le jeûne du ramadan. Tandis qu'elle se lance dans la confection d'une demi-tonne de beignets à la viande, sa petite-fille d'une douzaine d'années essaie ma veste et mon casque en riant, monte sur la moto, me demande de lui montrer des photos et des vidéos de la France sur mon téléphone portable. Je me sens loin, très loin, des villes austères que j'ai pu traverser au Turkménistan. Les femmes, ici, me semblent avoir une poigne et un esprit de décision hors du commun. Elles n'ont guère le choix, il faut dire. Beaucoup des hommes qui partent travailler en Russie omettent de revenir ou d'envoyer de quoi vivre à la famille restée au Kirghizistan. Les femmes prennent leur indépendance de bonne heure, à la dure. Et, dans ce pays pourtant si machiste, elles se moquent volontiers de la pseudo-puissance virile.

Évidemment, cela ne suffit pas à leur procurer un sort enviable : ce courage, cette force, cet humour même sont les pendants d'une oppression vécue dès l'enfance. Sur la condition des femmes, j'aurai une longue discussion avec une Kirghize, professeure de français, Tana, rencontrée à Bichkek, la capitale. Elle me propose de venir en visite dans sa classe pour échanger avec ses élèves, une façon de leur faire pratiquer le français tout en leur donnant un bref aperçu d'un mode de vie étranger. Cette région du monde, m'explique-t-elle, a toujours été une zone de confluence, un carrefour entre l'imposant grand frère russe et la route de la soie qui liait l'Asie au monde musulman. Longtemps, le communisme a fait loi. Désormais, c'est l'islam qui cherche à prendre la place laissée vacante par le régime soviétique. Dans un cas comme dans l'autre, l'équilibre est rompu entre les influences multiples qui faisaient justement la richesse de ce pays au peuple de nomades. Dans un cas comme dans l'autre, il s'agit d'imposer à la population une façon de vivre et de penser. Et, dans un cas comme dans l'autre, les femmes sont perdantes. J'espère de tout mon cœur que le Kirghizistan saura préserver ce fabuleux mélange de cultures que je n'ai vu nulle part ailleurs en Asie centrale, cette force des femmes qui ont gagné leur liberté, cette envie de rire et de découvrir les autres. Ce pays m'enchante, et je prolongerais volontiers la rencontre.

Mais je dois à présent accélérer le mouvement ; je fonce vers la région de Karakol, une région aux lacs superbes où les volets bleus des datchas semblent répondre aux cimes violettes des montagnes. J'y arrive avec autant de fierté qu'à Vladivostok dans mon précédent périple. Shirine et moi avons atteint cet objectif que je m'étais donné, avec l'Iran comme étape. En revanche, contrairement à l'année précédente, je vais devoir refaire le trajet jusqu'à Paris. Je ne veux pas encore y penser.

Pour l'heure, je regarde l'immense terrain plat et poussiéreux où, un peu à l'extérieur de la ville, se tient l'un des plus grands marchés aux animaux vivants du monde. Un triporteur passe soudain à toute allure à côté de moi, rempli de chèvres. Les achats ont déjà commencé. Dès 5 heures du matin, la route est envahie : des camions, des pick-up, des scooters, et puis des chevaux, des vaches, des mulets, tout un cortège qui afflue vers le marché dans un grand concert de bêlements, de meuglements et de bruits de klaxons. Des gens déchargent des moutons du coffre d'une vieille

Mazda. Il y en a déjà trois au sol, quatre encore dans le coffre. Les gens vont et viennent, certains avec un mouton en laisse, d'autres une vache. Alors que je m'attendais à un parfait chaos, le lieu est en réalité plutôt organisé. Les animaux sont rangés par catégories : vaches, chevaux, chèvres, moutons, tous attachés par des cordes à de longues barres métalliques. Mais c'est extrêmement bruyant, les animaux bêlent, meuglent, hennissent, les hommes et les femmes crient, appellent, marchandent.

Deux femmes me proposent un mouton pour 100 dollars – certainement une aubaine, mais j'imagine mal la pauvre bête sur le siège passager affublée de mon deuxième casque. Deux cavaliers fendent la foule, menant tout un troupeau de vaches, pleins de morgue et la clope au bec. De véritables *tchopendoz*, les cavaliers de Kessel. Je les imagine jouant au *bouzkachi* dans les plaines, courant après une carcasse de mouton qui fait office de ballon, prêts à toutes les folies pour s'en emparer. Ils sont les rois de ce far west moderne. J'ai presque envie de faire une infidélité à ma moto. J'aime cette atmosphère simple, ce parfum d'écurie, et je suis comme ivre de cette masse mi-homme mi-bête.

Une autre section du marché est réservée aux voitures, où se trouvent notamment de vieilles guimbardes d'immatriculation française dont je me demande comment elles ont échoué là. Plus loin, il y a des tables et des bancs, quelques petites cabanes qui proposent de quoi manger. Quant à la population… Tous les Kirghiz semblent réunis à Karakol, du gros éleveur proposant à la vente une dizaine de bêtes jusqu'au simple paysan qui arrive juché sur son âne et tire derrière lui un mouton solitaire. Les anciens portent encore le traditionnel *chirlak*, haut-de-forme des steppes en feutre blanc. Certains jeunes l'ont adapté en casquette. Le portable quant à lui est adopté par toutes les générations. Je reste un moment encore à écouter les cris et les harangues, dans les effluves des bêtes et de l'huile, dans la chaleur qui commence à monter et la poussière de la terre battue.

Un dernier regard. Une dernière odeur. Et je tourne le dos au marché pour retrouver ma moto. Il est temps de rentrer, je n'irai pas plus loin. Ce n'est plus le soleil levant qui guidera mes roues chaque matin. Le soleil qui se couche à l'ouest accompagnera désormais mes après-midi. Ma nouvelle direction. J'ai le blues. Je ne vais plus aller de l'avant vers cet inconnu tellement attirant. Courir les kilomètres et découvrir ce qu'il y a derrière la prochaine montagne, le prochain village. Il me reste un mois pour parcourir plus de dix mille kilomètres au travers du Kazakhstan, de la Russie, de l'Ukraine. Rouler, avec moins de rencontres, de visites, mais avec un nouveau but : je rentre chez moi. Car comment repartir sans d'abord avoir su rentrer ?

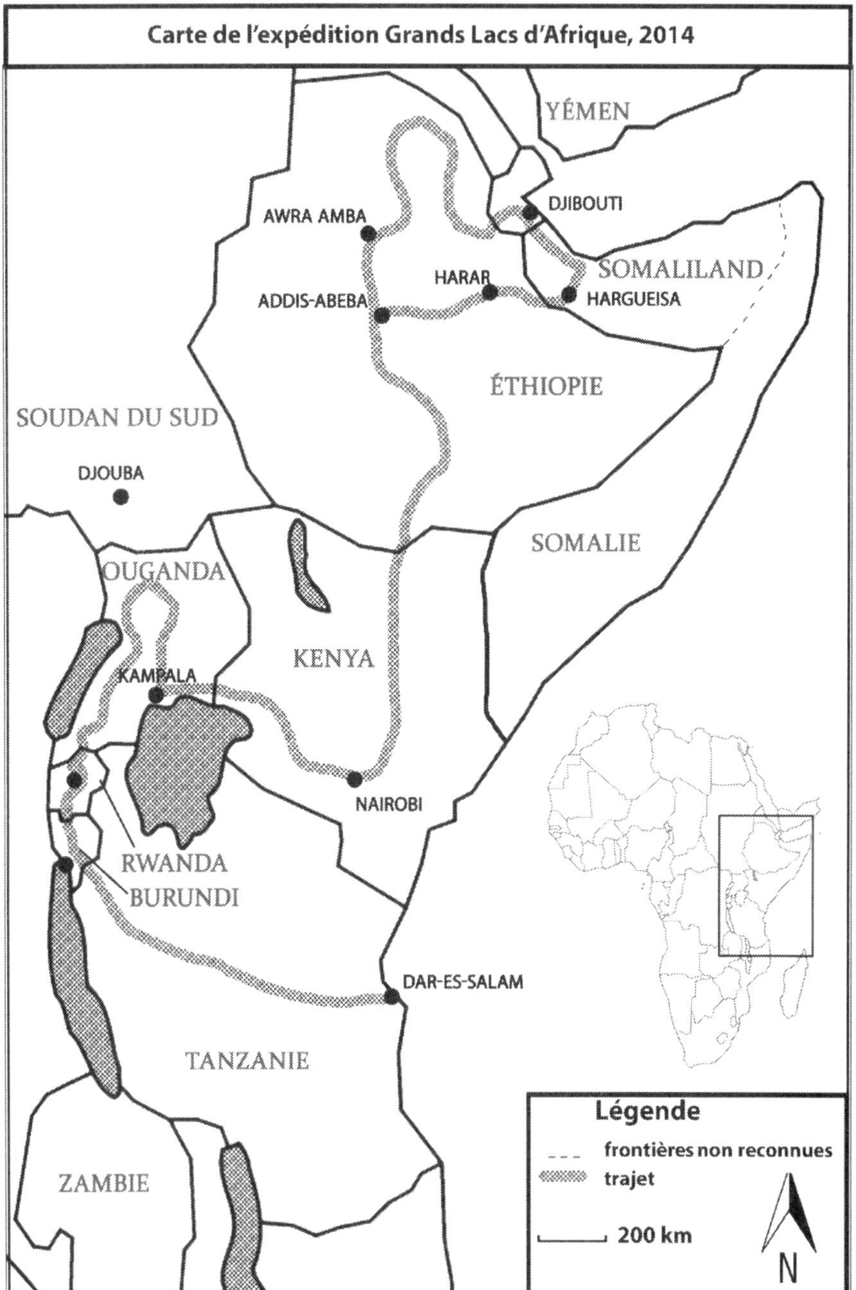
Carte de l'expédition Grands Lacs d'Afrique, 2014
YÉMEN
DJIBOUTI
AWRA AMBA
SOMALILAND
HARAR
HARGUEISA
ADDIS-ABEBA
ÉTHIOPIE
SOUDAN DU SUD
DJOUBA
SOMALIE
OUGANDA
KENYA
KAMPALA
NAIROBI
RWANDA
BURUNDI
DAR-ES-SALAM
TANZANIE
ZAMBIE
Légende
frontières non reconnues
trajet
200 km
N

Troisième partie

LES GRANDS LACS D'AFRIQUE

16

Un monde bien administré

C'est infernal. Il y a de quoi s'arracher les cheveux. J'essaie de prendre sur moi, de respirer par le ventre, de trouver de la cocasserie à la situation. Pour me forcer à sourire, je me remémore la huitième épreuve des *Douze Travaux d'Astérix*, où les Gaulois doivent obtenir le laissez-passer A38 dans la « maison qui rend fou » avec son « contrôleur général adjoint des affaires non transmises »... Mais je suis hors de moi. Surtout que le terrain de jeu n'est pas ici une villa gallo-romaine, mais une cité de cinq cents kilomètres carrés et trois millions d'habitants : Addis-Abeba, la capitale de l'Éthiopie. J'y suis arrivée le 11 février 2014, en avion. Ma nouvelle moto, une Tiger 800XC, le format aventure de Triumph, a fait le voyage de son côté. Elle est déjà là, je le sais, elle n'attend que moi pour commencer sa carrière d'exploratrice... mais impossible d'obtenir le formulaire qui doit me permettre de la récupérer. Tantôt, on m'explique que c'est la société chargée du transport qui a oublié de fournir l'un des documents, tantôt, que les heures d'ouverture de telle administration ont changé. Je m'épuise en démarches chronophages et en demandes de rendez-vous, et fais de mon mieux pour garder mon calme. Compliqué. D'autant qu'à toutes les portes auxquelles je frappe, on finit par me demander de « petites compensations » financières. Cinquante dollars par-ci, dix par-là. En liquide, évidemment. Je ne m'exécute pas, même si, après quelques jours de ce régime, je serais prête à tout pour que cesse le calvaire administratif. Cerise sur le gâteau : on me propose finalement de récupérer ma moto, à condition de ne jamais quitter le territoire... Des mois de préparation d'une vaste expédition en Afrique de l'Est remis en cause faute d'un tampon sur un papier.

Trois ans se sont écoulés entre ce nouveau voyage et « Les routes persanes », comme j'ai baptisé mon expédition en Iran. Sans doute avais-je besoin de ce temps-là, avant de reprendre la route. Je suis rentrée exténuée, et la tête pleine de questions sur les réalités du monde : cette notion de liberté qui s'est petit à petit imposée à moi m'apparaît de plus en plus comme un pivot de la condition humaine – et plus encore de la condition féminine, car ce sont les femmes qui en sont les premières privées. Je sais que j'ai besoin de poursuivre cette quête autant que de raconter ce que j'ai vu.

À peine rentrée, j'avais donc déjà décidé de repartir. Mais je ne désirais pas poursuivre dans une sorte de boulimie, dans une fuite de voyage en voyage. Mes deux premières expéditions m'avaient surtout permis de me construire, d'apprendre à voyager seule, à surmonter la peur de l'autre pour m'ouvrir à des rencontres parfois improbables, toujours enrichissantes. Elles m'avaient appris aussi que pour comprendre un peuple, un pays, il faut aller voir sur place, observer par soi-même en essayant au mieux de laisser de côté ses propres préjugés. Ce qui n'est pas toujours facile car nous sommes le fruit de notre éducation, de notre culture et des a priori qu'elles charrient, et nous avons tôt fait de ranger les choses dans des catégories supposées les définir absolument.

Je m'en suis rendu compte en parlant de l'Iran, à mon retour. Les premières réactions étaient presque toujours les mêmes : « C'est dangereux là-bas ! » ou « Je n'irai jamais, c'est trop dur pour les femmes ». Une vision qui ne rendait pas compte de ce que j'avais vécu et des personnes que j'avais rencontrées. Tout n'est pas rose en Iran, bien entendu. Le régime de théocratie totalitaire est dur, violent – et le dénoncer est important –, mais j'y ai aussi découvert une volonté de liberté farouche, une détermination à s'engouffrer dans les moindres espaces possibles d'indépendance, d'affranchissement. L'Iran m'est apparu comme une véritable cocotte-minute où la rage de certains explose par endroits quand d'autres affichent leur fierté de ce régime et de la rigueur religieuse qu'il représente. Mille nuances qu'il est important de considérer avant de condamner les habitants d'un pays. Les gouvernements et l'image qu'ils ont à l'étranger ne sont pas toujours – rarement, peut-être – représentatifs de leurs peuples. D'où la nécessité d'aller voir, et de raconter. Il me faudra un peu de temps avant de comprendre que c'est cela précisément que je veux faire : aller dans des pays mal connus ou à l'image dégradée, pour rendre compte des nuances de leur réalité et montrer qu'une femme seule peut y voyager. J'ai foi en l'humain.

Mais je voulais savoir exactement pourquoi j'allais repartir, et ce que j'allais faire de ce nouveau voyage. J'avais donc besoin d'un peu de temps… et, accessoirement, de me refaire une santé financière.

En revenant à Paris, je reprends donc mon travail d'habilleuse-costumière et je finis en parallèle ma licence de géographie sociale, qui donne un cadre à ces questionnements et continue d'aiguiser mon esprit critique. Je commence également, avec Christian, à monter deux films de cinquante-deux minutes qui racontent mes deux premières expéditions. Je n'ai pas utilisé souvent ni avec beaucoup d'aisance la caméra que j'avais emmenée pour Back to Japan, mais les images ont su convaincre la chaîne Voyage qui nous alloue un petit budget pour réaliser ces films. Un travail long, mais formateur. Filmer est une chose, réaliser et monter en est une autre, et j'apprends ce que veut dire raconter une histoire de plusieurs mois en moins d'une heure – avec l'aide attentive de Christian qui coréalise avec moi et de Nicolas Thomä, le monteur qui a déjà travaillé avec lui sur les films de l'expédition en Patagonie.

Je prends un immense plaisir à retrouver les images des plus beaux moments de ces voyages, une immense claque aussi en constatant leurs lacunes : le son est souvent déplorable – merci la musique qui servira de cache-misère –, le cadrage discutable. Je me rends compte en outre que j'ai vécu les moments les plus intenses sans penser à sortir ma caméra. J'étais avant tout partie pour vivre une aventure – une envie que je m'efforcerai toujours de garder pour ne pas perdre le plaisir de la découverte –, pas pour mener un travail de tournage, une pratique que je dois consolider pour ma prochaine expédition.

Je devrai apprendre à le maîtriser avant ma prochaine expédition. Car ce qui manque saute rapidement aux yeux : des gens ou plutôt des interviews, des témoignages sur le vif des personnes rencontrées. Je n'ai presque jamais réussi à le faire, de peur de casser la magie du moment. Sortir une caméra, mettre cet objet entre moi et la personne avec qui je passe un instant souvent intime me paraissait incongru. Comment le vivre tout en le racontant ? Comment décrire une expérience sans briser l'alchimie de la rencontre ? Il va falloir que je trouve cet équilibre.

Mais je suis désormais décidée à donner la parole aux femmes et aux hommes que je rencontrerai. Ni l'écriture ni la photographie ne me permettraient de garantir avec certitude que les mots viennent bien des personnes interviewées ni ne pourraient rendre avec les nuances nécessaires ces silences, ces regards, ces tics de visages ou de mains qui racontent quelqu'un autant que ses mots. Il me faudra accepter de passer par des traducteurs, parfois, car l'anglais est loin d'être parlé par tout le monde. Mais comment trouver le bon interprète, je ne le sais pas encore.

Ce travail prend un temps fou lors d'une expédition, puisqu'il demande de tisser une relation de totale confiance avec un individu avant de sortir *les* caméras. « Les », car un seul appareil ne peut suffire pour assurer un montage un peu correct : il faudra en faire accepter trois, ainsi que les micros pointés. Je vais devoir aussi adopter un certain nombre de précautions, comme garantir que j'utiliserai toujours les images avec l'accord absolu des personnes filmées, ne pas heurter l'entourage – qui peut s'offusquer que les mères, épouses ou filles deviennent des « vedettes » dans des pays où donner la parole aux femmes n'est pas toujours le premier réflexe –, interviewer parfois le mari avant la femme, voire accepter de ne pas filmer... Des techniques que je vais affiner, de même que je vais compléter mon matériel : il finira par occuper un bon tiers de mes caisses de moto en prenant place au côté de mon matériel de camping (hors de question que j'abandonne l'autonomie qu'il procure, que j'adore et qui est bon marché), de mes outils et de quelques vêtements.

Je passerai ainsi une certaine partie de cette période à concevoir mon équipement de façon à ce que trépieds et caméras soient toujours accessibles, et que les vibrations, qui ont détruit systématiquement l'ensemble de mes bagages fragiles comme le réchaud, ne les abîment pas : mousse et amortisseurs sont largement mis à contribution. J'ai deux voire trois exemplaires de disques durs de sauvegarde, bien répartis pour faire en sorte de ne jamais perdre d'images. J'ai encore en mémoire le vol de mon sac par les deux jeunes à mobylette en Russie et cela m'a suffisamment traumatisée pour que je prenne soin de bien sauvegarder mes cartes mémoire tous les soirs et de ranger mes disques dans deux endroits différents.

Durant cette période, je suis également Christian sur des tronçons de son expédition en quête des sources du Nil, pour l'aider à prendre des images : l'occasion d'escalader avec lui le pic Marguerite (5 109 mètres) dans les monts Rwenzori en Ouganda et de continuer à m'entraîner à filmer.

Un explorateur a pour première mission de ramener de ses voyages des données utilisables, de partager ses découvertes. J'aurai donc beaucoup à apprendre, pour passer de simple aventurière à exploratrice. Je sais d'avance que tout ne sera pas parfait. Pour mener idéalement un projet comme le mien, il faudrait être logisticien, cadreur, preneur de son, pilote, traducteur, routeur, mécanicien, réalisateur, producteur, community manager, blogueur, photographe, journaliste… tout cela ensemble. Comment s'y prendre ?

Par bonheur, les deux premiers documentaires sont bien reçus par le public, et la chaîne Voyage est prête à programmer une suite : la société que nous avons créée pour rester autonomes, Darwin Production, signe pour trois nouveaux épisodes avec l'impression agréable d'avoir carte blanche – même si le budget est faible et qu'il ne pourra financer que la postproduction.

J'ai décidé de partir en Afrique de l'Est, où l'expédition de Christian m'a donné envie de retourner : j'irai de l'Éthiopie à la Tanzanie via le Kenya, l'Ouganda, le Rwanda et le Burundi. Des pays que je veux pouvoir parcourir sans contrainte, dont les paysages sont splendides et où les thématiques autour de la liberté sont nombreuses, de l'excision aux génocides. Je sais déjà que les conditions seront difficiles. Shirine, dont le cœur vaillant a fait la joie de mon quotidien en Asie centrale, n'est pas appropriée pour affronter ces pistes africaines. Je dois la laisser à la maison pour me doter d'un trail tout-terrain. Les plus grosses motos de ce type – les stars – ne sont cependant pas adaptées à ma taille et je les trouve trop grosses pour le sable et autres terrains mouvants. Je veux donc rester sur une moto de 800 cm^3, agile, le genre de modèle que Honda ne possède pas à ce moment-là.

Ma mère est une amoureuse de la marque anglaise Triumph et de la Tiger 900 avec laquelle elle avait sillonné la France. Elle me pousse chez un concessionnaire pour admirer leur nouveau modèle, devenu 800. « Regarde comme elle est belle, ce serait super que tu aies ça... Elle est magnifique, non ? » me susurre-t-elle avec le ton de l'objectivité absolue. Mais c'est vrai. Je suis subjuguée. Ce modèle sagement rangé dans le magasin évoque immédiatement pour moi l'appel de la route et des pistes. Il a un parfum de voyage que ma mère et moi ressentons toutes les deux.

Une sensation que je m'efforce de transmettre à Jean-Luc Mars, le patron de Triumph France, qui accepte de me recevoir. Ce sont plutôt mes deux premières expéditions et les films associés qui le convainquent de me faire confiance, et je ressors du rendez-vous le cœur léger. Ma mère n'aura pas à me renier : je voyagerai désormais en Triumph Tiger 800 XCa !

Enfin... je devrais voyager avec elle. Mais la pauvre reste obstinément enfermée dans sa caisse alors que je continue de me démener auprès des administrations éthiopiennes. Si l'on m'avait dit que la première problématique liberté de ce voyage serait celle de ma moto ! Je suis munie de ce qu'on appelle le carnet ATA, qui permet de déclarer le véhicule, comme me l'avaient demandé les autorités. Je visite tous les bureaux possibles et imaginables. Et entre deux bureaux, je visite un peu la ville. Addis me fait l'effet d'un champignon grandi trop vite sous un flot de fertilisant chinois. Des quantités de buildings poussent comme des pop-up au milieu des bidonvilles, de nouvelles autoroutes traversent le centre sans considération. Je n'aime pas cette ville. J'y rencontre cependant beaucoup de gens, toujours très serviables, qui proposent de m'aider. Joseph par exemple, qui, me voyant dépitée, m'accompagne avec beaucoup de gentillesse vers un endroit où il m'a garanti que mon problème allait se régler rapidement : l'église. Mais l'église n'a pas de tampon douanier : je repars dans les bureaux.

Heureusement je loge chez Seid, un Yéménite expatrié à Addis avec qui un ami commun motard m'a mise en relation. Il est très positif et il m'aide comme il peut. Pour me changer les idées, il propose de m'emmener au mariage de sa cousine, qui a lieu quelques jours plus tard. Je suis un peu gênée de débarquer à l'improviste dans une noce où je ne connais même pas les mariés. Mais Seid me rassure, ici pas de chichis : « C'est un mariage yéménite, il y aura beaucoup trop à manger de toute façon. Et puis, tu voulais voir des femmes, là tu vas être servie ! »

Ma première expérience éthiopienne sera donc yéménite ! Un sacré moment. Plus d'une centaine d'invités séparés en deux : les femmes d'un côté, les hommes de l'autre. Seid me laisse avec sa cousine Zahia toute vêtue de noir et dont on ne voit que les yeux. Emportées par le cortège féminin de tissus noirs, nous gagnons l'espace qui nous est dédié et là, magie, transformation. La marraine de Cendrillon fait son office. Toutes les femmes posent au vestiaire leurs abayas austères et se métamorphosent : froufrou de robes de cocktail sexy, couleurs flashy, satins, rubans, rouge à lèvres, décolletés plongeants et talons hauts. Et musique à fond. Une soixantaine de femmes, toutes aussi bien apprêtées les unes que les autres, se saluent, s'embrassent, dansent et mangent. Certaines arrivent, d'autres repartent. On dirait un concours de beauté. Je suis disqualifiée d'office, avec mon jean en kevlar et ma chemise, mais au moins je suis encore propre : c'est le début de l'expédition. La reine de la journée trône au fond de la pièce sur une petite estrade et enchaîne les selfies. Elle porte une robe qui ressemble à celle de Belle dans *La Belle et la Bête* de Disney, mais en rose.

Seid avait raison, ses cousines me gavent et me couvent. Zahia m'explique que seuls les membres de la famille ont le droit de prendre des photos, que je ne suis pas autorisée à en faire. Ce n'est pas grave, ce spectacle sera pour moi seule. Un monde sans hommes. Quelle bizarrerie de fêter l'union de deux personnes en n'en voyant qu'une seule. Mais pour Zahia, c'est mieux ainsi : « On peut se lâcher, on peut danser comme on veut, on est plus libres comme ça, et les hommes aussi. Chacun de son côté. C'est comme ça, le mariage traditionnel au Yémen ! Cela nous rappelle le pays. Là-bas c'est la guerre, tu sais. C'est un pays tellement beau, il me manque. Faire la fête, se voir, s'apprêter un peu, ça fait du bien. J'espère qu'un jour, Seid pourra t'emmener chez nous. Moi aussi j'ai envie de voyager, parle-moi de Paris ! »

Tout d'un coup, l'iPhone de l'une des femmes sonne, c'est l'heure de la prière ! Aussitôt, une dizaine de tapis sont étendus au centre de la pièce, quelques femmes enfilent leurs abayas et se mettent à prier tandis que la musique, réglée par le DJ des hommes, continue à fond. Est-ce pareil de l'autre côté ? Je découvre qu'il y a même une application qui indique grâce à une boussole la direction de La Mecque. Voilà sans doute à quoi sert le progrès.

Cela a donné l'occasion à la mariée de revêtir sa deuxième tenue : une robe extravagante de satin bouillonné violet, avec une longue traîne. Un serpent en tissu de la même couleur orne sa poitrine. Son maquillage est toujours aussi appuyé. Une vraie princesse de conte de fées. Seules quelques femmes prient, les plus âgées, les autres continuent à babiller, commentent leurs vernis, racontent où elles ont acheté leur robe, se moquent de leur mari. Après la prière, la mariée est invitée à danser au centre, puis repart pour une série de selfies avec sa nouvelle robe. Au bout de quatre heures à danser tout mon soûl, je déclare forfait et je retrouve Seid à la sortie. C'était une belle fête, et j'ai oublié mes tracas un moment, mais tout de même, pour ma part, j'aime bien la compagnie des hommes.

Je reviens à la réalité dès le lendemain et, après un énième rendez-vous inutile avec un énième fonctionnaire, on finit par m'expliquer que mes démarches seraient beaucoup plus simples avec un carnet de passage en douane. Misère ! C'est un document qui ne peut être fait que dans le pays d'origine, en présentant le véhicule bien sûr, et en déposant une caution équivalant à son montant – une bagatelle de 12 000 euros, en l'occurrence – que l'on récupère en présentant à nouveau le véhicule au retour, pour prouver qu'il n'a pas été vendu durant le voyage. Je dois présenter en France une moto qui est bien au chaud dans une caisse en Éthiopie. Même la potion magique d'Astérix n'y suffirait pas !

Les administrations sont des mondes à part, dont personne ne réussit jamais vraiment à percer les mystères. C'est universel : il doit y avoir une école mondiale pour apprendre à dire sous toutes les formes : « Il vous manque un papier. » La seule chose dont on soit certain en pénétrant dans un bureau, c'est que ce sera forcément long. Heureusement, on y rencontre aussi des humains, ce qui réserve parfois de très belles surprises.

En France, Christian se démène avec l'aide de Triumph pour que les autorités acceptent de signer un papier « moto vérifiée » pour un véhicule absent. Et, miracle, il finit par y parvenir. Le service des douanes pour motos se trouve juste à côté du siège de Triumph, et un agent a vu la moto avant qu'elle ne parte : il accepte de l'attester. L'automobile club qui, normalement, délivre le sésame au bout de plusieurs semaines le fait en deux jours seulement. Et, quelques jours plus tard, Christian atterrit à Addis, le carnet en main : la situation se débloque alors en quelques heures. Après des semaines de procédures kafkaïennes où la moindre information a été vérifiée dix fois par les autorités, j'accède à la dernière étape, qui se révèle être la plus ubuesque. Pour attester que le véhicule correspond bien à celui du carnet, le douanier doit vérifier le numéro du moteur… avant que la caisse ne soit ouverte. Pas simple. Il accepte finalement qu'une ouverture soit pratiquée sur le dessus et je décloue le couvercle. Mais le fonctionnaire refuse catégoriquement de s'y glisser. Il fait trop chaud, il est trop gros et chaque geste semble un effort pour lui. Alors se lever de sa chaise… D'un geste, il me fait signe d'y aller. Je m'y introduis pour lui dire ce que je vois. Il tamponne les papiers sans m'écouter ni regarder vraiment le carnet, le rend à Christian et s'en va sans demander son reste. J'aurais pu avoir le carnet d'une trottinette, je serais sortie comme une fleur !

Qu'importe : ma moto est là, enfin prête au départ. Je l'embrasse, je la salue comme il se doit… et nous prenons sans attendre la direction de l'est, avec Christian qui passera les trois prochaines semaines de cette nouvelle expédition avec moi, ce qui m'enchante et me permettra d'assurer des images variées des premières rencontres et des paysages. À peine sortie de la capitale, dès que je découvre la campagne, j'explose de bonheur. Je réalise soudain que ces trois ans sans expédition à moto ont été bien trop longs. Je n'avais pas réalisé à quel point cela me manquait. Je retrouve la sensation si particulière de la route, du vent sur mon visage : je suis motorisée, certes, mais ouverte sur un monde qui défile sous mes yeux. J'oublie tout. Et je savoure pleinement ces moments tellement proches de ceux dont j'avais si souvent rêvé en me préparant.

L'Éthiopie m'attirait particulièrement, et m'est rapidement apparue comme le point de départ idéal de ces nouvelles aventures. Seul pays d'Afrique à n'avoir jamais été colonisé, il n'a été occupé que de manière parcellaire par les Italiens entre 1935 et 1941. Son territoire d'une variété exceptionnelle est habité par quatre-vingts ethnies. Depuis 1994, plus aucune langue n'est officielle, afin que chacune puisse préserver son identité ; seul l'amharique (ou abyssin) reste la langue administrative. Une culture forte, forgée au fil des millénaires, où légendes et histoires de l'humanité se mélangent. Ce sont les terres de la reine de Saba[1], du tombeau d'Adam et de Lucy, l'un des plus anciens hominidés connus.

Mais c'est aussi le territoire de l'excision, d'un droit des femmes qui peine à s'affirmer et d'une guerre sans fin avec son voisin l'Érythrée. Malgré cela, le pays est considéré comme un modèle de développement pour le continent africain. Cette complexité m'intrigue. Comment les populations parviennent-elles, au travers de leurs traditions dans un contexte mondialisé, à préserver cette liberté pour laquelle elles se sont tant battues ? Je me réjouis de pouvoir essayer de le découvrir au travers de mes interviews.

Nous avons pris la direction de la mythique ville d'Harar, et dès les premiers tours de roues dans les campagnes, tout m'enchante. Les gens qui marchent au bord du chemin en nous faisant parfois des signes, les vaches, les arbres, les cultures, les montagnes au loin : une bouffée d'air au parfum de liberté emplit mes poumons. La moto ronronne de sa musique légèrement aiguë, je sens le poids du chargement dont chaque élément mettra encore quelques jours à trouver sa place, mais tout me semble évident. J'ai envie de voler. Je suis partie et plus rien ne pourra m'arrêter ! Ou presque…

Moins de deux cents kilomètres après avoir quitté Addis, la traversée du pont enjambant la rivière Awash me ramène à la réalité des hommes. Un policier nous commande fermement de nous arrêter et la présence à ses côtés de quatre hommes armés de fusils-mitrailleurs ne

1. Elle aurait régné, selon des récits bibliques, coraniques et hébraïques, sur le royaume de Saba, du Yémen au nord de l'Éthiopie.

nous incite pas à la désobéissance. Les camions et voitures qui poursuivent leur chemin sans problème me rassurent un peu : ce n'est sans doute qu'un simple contrôle de routine. Mais d'un ton peu amène et sans même s'approcher, le policier nous lance : « C'est interdit.

— Je ne comprends pas, qu'est-ce qui est interdit ? »

Cette fois il vient plus près, un brin agacé et essaie de m'expliquer : « Il est interdit de rouler sur ce pont. »

Interdit ? Personne ne semble le savoir vu le nombre de véhicules qui circulent. J'insiste un peu et il poursuit : « C'est interdit pour les motos ! Trop dangereux. »

Je peine à savoir s'il désire que je le gratifie d'un petit billet ou s'il est sérieux, mais les militaires que je vois maintenant un peu partout autour du pont ne semblent pas en poste pour jouer. Alors quoi ? Dois-je vraiment faire demi-tour maintenant, après deux cents kilomètres ?

« Mais je vous assure, j'ai déjà roulé sur des pistes plus dangereuses que votre pont qui paraît en très bon état.

— Non, non, pas dangereux pour vous. Pour nous ! Les motos, c'est dangereux. »

Quelle déconvenue ! Je comprends finalement que cette route est stratégique : elle relie Addis-Abeba et l'Érythrée, avec qui l'Éthiopie est donc en guerre, et avec Djibouti, dont dépend tout son ravitaillement. Elle est le cordon vital de l'économie de tout le pays. Rien ne serait plus déstabilisant que d'avoir un attentat terroriste sur ce pont vertigineux. Et il est bien connu que les motos sont par excellence les véhicules des terroristes.

Devant mon désarroi, le policier reprend plus calmement : « Par contre, sur quatre roues, vous pourrez passer sans problème ! »

Un peu contrits mais heureux d'avoir une solution, nous revenons en ville, à une vingtaine de kilomètres, afin de trouver une camionnette assez grande pour transporter la moto. L'opération au complet dure deux bonnes heures, mais nous passons le pont en quelques secondes, juste le temps de regretter de ne pouvoir faire d'image de ce canyon vertigineux, si photogénique avec sa rivière bleutée entre des parois ocre.

17

Harar

Les deux jours suivants sont plus calmes. Christian et moi nous relayons au guidon et commentons ce que nous voyons avec la même allégresse. Les paysages des plateaux du centre sont d'une grande beauté, très apaisants. Tout le monde se partage la route : des camions, des charrettes, des piétons, des chèvres, des ânes têtus qui aiment se jeter au milieu de la circulation, des poules et des enfants qui jouent au football.

Notre première étape est Harar, un carrefour commercial de tout premier plan, le point de rencontre entre la côte et l'intérieur du continent. La fondation de la ville remonte aux alentours de l'an mil, et ses rois successifs l'ont agrandie, magnifiée, fortifiée. Autrefois, on y trouvait à foison le café et l'encens, le musc et les épices. Son importance économique n'est plus celle-là, évidemment. Mais elle demeure un joyau, classé au patrimoine de l'humanité, et la quatrième ville sainte de l'islam : on dit d'elle qu'elle possède quatre-vingt-dix-neuf mosquées, nommées selon les quatre-vingt-dix-neuf noms d'Allah, ainsi qu'une centième, une mosquée cachée qui porterait le nom secret que Dieu se donne à lui-même…

Dès la première minute, je suis conquise. Harar semble sortie d'un autre monde, et sa beauté est supérieure encore à ce que j'imaginais. Les images peinent à rendre compte de l'atmosphère d'une ville. Certaines ruelles débordent d'activité : des vendeurs de fruits et de paniers tressés, des couturiers, des rempailleurs travaillent à l'ombre maigre des murs ou abrités sous des voilages colorés, sur de petites chaises ou à même les pavés. D'autres rues sont silencieuses, assoupies. Les maisons de la vieille ville sont faites parfois de briques et parfois de torchis, souvent peintes et décorées : il y a du rose, du bleu, de l'ocre, mille fioritures orientales. Les femmes arborent des tenues multicolores qui rappellent les saris indiens. Je retrouve à chaque instant l'atmosphère des *Mille et Une Nuits*, à chaque carrefour je crois rencontrer la reine de Saba et son escorte.

Christian et moi nous perdons avec bonheur dans le dédale des rues lorsqu'une femme nous interpelle depuis la cour où elle s'est installée pour faire à la main la lessive de sa famille. Les bras encore plongés dans deux grandes bassines d'eau savonneuse, Fatima nous invite à la rejoindre. La nuit précédente, me dit-elle, elle a rêvé qu'elle buvait un café avec une étrangère. Elle y songeait encore lorsqu'elle m'a vue passer.

Dans la petite pièce sans fenêtre où nous nous installons vivent six personnes – à cette heure de l'après-midi, seules les femmes sont présentes. Quelques plats d'ornement en vannerie égayent les murs verts à côté de fleurs séchées, d'images de La Mecque et d'affiches de taekwondo dont le fils aîné est un fervent pratiquant. Le sol, peint en rouge comme le veut la tradition, est jonché de tapis qui améliorent un peu le confort des femmes couchées au sol. Une grand-mère est allongée, et mâche avec application du khat, cette fameuse plante euphorisante que les Éthiopiens consomment depuis des siècles. Elle rit beaucoup. Deux autres femmes présentes, les sœurs de Fatima, sont installées comme elles le peuvent sur le lit métallique – seul meuble de la pièce – et par terre. Un service à café trône au milieu, avec un brasier fumant.

Nous entamons une discussion à bâtons rompus, sur la ville, leurs vies, le taekwondo (comment ce sport a débarqué ici, mystère), et sur la nourriture locale, notamment l'*injera*, le plat traditionnel éthiopien, et, plus important encore, le café. Lorsque mon hôtesse me demande comment je trouve le café éthiopien, je suis bien obligée de lui avouer que je n'en ai encore jamais bu. J'ai à peine fini ma phrase que je la vois commencer à s'agiter dans la préparation d'un café « à l'éthiopienne », en s'indignant que je ne connaisse pas ce nectar. « Prendre un café » en Éthiopie relève d'un art dont mon hôtesse déploie ici pour moi tout le cérémonial. On le boit environné d'une fumée d'encens qui confère au rituel une sorte d'aura spirituelle. Il est accompagné de grains d'orge ou de maïs grillés, et la maîtresse de maison le sert obligatoirement en trois fois dans de minuscules tasses sans anse disposées sur un plateau rectangulaire.

J'ai le réflexe de demander à Fatima si je peux filmer ce moment traditionnel de la culture et de la vie sociale du pays et elle acquiesce, ravie. Je sors alors ma caméra et j'admire les gestes que seules des années de pratique rendent aussi automatiques et aussi précis. Lorsque le breuvage coule et que je goûte enfin ce qui fait la fierté de l'Éthiopie, je me filme, ce qui fait beaucoup rire les femmes. Alors j'ose. Ce sera la première fois. Je demande à mon hôtesse si elle accepterait de répondre à quelques questions pendant que je la filme. Je dois être rouge comme le sol, j'ai l'impression de bafouiller tant cela me paraît incongru. Filmer une scène comme celle du rituel du café, je l'ai déjà beaucoup fait. Mais je dois aller au-delà. Je me suis donné pour tâche de donner la parole aux femmes, d'enquêter sur la notion de liberté.

Je dois entrer dans le principe de l'interview et parvenir à poser cette question qui deviendra mon refrain : « C'est quoi pour vous, la liberté ? » Une question qu'il n'est pas facile de poser à des femmes vivant dans une pièce minuscule et qui dépendent en partie de leur mari, dans un pays dont je ne sais pas encore exactement comment il traite le deuxième sexe. Une telle question n'est-elle pas trop intime ? J'ai presque l'impression de leur demander la couleur de leur culotte. Mais il n'y a pas une seconde d'hésitation chez Fatima. Elle a l'air surprise mais elle éclate de rire, accepte et n'a aucune réticence au moment de me répondre. Elle me confiera plus tard qu'elle était très heureuse : jamais on ne lui avait posé de question.

Je demande aussi à Fatima et à ses sœurs ce qu'elles pensent de leur pays. « L'Éthiopie, me répondent-elles, c'est une véritable chance, l'Éthiopie, c'est la paix. » La paix, bien sûr. Comme ses voisins, le pays a été ravagé par des séries de guerres civiles. Aujourd'hui, il souffle enfin. Mais il reste tout de même sous surveillance : j'ai été frappée dès mon arrivée par le nombre de policiers présents dans les rues et par la fréquence des contrôles. Fatima continue, rebondissant sur la notion de liberté que nous évoquions auparavant en buvant son café : « Mais nous sommes libres en Éthiopie. Moi je suis libre, mes enfants vont bien, ils vont à l'école, nous avons un toit, mon mari un travail. Qu'est-ce que nous voudrions de plus ? » Nous nous quittons comme de vieilles parentes en nous promettant de nous revoir.

Je me rendrai rapidement compte à quel point mon hésitation à poser des questions n'a pas lieu d'être. Ne pas le faire, préjuger des réponses que l'on me ferait parce que j'ai vu quelque chose qui ne correspondait pas à l'idée que l'on se fait chez nous du confort, de l'aisance, de la liberté, est exactement le contraire de ce que j'ai décidé de faire. Je dois laisser parler les femmes et les hommes sans me mettre à leur place. Si je demande l'autorisation de filmer, j'envoie un message clair à ces personnes : « J'ai envie de t'entendre, j'ai envie de te faire entendre. » Et elles ont le choix. Si elles ne le désirent pas, elles me disent non. Je laisse alors ma caméra dans sa boîte, et je continue de passer un excellent moment avec elles. Il arrivera aussi qu'après une interview, on me demande de supprimer les images prises ou de ne jamais les utiliser. Je le fais, c'est le pacte tacite. Cela me peine parfois, tant le message pourrait être important à partager. Mais je n'insiste jamais. Personne ne doit se contraindre pour me faire plaisir. Cela ne donne d'ailleurs rien de bon quand la personne interrogée n'a pas envie ou est trop stressée.

En outre, lorsque mes interlocutrices acceptent, il est important que ces moments soient des moments d'échange. Je passerai toujours beaucoup de temps avec elles avant de sortir les caméras, et m'efforcerai de donner autant qu'elles. Souvent, les questions me sont retournées et, parce que je me livre, mais aussi parce que je vis avec elles, à leur manière, la confiance s'installe facilement. Beaucoup des personnes que je filmerai seront, comme Fatima, invitées pour la première fois à confier leurs sentiments, leur réalité, leurs bonheurs, leurs inquiétudes, leur liberté. Leur vie.

Fatima, pour sa part, n'attend presque pas mes questions pour parler. Elle semble avoir tellement à raconter.

Nous continuons de déambuler dans la vieille ville d'Harar, bercés par les bruits étouffés de ses habitants. Je remarquerai des sortes de grosses protubérances de terre à l'arrière des maisons, parfaitement closes à l'exception de fines ouvertures où brûle de l'encens : des tombes, m'expliquera-t-on, où les corps des hommes pieux et des imams sont déposés pour que leur esprit continue de bénir la famille. Il en existe d'autres, minuscules, ridiculement petites et toutes proches : celles-là sont réservées à leurs épouses. Alors que je médite sur ces différences de proportions, je suis interpellée par une femme d'une cinquantaine d'années dont le visage est aussi rond que son sourire est lumineux. Ouma Safia. Dans cette ville où toutes les maisons sont ouvertes, il est habituel d'entrer chez les gens, de passer une tête par amitié ou simple curiosité, puis de rester le temps d'un café. Cette fois, nous sommes invités à pénétrer dans une vaste cour arborée, à deux pas du tombeau du cheikh Abadir, réputé avoir fondé Harar.

La facilité du contact et de l'échange, c'est justement ce qu'Ouma Safia aime par-dessus tout en Éthiopie. Elle a voyagé, me dit-elle, notamment en Australie où certains de ses enfants habitent. Mais elle n'imaginerait pas devoir quitter pour toujours sa ville natale. Quand je lui raconte que je voyage à moto, son visage s'éclaire : « À moto ! Tu vas partout ! Tu es libre, alors ! » Ouma Safia porte un voile bien serré, très coloré, et n'a pas sa langue dans la poche. Peut-elle me parler de sa liberté, en tant que femme ? Sa réponse me surprend. « Je suis fière d'être une femme, et fière d'être une mère, me dit-elle. Nous autres femmes, nous faisons tout, nous en faisons deux fois plus que les hommes : nous travaillons aux champs, nous nous occupons des enfants et des repas… » Et puis, toujours souriante, toujours tranquille, elle a cette remarque : « Nous n'avons pas le pouvoir, contrairement aux hommes. Mais notre cerveau fonctionne bien mieux que le leur. » Une révolte ? Non, une affirmation, une sorte de constat, non dénué d'humour d'ailleurs, qui ne l'empêche pas, lorsque nous posons ensemble pour une photo, dans le salon traditionnel organisé en gradins, de me proposer la marche réservée aux femmes : la plus basse, et la plus proche de la porte, idéale pour courir au service de ces messieurs. Son époux est absent, mais contrevenir à cet ordre des choses ne lui viendrait pas à l'idée.

Je ne reste que trois jours à Harar. Pourtant, en reprenant ma moto, en roulant une dernière fois dans les rues étroites et bigarrées de la vieille ville, je sais que je quitte un lieu qui me marquera comme rarement. Un lieu unique au monde, qui possède une âme et offre une véritable plongée dans le temps. J'ai eu l'impression de retrouver en 2014 les descriptions qu'en avaient faites les explorateurs du XIXe siècle, de Rimbaud à Monfreid. La rue m'offrait les mêmes spectacles que ceux que l'on peut voir sur de vieilles photos en noir et blanc – deux hommes avachis contre un mur à mâcher du khat, par exemple – avec les couleurs pour seule différence. Couleurs des murs et des habits éclatants des femmes qui transforment les marchés en arcs-en-ciel. Harar, seule grande ville musulmane d'Éthiopie, est une bulle intemporelle. J'ai souvent eu du mal à quitter des personnes rencontrées mais, pour la première fois, je ressens le même sentiment pour une ville, au moment où nous nous en éloignons.

La route, toujours particulièrement et diversement peuplée, exige rapidement que nous nous concentrions sur la conduite. La moto continue de faire son office, à servir de sésame : partout où nous nous arrêtons, se constitue un attroupement d'enfants, de femmes et d'hommes de tous âges. Ma présence sur un tel bolide intrigue, intéresse, suscite les questions et les commentaires. Et quand ils avisent le passager, les gens écarquillent vraiment les yeux…

En poursuivant vers l'est, nous perdons rapidement de l'altitude, et les plateaux tempérés qui entourent Harar laissent place à des plaines arides. J'ai l'impression d'entrer dans un four. Le contraste est terrible. Le soleil frappe les rochers sombres, tout arbre a disparu et la pauvre végétation qui survit ne semble pas pouvoir dépasser dix centimètres de haut. Plus personne à la ronde non plus. Nous suons à grosses gouttes sous nos vêtements de moto. Lorsque nous apercevons un arbre au loin, perdu au milieu d'une vaste plaine, l'occasion nous semble trop belle : enfin un peu d'ombre.

La fraîcheur m'apaise immédiatement. Je me prépare à savourer une bonne sieste pendant que Christian s'éloigne pour faire des images, lorsque apparaît, au bout de cinq minutes seulement, un berger qui vient s'accroupir à quelques mètres de moi. Deux minutes plus tard, ils sont cinq à me regarder en silence. Mais d'où viennent-ils alors qu'à perte de vue mon regard ne croise pas le moindre mouvement ? La fameuse « loi du pipi » se confirme : il suffit de se croire seul pour que surgisse quelqu'un. Mais dans ce pays, la chose est singulière et troublante : les gens peuvent passer des heures à m'observer sans rien dire, comme si j'étais une télévision vivante. Ils s'installent, s'assoient, regardent, font même parfois des commentaires, sans hostilité et sans se lasser du programme… et c'est souvent moi qui dois prendre l'initiative d'éteindre le poste ! Décidément, où que ce soit en Afrique, je ne serai jamais seule…

18

Les couteaux tombent

Parler de la liberté en Éthiopie, c'est forcément aborder le sujet de l'excision. C'est l'un des pays dans lesquels elle est le plus pratiquée, et cela fait partie des sujets que je voulais aborder. À Addis-Abeba, j'avais rencontré les responsables d'une association qui luttait contre ces pratiques d'un autre âge. Des gens adorables, engagés et très actifs dans la capitale. Ils m'avaient donné les coordonnées de Farad, responsable de leur antenne de Jijiga, dans le secteur de Dire Dawa, l'une des régions particulièrement touchées. Idéalement, je souhaite que « les voies de la liberté » restent ouvertes aux rencontres spontanées, partout où je passe, mais j'ai aussi décidé d'organiser des rendez-vous qui me permettront d'élargir ma vision le plus possible. Je rencontrerai des personnes actives dans diverses organisations, ou qui s'interrogent sur le développement de leur pays et au sujet de l'émancipation des femmes. Elles ne seront pas toujours filmées.

Aussi, à peine arrivée à Jijiga, j'appelle Farad. C'est un homme d'une quarantaine d'années, très avenant et portant un élégant costume, qui nous rejoint le lendemain matin à notre hôtel. Il nous dit aussitôt avoir organisé une rencontre avec une ancienne exciseuse qui a « déposé les couteaux », selon l'expression assez glaçante que l'on utilise ici. Nous avons à peine le temps d'attraper notre matériel de tournage qu'il démarre déjà son triporteur et file à toute allure dans les rues de la ville, sans vraiment s'assurer que nous ne perdons pas sa trace. Nous arrivons quelques minutes plus tard devant la propriété d'Habiba. Deux belles maisons séparées par une vaste cour où s'ébat du bétail, un luxe peu courant en Éthiopie.

Habiba est une grande femme déjà âgée, au visage volontaire. Je craignais qu'elle ait des réticences à me parler, une pudeur à aborder ce sujet si sensible. Il n'en est rien. Elle se dit prête à répondre à toutes mes questions, honorée qu'une étrangère s'intéresse à sa vie et à celle des femmes éthiopiennes. Malgré la désapprobation manifeste de Farad, elle est même d'accord pour être filmée. Toutefois, elle obtempère sans discuter lorsqu'il lui ordonne d'ajuster son foulard.

Après la cérémonie du café, nous nous installons à l'ombre, dans la cour, et nous commençons. La douceur impassible avec laquelle Habiba raconte des scènes pourtant terribles, la simplicité de son récit me frappent. Elle était sage-femme depuis quelques années lorsqu'une famille lui a demandé d'exciser une enfant. « C'est une tradition incontournable pour les filles, mais je ne savais pas encore le faire. Alors une collègue m'a proposé de me former. La petite était couchée sur un lit. Elle m'a montré comment pincer les lèvres de son sexe pour faire saillir le clitoris, puis m'a tendu un rasoir en me disant : vas-y, tu coupes ici. »

À cet endroit du récit, j'ai le cœur qui se soulève, un effroi, une colère me retournent le ventre. Mais je fais de mon mieux pour garder un visage calme. L'indignation ne servirait à rien, ni les exclamations d'horreur. Comment espérer comprendre, si l'on commence par juger ? Habiba poursuit. « J'ai commencé comme ça, et puis j'ai continué. On m'amenait beaucoup de petites filles. Ce métier m'a permis de vivre mieux. Il me rapportait 600 birrs par jour[1]. » Une petite fortune donc, puisque le salaire moyen dans le pays est de 1 800 birrs par mois[2]. « C'est ce métier qui m'a permis de prendre soin de ma famille, d'acheter du bétail, d'offrir un confort supplémentaire à mes enfants, de construire cette maison-là et cette autre. »

Ce sont de jolies maisons, aux murs verts. Les membres de la famille sont là, dans la cour, qui se tiennent un peu éloignés de nous, mais suivent l'échange avec curiosité. Comment renoncer à cela en un claquement de doigts, pour des raisons éthiques que l'on comprend mal, et qui viennent contredire une si longue tradition ? Je n'ose demander à Habiba si elle-même a subi cette barbarie, si elle l'a imposée à ses filles et petites-filles : je ne suis pas certaine d'être prête à entendre la réponse et, surtout, je crains de sembler trop impudique.

Au début des années 2010, le gouvernement éthiopien et les savants religieux du pays ont décidé de mettre fin à l'excision, et lancé une grande campagne afin que la population l'abandonne. Pas pour redonner

1. Soit environ 15 euros.
2. Soit environ 45 euros.

du plaisir aux femmes – cela ne rentre pas dans l'argumentaire –, mais en raison des conséquences sanitaires de cette pratique : les risques d'hémorragie et de septicémie, notamment lorsque les chairs mal recousues se déchirent plus tard pendant un accouchement, un risque accru de transmission du sida, les douleurs violentes qui accompagnent les rapports sexuels tout au long de la vie…

Habiba a donc accepté de renoncer à exciser au regard de ces dangers pour les femmes. Elle le dit avec un enthousiasme mitigé. Elle est prête à composer avec cette nouvelle donne, elle comprend. Elle a même accepté de devenir porte-parole de l'association, ce qui lui permet de conserver une certaine aura. L'ONG lui a offert du bétail, mais ce cadeau est loin de compenser ce qu'elle gagnait avant. À son âge, ce n'est plus aussi grave ; mais sans doute n'aurait-elle pas accepté un tel arrangement auparavant.

L'excision touche en Éthiopie plus de 70 % des femmes. Des musulmanes pour la plupart, mais pas seulement : plusieurs peuples locaux l'ont incluse dans leurs traditions au côté d'autres pratiques terrifiantes comme l'infibulation, une autre mutilation sexuelle féminine. Pourtant, l'excision n'est citée dans aucun des livres sacrés. Cette tradition semble incompréhensible, scandaleuse à nous qui ne la partageons pas, mais il est infiniment difficile de résister à la pression religieuse et sociale qui y est attachée. Même lorsqu'ils ont conscience des répercussions désastreuses qu'elle peut avoir, beaucoup de parents s'y plient dans le but de protéger leur fille et de s'assurer qu'elle trouve un jour un mari.

Aucune mère ne souhaite que son enfant devienne une paria. Or les femmes non excisées sont promises en Éthiopie à bien des souffrances. D'elles, on dit qu'elles apportent le malheur sur la famille, qu'elles n'ont aucun sens de la tradition, qu'elles sont hystériques, incontrôlables, sexuellement insatiables, forcément nymphomanes, qu'elles deviennent stériles, ou incapables de mettre au monde un bébé en bonne santé. Tout est bon pour convaincre de la nécessité et du bien-fondé de cette mutilation qui, en réalité, n'a qu'un but et un seul : permettre aux hommes de continuer d'affirmer leur domination par la suppression totale du plaisir féminin dont ils n'ont plus à se préoccuper, par la suppression de ce qui représente la sexualité d'une femme : elle leur assure un monde où ils sont seuls à jouir.

Les traditions sont profondément ancrées, et la méconnaissance de l'appareil génital féminin permet toutes les affabulations. Difficile sur ce point de jeter la pierre aux Éthiopiens lorsqu'en France, le premier clitoris en 3D n'a été créé qu'en 2016[1], et que plus d'un tiers des adolescentes ne savent pas représenter cet organe. La superstition prend facilement le pas sur le raisonnement, particulièrement dans les régions les plus pauvres et les moins éduquées. Et on ne change pas les traditions d'un coup de baguette magique. Il faudra pour cela un travail de fourmi, mené sur plusieurs générations.

Le lendemain, j'ai de nouveau rendez-vous avec Farad, à qui j'ai demandé de me faire rencontrer d'autres acteurs

---

1. Première représentation du clitoris par Odile Fillod au Fablab Carrefour numérique. En 2013, la sculpture de l'artiste Sophia Wallace, avec l'architecte Sarah Strauss, en avait fait une première représentation.

de la lutte contre l'excision, mais aussi, plus généralement, de l'émancipation des femmes. Parce qu'il travaillait pour une ONG, il me semblait aller de soi qu'il comprenait ma démarche et la soutenait. Mon entretien avec Habiba m'a prouvé le contraire, par la manière dont il a joué le rôle d'interprète, par ses commentaires secs et ses rappels réguliers à « bien se tenir ». Discuter de l'arrêt de l'excision en tant que tel ne lui posait aucun problème, mais il était plus que réticent face aux questions touchant à la liberté et à l'émancipation des femmes – à la remise en cause, au fond, du système patriarcal où la femme doit rester la garante du foyer.

Après deux heures passées à l'attendre, ce matin-là, je finis par admettre qu'il ne viendra pas. Nous n'aurons plus de ses nouvelles, sinon pour nous signifier qu'il refuse de quelque manière que ce soit d'apparaître à l'image. Je suis frustrée, fâchée, pas tant qu'il m'ait fait faux bond que de constater à quel point le combat est difficile. Les personnes censées porter le changement, en l'occurrence les hommes, ne sont pas toujours pressées de voir les choses évoluer sur le fond. Sans doute un Farad qui lutte contre la mutilation des femmes vaut-il mieux qu'un extrémiste qui veut les infibuler. Pour autant, Farad n'est pas la solution à la condition des femmes. Il est une étape, dans un chemin qui reste long.

Au nom du respect de la tradition, il arrive souvent que l'on ferme les yeux sur des pratiques impardonnables. Il est vrai qu'il est extrêmement difficile de changer les croyances, appuyées qu'elles sont sur des convictions intimes, rétives au raisonnement. Les politiques éducatives qui seraient nécessaires pour faire évoluer cet état de fait sont longues, coûteuses, et n'apportent aucun profit sur le court terme. Elles sont bien plus difficiles à valoriser à la fin d'un mandat politique, par exemple, que ne le serait la construction d'un puits ou d'une école.

On peut légitimement s'effrayer de découvrir les atrocités que les hommes commettent. Être déçu par certaines personnes, comme je le suis par Farad ce jour-là. Mais heureusement aussi, et plus souvent qu'on ne le croit, apparaissent des personnes lumineuses, belles, généreuses, qui font avancer les choses à leur échelle, rayonnent autour d'elles et nous poussent vers le meilleur de nous-mêmes.

19

Un pays qui n'existe pas

J'étais impatiente de découvrir le Somaliland. Un tout petit territoire niché au nord de la corne de l'Afrique, qui borde le sud-est de l'Éthiopie, et dont peu de gens connaissent l'existence. Le Somaliland s'est autoproclamé indépendant de la Somalie en 1991, sans reconnaissance de la communauté internationale. Il tâche, depuis, de prouver qu'il peut réinventer la démocratie, la liberté, la paix dans une région que les guerres et les famines ne cessent de ravager.

D'après les observateurs internationaux, les dernières élections se sont déroulées de façon relativement paisible, et sans que l'on relève les scores absurdement élevés des pays autoritaires. Le pays possède sa propre monnaie, son gouvernement, et même un ministère dédié aux femmes. Mais la première partie de son nom, qui évoque son voisin, la Somalie, provoquait des grimaces lorsque j'en parlais avant mon départ. Aucune ambassade n'existe, excepté en Éthiopie, seul pays qui a reconnu son existence. Il est bien curieux de se diriger vers un pays qui n'existe sur aucune carte internationale.

À mesure que nous approchons de la frontière, je m'interroge. L'air est désertique, l'horizon plat et jaune, les territoires occupés par les nomades somaliens, des marcheurs poussés par le sable et l'insécurité de leur pays. Leurs tentes, des dômes de patchwork colorés entre des arbustes piquants, donnent une touche de couleur au paysage. Tout est sec. L'air vibre d'une tension grandissante. Les barrages policiers se multiplient. Nos papiers et ceux de la moto sont contrôlés minutieusement. Et encore plus par les douaniers qui observent avec attention le papier reçu à l'ambassade d'Addis-Abeba, surpris de voir deux voyageurs exprimer le désir d'entrer dans leur pays. Un petit rituel qui se renouvellera à chacun des checkpoints sévèrement gardés qui jalonnent les quatre-vingts kilomètres que nous devons parcourir jusqu'à la capitale, Hargeisa.

Je comprends mieux le propos que les Éthiopiennes d'Harar avaient pu me tenir : la liberté, c'est la paix. Et, ici, la liberté doit s'inventer sous le sévère contrôle des armes. L'atmosphère est électrique à Hargeisa, où j'espère obtenir les papiers qui me permettront de voyager dans le pays de manière indépendante et sans escorte. La chose est obligatoire sur une partie du territoire. À peine deux cents étrangers pénètrent dans le pays chaque année et la plupart d'entre eux travaillent pour des organisations internationales ou sont journalistes. Le tourisme est quasiment inexistant, et réservé à des groupes organisés. Autant dire que voir deux hurluberlus sur une moto, qui plus est conduite par une femme en pantalon, n'est pas vraiment habituel.

Dès mes premiers pas, je suis frappée par les réactions que ma présence suscite, par cet accueil qui va de la franche hostilité à la joie presque hystérique de rencontrer une « vraie » touriste. Un couple m'aborde avec un enthousiasme extraordinaire, me prend en photo, et la jeune femme finit par me glisser cette phrase troublante : « Tu sais, mon rêve à moi, c'est d'avoir un passeport, de voyager comme toi et de découvrir le monde. Nous sommes emprisonnés chez nous. Nous ne pouvons pas comme toi dépasser la frontière, nous n'existons pas. » Certaines personnes me font des signes de reconnaissance, mains levées, quand d'autres semblent littéralement me fusiller du regard. Il y a partout beaucoup de monde, et je me sens constamment dévisagée.

Il est très difficile de comprendre les émotions très tranchées que je suscite. Comme la grande majorité des femmes sont voilées – je n'en vois que quelques-unes marcher tête nue –, je garde bien mon foulard sur la tête. Ce n'est pas toujours suffisant. Quand j'entre dans une épicerie pour acheter de l'eau, le patron me dévisage durement et me lance en anglais : « Tu dois acheter une robe. » Je ne comprends pas immédiatement. Je ne suis pas venue acheter de vêtements. Il n'en vend pas de toute façon. Il insiste plus violemment : « Toi, tu dois mettre une robe. Tu sors de chez moi. Tu n'es pas habillée décemment ! » Il n'y a plus d'ambiguïté. Il m'a littéralement ordonné d'aller me rhabiller ! À moi qui ai gardé ma chemise et mon foulard malgré les 35 °C sans air de la ville !

Il est vrai que la plupart des femmes portent de longues robes multicolores, mais l'on m'avait bien dit à l'entrée qu'il n'y avait aucune obligation de cette sorte. Douchée par cette première expérience, j'hésite avant d'entrer dans une seconde épicerie. Je sonde l'atmosphère en poussant doucement la porte de l'échoppe, afin que le vendeur voie bien à qui il a affaire et que je puisse deviner tout de suite si je dois confier cet achat d'eau à Christian et courir m'acheter une robe pour le reste du séjour. Avec de grands gestes joyeux, le patron m'accueille d'un immense sourire moustachu : « *Welcome, welcome, where do you come from ?* » Et il poursuit, volubile : « Bienvenue au Somaliland, je suis tellement content de voir une étrangère chez moi ! » Bon. Cela va être difficile de s'y retrouver. D'un côté, sourires et accolades de bienvenue, de l'autre, je reçois carrément un crachat, ce qui me heurte beaucoup. Il faudra faire du cas par cas.

Mais nous n'avons guère le choix, nous devons poursuivre nos déambulations. Nous n'avons pas encore pu changer d'argent, sauf quelques dollars à la frontière, et le seul endroit où le faire semble être le marché aux animaux, le plus grand de la ville, où les traders locaux se sont installés. Il y a des dromadaires, des chèvres, des vaches maigrelettes sur un immense terrain vague sablonneux. En guise de banques ou de bureaux de change, nous découvrons des stands où les « banquiers », protégés d'un parasol, surveillent des coffres en métal grillagés et cadenassés dans lesquels leurs billets sont entreposés. Comme dans certains pays très pauvres, il faut compter beaucoup de billets pour une somme d'une valeur dérisoire. Cela semble irréel de voir tout cet argent physiquement.

Je parviens à me fournir en monnaie locale, mais les discussions tournent rapidement court. Si quelques marchands me saluent gentiment, me présentant leurs bêtes avec fierté, d'autres m'expliquent qu'une femme n'a rien à faire là. Une étrangère, qui plus est ! Il n'y a pas que les hommes pour jeter sur moi des regards suspicieux, et même agressifs. C'est une femme, par exemple, qui me lance d'un ton sec : « Tu es chrétienne ou tu es musulmane ? » La question me laisse un peu interdite. Au ton de sa voix, je devine qu'il n'est pas imaginable de se déclarer athée : j'avance un timide « chrétienne » en espérant que, comme dans d'autres pays, le fait d'être croyante suffira à faire pardonner mon statut d'Occidentale. Raté. « Dis : "*la wadae'iila Allah*[1] *!*" » Je refuse poliment, mais elle m'agresse et m'ordonne de répéter. Je m'exécute en pensant que cela désamorcera son agressivité, mais je commence à me sentir franchement inquiète.

Le petit groupe qui s'est formé autour de moi n'a rien de sympathique. Vont-ils me lapider parce que je ne connais pas le Coran ou que je refuse de répéter leurs paroles qui n'ont aucun sens pour moi ? Christian s'est rapproché, tendu. La foule ne cesse d'augmenter, une foule où chacun semble vouloir renchérir sur son voisin et être plus extrême que lui : on me demande de répéter de nouveaux versets que je ne parviens pas vraiment à prononcer. J'ai peur. Je n'aime pas la foule, et je ne sais pas comment me dépêtrer en douceur de cette prise d'otage de la pensée. Un policier, qui surveillait depuis quelques minutes l'évolution de la situation, finit heureusement par intervenir. Il nous extirpe fermement de là et nous emmène plus loin.

1. « Il n'y a de Dieu qu'Allah ! »

L'État reconnaît la liberté de pensée, m'explique-t-il, bien que la population soit musulmane dans sa presque totalité. Mais quelque temps plus tôt, principalement dans la capitale, est apparue une faction intégriste qui cherche à imposer une charia dure, à prendre le contrôle des esprits… et qui, évidemment, est hostile à l'Occident. Ce mouvement ne cesse de s'étendre, menaçant même franchement la démocratie fragile sur laquelle le pays s'est fondé. Difficile pour la population de comprendre ce qui se passe, d'autant plus qu'elle est totalement coupée du monde. Parce que le Somaliland reste assimilé à la Somalie, aucune ONG, aucun organisme, ne peut aider ses habitants qui ne peuvent pas non plus sortir de leur pays, puisque leur nationalité n'est pas reconnue. Pour toutes ces raisons, la circulation dans le pays est strictement contrôlée : selon le policier, nous n'obtiendrons jamais les autorisations nécessaires pour y voyager librement.

Fatigués par le trajet et la chaleur, très ébranlés par ces premières expériences si contradictoires, nous échouons déprimés dans un petit hôtel, sans bien savoir comment conduire la suite de l'aventure. Repartir sur-le-champ en Éthiopie, ce qui serait renoncer, ou tenter encore d'obtenir les autorisations que la police et l'armée nous ont refusées ?

Après une nuit de repos, nous décidons de faire une nouvelle tentative. Abandonner sans avoir tout essayé n'est pas vraiment dans nos habitudes. D'autant que nous avons lu sur Internet la Constitution du pays, et qu'elle nous éclaire un peu sur les tiraillements qu'il vit. Le texte est assez unique, il faut dire, et il y en a pour tout le monde. Le premier article de la Constitution dit clairement que le pays est islamique, que les lois ne doivent pas contredire celles de la charia et que la promotion de toute autre religion est prohibée. Mais l'article 2 affirme que « tous les citoyens du Somaliland jouissent des mêmes droits et obligations devant la loi, et ne peuvent être discriminés pour des raisons de couleur, de clan, de naissance, de langue, de sexe, de propriété, de statut, d'opinion, etc. ». Le « etc. » est bien dans le texte, laissant libre cours à l'idée, pour les tenants de la liberté, que la religion en fait partie. L'article 9 spécifie aussi que le système politique de la république du Somaliland est fondé sur la paix, la coopération, la démocratie et la pluralité des partis politiques. En clair, suivant que l'on se réfère au premier article ou au deuxième, on est soit sous un régime islamique de charia, soit dans une démocratie libre de pensée. Et cette dichotomie se reflète parfaitement dans la population, à chaque instant de la vie. Un pays décidément original.

Forte de ces informations – je sais désormais que je dois éviter les partisans de l'article premier et compter sur ceux du deuxième pour me faire aider –, je décide de tenter une dernière fois d'obtenir une autorisation de circulation. Après tout, je n'ai pas grand-chose à perdre. Nous nous rendons directement au ministère de la Jeunesse et du Tourisme, pour exposer mon cas et plaider ma cause. Il me semble qu'il serait dans l'intérêt du pays d'accueillir les touristes et les étrangers de passage, à plus forte raison si, comme moi, ils s'intéressent à l'histoire du Somaliland et à son expérience de l'indépendance. Je ne croyais pas beaucoup dans le succès de mon entreprise mais, étonnamment, je suis rapidement reçue par le ministre en personne. C'est un type à la dégaine curieuse, qui semble ne jamais devoir se séparer de sa paire de lunettes aviateur fumées et de son bob. Il m'accueille cordialement, et accepte que l'entretien soit filmé. J'ai droit, pour commencer, à la parole officielle : le Somaliland est un pays extrêmement accueillant, ses habitants sont toujours ravis de recevoir des étrangers et le gouvernement tient absolument à développer le tourisme… mais il est encore impossible de permettre aux voyageurs de circuler à l'intérieur de ses frontières sans leur faire courir de risque. La faute, selon lui, à l'absence de reconnaissance internationale qui fragilise l'État depuis sa déclaration d'indépendance. « Notre priorité est aujourd'hui la stabilité de notre pays, me dit-il. Lorsque nous aurons vraiment sécurisé le Somaliland, la communauté internationale pourra y venir sans crainte. Notre but est clair : avoir un siège à l'ONU, et être reconnus. Alors seulement nous pourrons nous développer. »

Intriguée par le personnage, et mise en confiance par sa volonté de parler, j'ose ma fameuse question : « Qu'est-ce que cela signifie, pour vous, la liberté ? » Il réfléchit un instant, mais répond avec beaucoup d'assurance. « La liberté ? La liberté, c'est tout, la liberté, c'est la vie, la liberté veut tout dire. Sans liberté, une personne n'est rien. » Et, il ajoute : « La liberté, c'est le développement. »

Le pays ne sera jamais vraiment libre tant qu'il ne sera pas officiellement reconnu. Je ne peux que lui donner raison. Mais je plaide tout de même pour ma liberté à moi, celle de pouvoir aller et venir comme je l'entends. Cette fois, curieusement, il finit par accepter. Je veux découvrir le Somaliland ? Soit. Il rédige un laissez-passer qu'il tamponne et signe de sa main, et me laisse même son numéro de téléphone portable, au cas où je me heurterais à des négociations difficiles lors des contrôles de sécurité. Cela nous sera utile : j'ai parfaitement en mémoire le visage du militaire à qui j'ai, plus tard, passé le ministre au téléphone.

Nous prenons la route sans demander notre reste : il ne s'agirait pas que les autorités changent d'avis et nous voulons avoir le temps d'atteindre au moins Laas Geel, à moins de cent kilomètres de là. C'est au début des années 2000 que ce site archéologique a été découvert : ce sont les grottes ornées les plus anciennes et les mieux conservées de cette partie de l'Afrique. Leurs peintures datent du Ier millénaire avant notre ère, et témoignent de ce qu'a dû être la vie des hommes du néolithique, à l'époque où ces steppes aujourd'hui presque désertes étaient peuplées. Le site n'est pas évident à trouver. Personne n'y vient vraiment et il se trouve dans une vaste plaine rocheuse et aride, sans signe distinctif. Visiter un lieu d'une telle ampleur archéologique sans personne, avec le seul bruit du vent qui s'engouffre entre les roches, est un moment extraordinaire.

Il y a beaucoup de vaches représentées, des vaches africaines stylisées, à la robe rouge et blanche, aux cornes en lyre et à la peau du cou pendante. Des hommes aussi qui, derrière leur bétail, lèvent les bras en signe de célébration. L'ensemble est très beau. Mais l'endroit souffre lui aussi de l'instabilité du pays : l'aridité du climat assure une parfaite conservation des peintures, mais l'aridité des cœurs est susceptible d'en avoir raison. La montée des extrêmes pourrait donner à certains l'idée que le site est impie, et lui faire subir le même sort que le grand Bouddha de Bâmiyân en Afghanistan ou le site de Palmyre en Syrie. Laas Geel n'est surveillé que par quelques gardes, qui demandent mollement aux rares visiteurs de ne pas toucher aux parois. Et un classement à l'Unesco n'est pour le moment pas possible : le Somaliland n'a aucun statut international et la Somalie quant à elle n'a pas ratifié la convention sur le patrimoine mondial. J'espère qu'à terme l'article 2 prédominera sur l'article premier, d'abord pour la liberté des femmes bien entendu, mais aussi pour que ce témoignage de l'histoire humaine perdure.

À la sortie de cette visite, deux options s'offrent à nous pour revenir en Éthiopie. La première : rebrousser chemin jusqu'à Hargeisa, et rentrer par la route qui m'a amenée jusqu'au Somaliland. Sur le principe, refaire le même chemin m'ennuie un peu. La seconde, prendre une piste qui remonte vers le nord jusqu'à Djibouti, ce petit État de neuf cent mille habitants qui donne sur le golfe d'Aden et qui fait frontière avec l'Éthiopie. Ce bout d'Afrique est pour moi un nom lointain de mon enfance. Quand nous étions perchées dans les arbres, mes cousines et moi, mes oncles nous appelaient toujours les princesses de Zanzibar, de Tombouctou ou de Djibouti. Un nom qui reviendra dans mes lectures d'adulte de Rimbaud et Monfreid.

Je choisis cette aventure vers Djibouti, même si elle est risquée. La piste sablonneuse traverse un désert où trouver de l'eau est quasi impossible, et tout le monde m'a conseillé de ne pas m'y aventurer, surtout avec une moto si chargée. Sur les premiers kilomètres, cependant, tout se passe bien, et quelques villages offrent de quoi se reposer sous un arbre et boire sans restriction. La piste devient en revanche de moins en moins praticable ensuite et la chaleur terriblement pesante. Les habitants, quant à eux, sont tous accueillants, aimables, nous reçoivent avec gentillesse : nous sommes loin de la rudesse d'Hargeisa.

Au dernier village avant la frontière, on m'a bien recommandé de faire une vaste provision d'eau car il faut parcourir ensuite plusieurs centaines de kilomètres sans âme qui vive. Et sitôt le bourg passé, la piste semble même disparaître. Bien tracée jusque-là, elle se perd en multiples traces dans le sable, plus ou moins profondes. Je sens bien que nous sommes trop chargés, surtout avec nos bidons d'eau. Mais à deux, nous nous sentons plus en sécurité, et nous nous lançons, malgré le regard quelque peu désapprobateur des habitants.

Bon, ils avaient raison. La piste est un véritable calvaire : du sable où les roues ne cessent de s'enfoncer, de grosses pierres dissimulées dessous, aucune ombre, pas un souffle d'air, que des arbustes épineux, un soleil brûlant et un ciel d'un bleu électrique qui me déchire les yeux. Je ne tarde pas à me maudire d'avoir joué les casse-cou. Dans de telles conditions, je ne peux qu'avancer lentement, trop lentement… et nous tombons. Une fois, deux fois, cinq, six. Par miracle, nous parvenons à ne pas nous blesser, à éviter les accidents trop graves, à relever à chaque fois notre monture qui souffre elle aussi. Heureusement, nous pouvons nous relayer, Christian et moi. Si j'avais été seule, je n'aurais jamais persévéré.

Mais les chutes nous ralentissent, nous fatiguent, et je commence bientôt à m'inquiéter des réserves d'eau et d'essence. Il y a encore deux cents kilomètres à avaler jusqu'à la frontière avec Djibouti. Qui peut me garantir que nous pourrons aller au bout ? Je revois dans un flash ce conducteur de camion que nous avions croisé au début de la route, et qui nous avait fait de grands signes nous incitant à faire demi-tour. Je regrette de ne pas l'avoir écouté.

Un premier jour passe. Ce désert à perte de vue commence à m'effrayer. Il est oppressant. Il me semble qu'il n'en finira jamais, d'autant que d'autres pistes apparaissent, et que nous ne sommes jamais certains de suivre la bonne direction. Seul le soleil m'indique que nous ne tournons pas en rond dans cet enfer. Je pleure des larmes qui sèchent aussitôt, tant que j'en ai la force. Au deuxième jour, nos réserves d'eau se vident, et nous ne croisons toujours personne. Il ne faudrait pas qu'un accident nous oblige à rester plus longtemps que prévu dans cette fournaise. La moto qui patine en surrégime a très soif, elle aussi, mais le demi-tour est devenu impossible : nous avons dépassé le moment où nous avions assez d'essence pour cela. Nous n'avons plus le choix, il faut arriver de l'autre côté, coûte que coûte. J'ai le cerveau qui bout et je commence à avoir des hallucinations auditives : j'entends des cris, ma tête me semble à la fois très lourde et très légère. Un cauchemar éveillé. Sous mon blouson et mon pantalon, c'est un vrai sauna.

Lorsque enfin je vois apparaître le premier signe que la mer nous envoie, une mouette, je crois d'abord à un mirage, à une mauvaise blague que me ferait mon esprit malade. Mais une tente bariolée apparaît entre les fourrés.

Quel soulagement : Louyakadou, le village-frontière avec Djibouti, se révèle enfin à nous. Le bout du désert. De l'eau. La vie. Nous ne sommes pas tombés en panne d'essence, nous sommes arrivés sains et saufs. Jamais trois jours ne m'auront paru aussi longs.

Après avoir posé pied à terre, je reste de longues minutes les bras ballants à l'ombre d'un grand acacia, buvant à petites gorgées sous le regard inquiet de Christian. Car un petit détail nous trotte maintenant dans la tête. Nous n'avons pas de visa pour Djibouti ! Un habitant d'Hargeisa nous avait dit qu'il était possible de l'obtenir à la frontière, sans garantie pour des étrangers, et nous avions décidé de tenter le coup, quitte à revenir en arrière. Mais je n'ose imaginer que l'on puisse me refuser l'entrée de Djibouti : hors de question de retourner dans cet enfer.

Le poste-frontière est à l'image du village, dénudé mais décontracté. Nous sommes un dimanche et le douanier principal n'est pas là pour tamponner nos passeports, mais on nous autorise à entrer à Djibouti à condition de revenir le lendemain. J'imagine des douaniers à l'aéroport Paris-Charles-de-Gaulle qui diraient : « Pas de visa ? Pas de problème, on est un peu débordés en ce moment : passez nous voir demain. »

Le Somaliland aura été une des expériences les plus intenses que j'aurai vécues, mais je suis soulagée de pouvoir quitter ce pays. Trois mètres après le poste-frontière, je retrouve ce que nous cherchons parfois à fuir, mais que j'aurais ici envie d'embrasser : du bitume. Du bitume, enfin ! Djibouti n'est pas riche, mais les hôtels, les commerces et les routes sans sable, après le Somaliland, me donnent l'impression d'un luxe inouï.

Nous nous octroyons deux jours de repos dans cette ville encore marquée par l'architecture coloniale et dont les cafés et les terrasses, fréquentés par une population locale, rappellent un peu la France. Nous nous offrons une session de plongée dans le golfe d'Aden, des baignades dans l'eau délicieusement claire de l'océan en compagnie des tortues nombreuses dans ce secteur de la mer Rouge. Ce moment d'accalmie dans un voyage trépidant nous fait du bien, d'autant qu'une fois encore, Christian va repartir, me laissant poursuivre seule cette aventure en Afrique de l'Est.

20

Éthiopie, berceau du monde

Djibouti et le nord de l'Éthiopie vivent en quasi-symbiose : le premier n'a pas de terres cultivables, le second, pas d'accès à la mer : pour parvenir à commercer, pour espérer se développer, ils sont contraints de coopérer et d'être bons voisins. Le caractère économique de ces échanges laisse songeur : un esprit cynique pourrait se demander si Djibouti ne tire pas profit du manque de reconnaissance internationale du Somaliland, comme des guerres continuelles entre l'Érythrée et l'Éthiopie.

Le résultat de cette coopération, quoi qu'il en soit, est que la route qui les relie est solide et moderne… mais qu'elle est envahie de camions qui font la navette. Des camions assez fous, qui roulent à toute vitesse et ne ralentissent pas d'un iota lorsqu'ils se croisent : j'ai le temps d'apercevoir deux carcasses échouées, couchées au milieu de la route… Je me félicite d'avoir une plus grosse cylindrée et pas Poupy : nous nous serions fait sévèrement bousculer.

Après le village d'Onale, je bifurque vers le nord pour entrer dans la région du désert de Danakil, une dépression de quelque quatre mille kilomètres carrés sous le niveau des mers, l'un des berceaux de l'humanité. Là, sur cette terre désolée et oubliée, Lucy, notre pré-ancêtre à tous, a été découverte en 1974 par une équipe codirigée par les Français Coppens et Taieb et l'Américain Johanson : une petite australopithèque, vieille de plus de trois millions d'années, qui nous raconte une partie des origines de l'humanité. Je choisis de donner son nom à la moto qui m'a si bravement conduite jusque-là, la compagne de cette nouvelle quête. J'organise une petite cérémonie entre elle et moi, au milieu de l'immensité désertique.

J'aime les cartes, et je rêve beaucoup en regardant ces paysages retranscrits en lignes, en couleurs, en traits. C'est une promesse, une carte, un langage aussi, une manière d'interpréter un pays. Mais rien ne vaut le terrain lui-même, qui rappelle que la réalité est autrement plus vivante et rugueuse. Tout au long de la préparation du voyage, j'ai tracé en rêvant des itinéraires, je me suis dit « Là ça va passer, là pas sûr » et « Ici ce doit être joli ». Dans cette région de l'Éthiopie, j'avais ainsi repéré deux merveilles uniques : le Dallol et ses concrétions multicolores, et le volcan Erta Ale, qui a la particularité d'avoir l'un des quatre seuls lacs de lave permanents du monde. Impensable de passer là sans aller le voir.

Cette région du nord-est de l'Éthiopie, c'est la terre des Afars, un peuple de nomades qui y vit depuis des siècles. Ils considèrent ce territoire frontalier comme le leur, malgré les tentatives de déplacement ou de mise au pas dont ils sont l'objet. Ils voient les étrangers d'un mauvais œil – des voleurs de terres cherchant à limiter leur liberté – et protègent farouchement leur territoire.

Nul n'a le droit d'y pénétrer sans une « escorte » policière, labellisée « police Afar », qui est surtout une manière de surveiller chaque allée et venue et de récupérer une certaine manne financière. Aussi, avec ma moto, je rejoins près du lac Afrera un petit groupe de touristes avec qui je vais passer trois jours et partager les frais d'escorte. J'y laisse le budget de deux mois d'expédition…

Le soir, nous entamons avec le groupe les trois heures de marche sur la roche râpeuse vers le sommet du volcan, sous la protection de gardes armés – il faut bien justifier le prix. Mon excitation augmente à chaque mètre. Soudain, alors que le sol s'aplatit, un dôme rougeâtre apparaît. Vingt minutes plus tard, je me trouve à moins de vingt mètres d'un lac de lave en mouvement. J'oublie les fusils, les demandes exorbitantes des Afars et je m'avance, comme hypnotisée. À mes pieds, quelques mètres plus bas, le magma en fusion se meut, lentement, comme une bête qui se roule sur elle-même. J'ai en tête l'image des vulcanologues en combinaison de protection… Jamais je n'aurais pensé m'approcher un jour aussi près d'un tel spectacle. Le magma bouge sans cesse, se solidifiant à l'air libre pour se faire engloutir l'instant d'après, comme une image en accéléré de la tectonique des plaques, de mondes en perpétuelle création. Ici et là explosent soudain des jets de liquide incandescent, comme dans un feu d'artifice mortel. La chaleur est telle que je dois reculer plusieurs fois. Mais je ne peux détourner le regard, m'éloigner de la lave. Je resterai là toute la nuit, jusqu'à ce que la lumière du jour vienne ternir l'intensité lumineuse du volcan, jusqu'à ce que notre guide vienne nous annoncer qu'il est temps de repartir. Je n'oublierai jamais cette image qui aurait pu inspirer à Jules Verne son *Voyage au centre de la Terre.*

Je ne suis pourtant pas au bout de mes surprises. Nous roulons quelques heures entre sable et roche pour atteindre une vaste plaine de sel. J'ai l'impression de voler avec ma moto qui se reflète au sol ; sans la Jeep qui me précède, je pourrais croire rouler dans le ciel, seule au milieu des nuages. Je n'en crois pas mes yeux lorsque je me gare un peu plus loin. Aucun artiste n'aurait su créer la diversité de couleurs, de formes, de mouvements du Dallol vers lequel je m'avance lentement. Les éruptions successives, le mélange d'acide, de soufre, de minerai, de sel, ont peint un univers aux palettes vertes, jaunes, rouges dont les tons se mélangent pour créer mille nuances subtiles. Les roches de toutes les formes ont figé des mondes entre lesquels de petites vallées se fondent, passant sous des arches, contournant des concrétions de stalagmites. Au centre, une sorte de lac de soufre d'où s'échappent des fumées perpétuelles est aussi attirant pour le regard qu'il est dangereux pour les poumons. Rester trop longtemps dans cet univers sulfureux est risqué.

Je quitte l'endroit à regret pour visiter une montagne de sel bardée de petits canyons. C'est la première fois que je me retrouve au milieu d'une saline. Ce sel, c'est l'or blanc de la région, la richesse des Afars. Ils en ont fait leur commerce, transportant leurs cargaisons grâce à des caravanes de dromadaires. Le travail est si dur, si violent que le salaire est supérieur à la moyenne. Aussi, des centaines de mineurs venus de toute l'Éthiopie y travaillent, à la pioche, dans des conditions misérables, ramassant des blocs de sel soigneusement calibrés sans rien qui les protège des agressions du soleil. Leur tâche est harassante, et chaque kilo compte. J'aurais aimé parler à ces forçats du sel, mais ils n'ont pas le loisir de s'interrompre. Le peu que certains parviennent à me souffler entre deux coups de pioche est que, grâce à ce labeur, leurs enfants pourront manger et aller à l'école. C'est la seule occasion que j'aurai de parler avec des Afars. Ici, on ne parle pas aux étrangers. Quant aux femmes, je n'en aurai vu presque aucune.

21

Les hauts plateaux

Je quitte la plaine du Danakil pour gagner les hauts plateaux de la région du centre et leur fraîcheur bienvenue : Lucy et moi souffrions dans la fournaise. Après les régions musulmanes, j'entre dans le secteur chrétien orthodoxe, dont les cathédrales creusées dans la roche de Lalibela sont l'un des symboles les plus marquants. Je savais que l'Éthiopie était un pays aux paysages et aux cultures extraordinairement variés, mais je ne m'attendais pas à tant de différences d'une région à l'autre. Je grimpe rapidement en altitude, je retrouve la joie des virages puis je découvre un décor neuf : de jolies vallées où les arbres reparaissent, de petits hameaux dont j'aperçois de loin les toits de chaume et, partout, des cultures en terrasse bâties sur des sols pierreux. Ici le besoin de survivre a créé un paysage de toute beauté : les paysans sont devenus artistes malgré eux.

Je me suis complètement approprié ma monture à présent, et j'ai commencé à prendre confiance. Je roule le cœur léger, évitant les ânes trop têtus pour changer leurs trajectoires, saluant les gens qui marchent le long des pistes. Ici, tout le monde est à pied : les voitures et les motos coûtent près de quatre fois plus cher qu'ailleurs, en partie à cause des taxes imposées par Djibouti. Résultat : contrairement à beaucoup de pays d'Afrique, l'Éthiopie n'a pas de mototaxis, ces espèces d'engins capables de passer partout, sans limite de passagers.

Où vont-ils, d'où viennent-ils, ces marcheurs ? Mystère. Les hommes s'enroulent dans de longues étoles blanches ; les femmes portent des robes écrues ou blanches et les tresses compliquées de leur coiffure font ressortir la finesse de leurs traits. Avant mon départ, on m'avait vanté la beauté des femmes éthiopiennes, on ne m'avait pas menti.

Les enfants, quant à eux, dès qu'ils entendent la moto, se précipitent au bord du chemin : je suis toujours inquiète de savoir s'ils veulent simplement me dire bonjour, voir ce qui se passe, ou jouer à toucher l'engin voire se précipiter au milieu de la route.

Alors que j'oublie d'avoir peur, que je deviens plus désinvolte dans ma façon de conduire et qu'une petite voix intérieure me répète, pas peu fière : « C'est bien, t'assures quand même », je me retrouve tout à coup par terre, à côté de ma moto, complètement sonnée. Tandis que je regardais les jolies maisons de terre au bord de la route, tout à la joie du paysage et des chaleureux saluts qui m'étaient adressés, j'ai manqué un trou dans la route, caché par des pelletées de gravillons. Je n'ai rien vu venir. Un blocage de roue soudain. Un vol plané. Un noir. Et me voilà à côté de ma moto piteusement écrasée au sol, ses caisses éparpillées. J'« assure », c'est évident. Je suis assommée. Après un rapide état des lieux, il s'avère que je vais bien. Rien de cassé, fort heureusement, même si tout mon corps est endolori pour s'être crispé sous le choc. Lucy, en revanche, est suffisamment amochée pour nécessiter quelques petites réparations.

Je n'ai pas le temps de me désoler de l'accident : je suis aussitôt prise en charge par le village entier qui a accouru affolé et qui, en moins de temps qu'il n'en faut pour le dire, a remis la moto sur pied et ramassé consciencieusement mes affaires. Je suis conduite chez Salimat, une jeune femme mince et élancée, aux traits fins et aux grands yeux. Elle tient avec son mari une sorte de petit café. L'endroit est très simple, mais il est chaleureux : des banquettes couvertes de tissus colorés, un tapis, le nécessaire au cérémonial du café et, dans un coin de la pièce, une grande télévision qui diffuse des clips des fameuses danses éthiopiennes aux vigoureux haussements d'épaules. En entendant le récit de mon expédition, Salimat me confie que l'idée de voyager l'enchante. Elle-même voudrait partir, n'importe où, à Oman, en France, au Japon. Qu'importe la destination, pourvu que ce soit loin, pourvu qu'on y vive mieux. Elle a déjà voyagé, d'ailleurs. Elle a passé plus de quatre ans à Dubaï, où elle a travaillé comme bonne à tout faire.

« Quatre ans, et deux mois. » Elle a un sourire triste en apportant cette précision, et je m'attends presque à ce qu'elle me donne le décompte exact des semaines, des jours, des heures qu'elle a passés là-bas. « À Dubaï, je travaillais sans relâche. Cuisiner, nettoyer, laver les vêtements, servir les maîtres. Cela, de 5 heures du matin à minuit. Là, j'avais enfin le droit de dormir – de m'évanouir, plutôt. Et le matin, le travail reprenait. Je gagnais 5 dirhams par jour. » Je fais un rapide calcul dans ma tête : 5 dirhams, c'est moins d'un euro par jour. Moins de 30 euros par mois. Elle parle pudiquement de travail : le mot « esclavage » serait plus juste. Mais, comme pour nuancer son propos, elle ajoute : « J'étais quand même logée, blanchie, et mon billet d'avion avait été pris en charge. Et puis j'ai eu de la chance, tout de même : ma patronne était gentille, elle ne me frappait pas et me donnait parfois des vêtements. Elle m'a même offert un portable, regarde ! » Elle me montre le téléphone qu'elle tient entre ses mains. Cela ne me convainc pas complètement.

« Est-ce que tu conseillerais à d'autres jeunes femmes de travailler comme cela, de partir à leur tour pour le Qatar ou les Émirats arabes unis ?

— Non, je n'aime pas Dubaï. » Puis elle ajoute, pensive : « Mais maintenant, je voudrais y retourner tout de même, pour pouvoir travailler encore. Ici, il n'y a rien. »

Je regarde ses beaux yeux intelligents et décidés, frappée par sa façon de partager son expérience sans une nuance de plainte, avec fierté, même. Salimat sait parfaitement que ce qu'elle a subi aux Émirats n'est pas normal. Jamais elle n'aurait pu mettre fin d'elle-même à son contrat, quelles qu'eussent été les conditions. En aucun cas elle n'aurait pu se payer un billet de retour, ni récupérer son passeport. Et bien d'autres femmes vivent des conditions pires encore, proches de l'esclavage absolu. Salimat n'est pas prête à plier l'échine, pas prête à accepter les humiliations. Mais, grâce à ces années d'oubli d'elle-même au service d'une autre, elle a gagné assez pour s'acheter son petit café, ce qu'elle n'aurait jamais pu faire en Éthiopie où il lui aurait été impossible de gagner plus de 35 euros par mois. Elle a su se créer un peu de confort, gagner le droit de vivre plus décemment. Tristement, après avoir alimenté le feu, elle me dit encore :

« J'hésite à repartir encore une fois. Ce serait une grande peine, je devrais renoncer à fonder une famille, à être auprès des miens. Je perdrais encore ma liberté sans être sûre d'avoir cette fois une aussi bonne maîtresse. Mais tu sais… Quelles sont mes options ici ? Il n'y a aucun espoir. En revenant de Dubaï, j'avais de quoi acheter ce café, devenir autonome. Et maintenant ? Je dois vendre du café du matin au soir, tous les jours, sans pouvoir quitter mon village un instant. Ce que je gagne nous remplit le ventre, c'est déjà beaucoup, mais c'est tout. »

Je ne parviens pas à lui répondre, la gorge serrée par cette perspective qui est la sienne : un choix impossible où gagner sa liberté ne peut se faire qu'en la perdant totalement pendant des années. Mais déjà Salimat poursuit, mutine : « Au moins ici, je suis libre de faire quelque chose que je ne pourrais jamais faire là-bas : tu veux bien m'emmener faire un tour sur ta moto ? »

Ses cris joyeux et son insistance pour faire à chaque fois un tour de plus accompagnent les dernières lueurs du jour. À cet instant au moins, je la sens pleinement heureuse et libre. Elle me glisse qu'elle repensera à ce moment, si elle décide de repartir…

Salimat me propose de dormir chez elle. J'accepte, ravie, et lui dis que je planterai ma tente dans sa cour. Elle pousse de grands cris réprobateurs :

« Hors de question ! Tu dormiras dans ma chambre !

— Dans ta chambre ? Et ton mari ?

— Pas de problème, il dormira dans le salon avec le mouton ! Et toi avec moi dans le lit ! »

Leur mouton joue un peu le rôle d'animal de compagnie, c'est vrai, mais je peine un peu à l'imaginer blotti contre lui... Alors que je suis tout de même sur le point de flancher tant cette invitation semble lui tenir à cœur, le gendarme du coin prend les choses en mains : il m'ordonne de camper sur son terrain pour ma sécurité.

Dans les villages, on ne fait pas ce qu'on veut : il y a des protocoles très précis à respecter. Souvent, c'est le chef du village qui décide si j'ai ou non le droit de camper et à quel endroit, après de longues palabres visant à comprendre où je vais, d'où je viens et pourquoi je me trouve là. La tradition veut que le chef fasse ensuite un résumé de la chose au reste des habitants : une fois passé l'examen, je suis sous sa protection et sa responsabilité. Ici, c'est la gendarmerie locale qui joue ce rôle.

Un militaire dormira à côté de moi. Mon gardien me propose même son fusil pour la nuit, au cas où. Je suis assez ennuyée. Ma seule expérience des armes à feu doit remonter à un jeu vidéo, quand j'avais dix-sept ans. L'engin qu'il me tend est archaïque : j'ai à peu près autant de chance, si je tire, de le toucher lui qu'un quelconque voleur. Puisque toute la conversation se fait en mime, je le rassure en poussant un grand cri : si on m'attaque, j'appellerai à l'aide. Nous en rions, nous nous sommes compris.

Le lendemain, après quelques coups de marteau pour redresser mon cale-pied tordu à cause de la chute et quelques soins à Lucy qui en avait besoin, après trois cafés avec Salimat qui m'embrasse chaleureusement, je reprends la route en me promettant d'être plus attentive, même si cette chute m'a permis une belle rencontre. J'ai entendu parler d'un village libre et égalitaire à quelques centaines de kilomètres de là, à Awra Amba. Une rareté dans ce pays, que je veux absolument découvrir.

Malgré mon impatience, je fais tout de même un petit détour par la ville sainte de Lalibela, capitale de l'Éthiopie orthodoxe, un joyau récemment classé par l'Unesco, et à juste titre ! La cité antique compte onze églises médiévales taillées d'une seule pièce, à même la roche et reliées entre elles par un réseau de souterrains. Je me perds dans leurs dédales, gagnée par la paix hors du commun qui règne dans la ville. On attribue sa fondation au roi Lalibela qui, au XIIe siècle, entreprit de bâtir une « Nouvelle Jérusalem » après que les conquêtes musulmanes eurent mis fin aux pèlerinages chrétiens en Terre sainte… Aujourd'hui encore, Lalibela est un haut lieu de dévotion. Chaque matin, à l'aube, la cité s'éveille au chant des fidèles qui viennent s'y recueillir et célèbrent, en priant, les premiers rayons du soleil. Je suis bouleversée devant la ferveur de ces femmes, hommes et enfants, tous rassemblés sur le plus haut rocher, célébrant leur croyance. Je ne partage pas leur foi mais je suis associée très simplement à leur groupe, et personne ne me retient lorsque je fais mine de partir. Pendant que je m'éloigne, un immense chant d'espoir s'élève, envahissant toute la ville. J'ai l'impression qu'il m'accompagne le long de la route qui me mène à Awra Amba.

Le village est niché dans une campagne pierreuse aux couleurs de terre, non loin des sources du Nil bleu, et la sérénité que j'y découvre n'a rien à envier à celle de Lalibela. Awra Amba est née d'une véritable utopie, imaginée en 1972 par Zumra Nuru. Un lieu où règneraient des principes simples : égalité entre hommes, femmes et enfants, solidarité, aide aux plus vulnérables. Je m'installe dans la *guest house* du village, gérée en coopérative comme le sont le moulin et les ateliers de tissage : ces structures permettent de subvenir aux besoins de la communauté et ses bénéfices sont divisés en parts égales à la fin de l'année.

J'ai beaucoup de chance : ce jour-là, le village est en fête car Zumra Nuru est exceptionnellement présent. Il voyage beaucoup, tout au long de l'année, pour démontrer qu'il est possible de vivre selon les valeurs humanistes qui animent Awra Amba. Le bourg ayant atteint sa taille critique de quatre cents âmes, la communauté espère en voir d'autres semblables se créer, partout en Éthiopie et dans le monde. Les enfants me guident vers lui et il m'accueille avec un sourire bienveillant. Sa peau caramel est ridée comme un pruneau et il porte le chapeau traditionnel de la région, fait de centaines de bouclettes de laine : le sien, de couleur verte un peu fluo, semble aussi étonnant que le costume de Jacques Villeret dans *La Soupe aux choux*. Son œil est vif, et il émane de lui quelque chose d'infiniment généreux et apaisant. Sans lassitude, après avoir salué un à un tous les habitants de village venus lui dire bonjour comme à un père, il accepte de me relater son histoire.

« Je suis le fils de paysans illettrés. La vie était dure. Tous les jours nous allions aux champs. Je voyais ma mère faire les mêmes tâches que mon père, mais le soir elle s'occupait en plus du repas et du ménage sans que mon père fasse quoi que ce soit. Je ne comprenais pas pourquoi. Je voyais aussi des personnes âgées qui souffraient, ne pouvaient plus bêcher et mouraient de faim. Je me disais : "Pourquoi ne pouvons-nous pas les aider, partager les tâches ?" Cela me révoltait. Je voulais autre chose.

— C'est comme ça qu'est né le projet d'Awra Amba ?

— Oui. J'avais déjà tout imaginé. Je me souviens de mes parents me disant : "D'où te viennent des idées pareilles ? Ce sont nos coutumes, ça l'a toujours été, pourquoi les remettre en question ?" Personne ne me comprenait, je passais pour un fou. Alors j'ai dû partir, parce que cette injustice était insupportable. »

En écoutant Zumra Nuru, je me rends compte combien j'ai de la chance d'être soutenue par mes proches, quoi que je fasse. J'ai beau être seule en voyage, avec tout ce que cela peut comporter de difficultés et de fatigue, je sais qu'ils sont toujours là, et c'est un grand réconfort. Mais il élude un peu lorsque je lui pose la question :

« Ça a dû être dur de quitter votre famille ?

— Oui. Cela a été très compliqué. J'ai surtout dû trouver des gens qui croyaient aussi à une autre manière de vivre, et un endroit pour nous installer. On nous a menacés de mort, on nous a pourchassés. »

Il soupire, mais sans colère. La jeune fille qui traduit ses propos n'a pas connu cette époque, mais je la sens vibrer au même rythme que son mentor, comme si elle revivait l'histoire avec lui. Zumra poursuit :

« Awra Amba a finalement vu le jour ici, il y a quarante ans, basée sur des principes simples d'égalité et d'entraide. Chacun peut choisir ses tâches non pas en fonction de son genre, mais de ses habiletés et de ses goûts propres. L'école est obligatoire et gratuite, elle est un pilier du village. C'est l'éducation qui nous permet de nous ouvrir. Je suis fier des enfants du village, comme Yannet qui parle si bien anglais, dit-il en désignant son interprète qui rougit de plaisir.

— Comment vous organisez-vous ?

— La semaine est divisée en cinq jours de travail, un jour de repos et un jour pour aider les plus faibles. C'est un de nos principes. Nous refusons les systèmes de dots ou d'offrandes qui pourraient endetter les familles, et tout ce qui coûte de l'argent inutilement. Donc il n'y a pas de lieu de culte, et notre dieu est accessible à tout le monde sans qu'il faille passer par un "interprète". L'excision et les autres pratiques dégradantes sont aussi interdites.

— Mais alors, pour vous, ce serait quoi, la liberté ? »

Il fait un grand geste pour désigner l'espace qui nous entoure.

« La liberté, c'est ça, ce village, où nous nous aidons les uns les autres, entre humains, où nous n'avons pas peur d'avoir faim, d'être seuls, de penser différemment. Chacun peut avoir le choix. C'est ça, la liberté. »

Je pourrais l'écouter pendant des heures tant il paraît visionnaire, et surtout parce que j'ai sous les yeux la preuve que l'expérience est concluante, dans le cadre de ce village. Mais il est tard et chacun doit se coucher. Zumra me fait un signe de tête pour me souhaiter bonne nuit et demande à Yannet de me faire visiter le village le lendemain. Ce qu'elle ne manque pas de faire dès les premières heures du jour.

Ce lieu est une bulle de simplicité et de bonheur, un petit miracle où les gens semblent tranquilles, épanouis. À l'école, des inscriptions en anglais comme « Faire un travail de femme ne change pas mon sexe, mais change mon ignorance », « Ne fais pas aux autres ce que tu n'aimerais pas qu'on te fasse » ou « Homme, femme, enfant sont égaux » sont inscrites sur les murs. Des devises devenues les mantras des habitants.

Yannet m'explique qu'après beaucoup de tensions, les villages voisins, qui voyaient ce lieu comme une hérésie, une pure provocation, ont fini par s'apaiser et utilisent aujourd'hui le moulin à grain d'Awra Amba, le seul à bien fonctionner dans la région grâce à l'entretien quotidien de la communauté. La démonstration commence à convaincre. Les visites au village sont de plus en plus nombreuses et d'autres communautés commencent à adopter ce nouveau système de pensée. Le chemin est encore long, évidemment.

Cette visite me nourrit l'âme et j'accueille comme un trésor cette pousse d'espoir. Personne n'a inculqué à Zumra la notion d'injustice et pourtant il l'a comprise, s'en est offusqué et a refusé cette souffrance évitable. Il s'est battu contre sa propre éducation pour l'idée d'un bien-être commun où chacun aurait plus de liberté en s'appropriant son destin. C'est une chose rare et difficile. Il est dur de se sentir seul, dur de se libérer de ses carcans. Zumra prouve que, non, nos parents à eux seuls ne font pas de nous ce que nous sommes, et qu'il n'y a pas de fatalité à reproduire les schémas dans lesquels nous avons grandi. S'en affranchir demande du courage, cependant, un très grand courage. Or des personnes courageuses, qui se battent comme lui pour leurs idées, j'en rencontrerai beaucoup sur ma route.

22

Djaka

Les traits dessinés sur une carte ne rendent pas compte de la réalité d'un trajet, et du temps qu'il demande. Je n'ai pas effectué la moitié du voyage que je prévoyais et voilà déjà qu'un mois a filé. Mon temps est limité et j'ai tant à voir ! Si je veux tenir ma promesse de rapporter trois films sur trois pays différents… Je décide de ne pas m'attarder dans la « région des nations » au sud-ouest de l'Éthiopie : un territoire non plus orthodoxe ni musulman, mais qui réunit une myriade de peuples différents dont chacun tente de préserver sa culture et ses traditions. Comme il faut toujours du temps pour dépasser le premier vernis et comprendre ce que chacun est et ce que chacun vit, je manque du temps nécessaire pour les appréhender tous. Je décide donc de parcourir assez vite ces territoires vers ma prochaine destination, l'Ouganda, et de revenir lors d'une autre expédition.

J'enchaîne les jours de route et parcours des paysages d'une étonnante variété. Les vallons succèdent à des plateaux arides qui succèdent à des forêts tropicales… Tout change très vite. Et les rencontres sont malgré tout nombreuses, dans des communautés parlant toujours une langue différente. La communication verbale n'en est pas facilitée, mais les mille autres formes d'échanges prennent rapidement le dessus. J'ai prévu d'aller à la rencontre de deux peuples, les Dorzé et les Konso, dont m'a beaucoup parlé Seid lors de mon séjour à Addis-Abeba.

Le peuple dorzé ne compte guère plus que quelques milliers d'habitants. Ses villages se reconnaissent à leurs étonnantes maisons de chaume, tout en hauteur et au toit pointu, qui peuvent culminer à plus de neuf mètres : les « maisons éléphants ». Le principe est astucieux et témoigne d'une parfaite adaptation à leur territoire, infesté de termites. Plutôt que de chercher à éliminer ces insectes, les Dorzé se sont mis à construire des maisons très hautes, que les termites dévorent petit à petit par le bas : elles rapetissent – mais sans s'effondrer – tout au long de la vie de la personne pour laquelle elle a été construite. Ces habitations sont en outre déplaçables : une conception unique au monde. En passant la nuit dans l'un de ces villages, j'apprends cependant que les constructions traditionnelles encore debout sont surtout là pour assouvir la curiosité des visiteurs étrangers. De nouvelles maisons carrées et en béton les ont peu à peu remplacées : plus simples à construire, elles ne nécessitent pas pour leur part la participation de tout le village à leur édification. Ces changements ne vont pas sans nostalgie. J'échange quelques mots, au matin, avec une femme qui, devant chez elle, s'emploie à filer de la laine. Le progrès a du bon, me dit-elle, et les nouvelles constructions sont commodes, mais au fond elle aime sa maison et préfère y rester : elle s'y sent bien.

Deux jours de pistes plus tard, j'entre dans les terres du peuple konso. Je suis accueillie au village par le roi en personne qui vient me recevoir et m'accompagne sur la place où, avant que j'aie eu le temps de me retourner, on me met entre les mains une pleine calebasse de *djaka*, la boisson traditionnelle au sorgho fermenté. Même à toutes petites doses, prendre de l'alcool en pleine journée ne me plaît qu'à moitié. Mais il n'est évidemment pas question de rechigner : les femmes se succèdent auprès de moi pour s'assurer de mon confort… et surtout vérifier que je bois mon *djaka* sans en laisser une goutte. Elles se mettent également en tête de m'apprendre quelques phrases en konso. Parler dans sa propre langue après cinq calebasses d'alcool pose déjà quelques problèmes, mais le faire dans une langue incompréhensible… Mes onomatopées provoquent l'hilarité générale, je suis l'attraction du jour. C'est alors que, détendu et comprenant le but de mon voyage, le roi des Konso décide de m'accorder l'occasion d'un entretien.

J'essaie de rassembler au mieux mes idées et mon matériel pour donner au moins l'illusion du professionnalisme. Lorsqu'il réapparaît avec son épouse, je les découvre, superbes, dans leurs beaux costumes de cérémonie. Il porte une djellaba violette striée de bandes rouges ; elle, une tunique ocre entièrement brodée. C'est un couple déjà âgé, aussi chaleureux qu'élégant et dont la complicité, l'amour me frappent. La tribu compte trois mille personnes, m'explique le roi. Trois mille personnes et neuf clans, dont les membres n'ont pas le droit de se marier entre eux. Les chefs, eux, ne sont normalement pas autorisés à prendre une épouse avant leurs trente-six ans. Mais lui-même s'est permis une exception : lorsqu'il a rencontré sa future femme, il en est tombé si follement amoureux qu'il l'a aussitôt demandée en mariage, bien avant d'avoir atteint l'âge réglementaire. Elle l'écoute parler tandis qu'il raconte, rit comme une jeune fille à cet endroit du récit, rougit même un peu.

« Combien d'enfants avez-vous ? » C'est maintenant elle qui répond : « J'en ai eu huit, il en reste trois. » Elle ne fait pas de commentaire, qu'y aurait-il à dire ? Mais son sourire s'éteint. Ici, le taux de mortalité infantile, quoiqu'il ne cesse de baisser, reste bien supérieur à la moyenne mondiale : 39 pour 1 000 naissances vivantes, contre 28 dans le monde… et 3 seulement en France. « Que souhaitez-vous pour vos enfants ? » Son sourire revient, un peu.

« Aujourd'hui, je peux tout leur offrir. Mais je deviens vieille et ce que je souhaite le plus, c'est qu'ils puissent saisir leur chance.

— Qu'est-ce que la liberté, pour vous ? »

C'est encore elle qui parle. Et elle le fait avec sincérité, je crois, rajustant sur ses épaules minces le beau drapé de sa tunique, le dos droit, la voix claire : « Je suis libre, je suis la femme du chef, et j'ai un grand pouvoir. Il n'y a rien qui m'entrave. »

C'est sûr qu'en étant femme de chef, rien ne doit l'entraver. Mais elle ne me semble pas despotique, elle a une grande douceur, et je les sens, son mari et elle, aimés de leur tribu.

Je me promets surtout de ne plus réaliser d'interview après avoir bu trop de calebasses de *djaka*. Dans ma précipitation, j'ai mal placé mon micro : il a merveilleusement bien enregistré les bêlements d'une chèvre qui avait sans doute beaucoup à dire, mais de manière moins claire que le roi.

Les femmes du village font tout pour me retenir alors que je charge ma moto pour reprendre la route le lendemain. Elles essaient même de m'appâter avec une calebasse de *djaka* et, lorsqu'elles comprennent que je suis bien décidée à partir, m'en proposent une petite pour la route. J'ai bien du mal à refuser. L'une d'entre elles, malicieuse, me propose de « prendre juste une petite gorgée ». Mais je sais bien que la calebasse ne se partage pas une fois entamée, et qu'il est hors de question de perdre le précieux nectar. Je décline poliment et m'enfuis presque, provoquant l'hilarité du petit groupe.

Ces rires joyeux marquent la fin d'une aventure éthiopienne marquante à tous points de vue. Les différences de climats, de langues, de cultures, de paysages font de ce pays l'un des plus variés et des plus beaux au monde. Mais surtout, j'ai appris sur le tas l'immense écart qu'il y a entre voyager et chercher à comprendre, entre observer et témoigner. Je l'avais imaginé mais, comme toujours, il y a un monde entre savoir quelque chose et le vivre. Chercher les sujets, être sans cesse à l'affût, faire les interviews en entendant des choses que l'on préférerait parfois ignorer et filmer le plus possible est un défi qu'il va falloir que je m'habitue à gérer, une petite tyrannie parfois, choisie mais chronophage.

J'ai amassé en six semaines plus de rushes que je n'en avais au sortir de mes deux premières expéditions. Je n'ai pas encore trouvé l'équilibre entre ma propre liberté et celle sur laquelle je désire témoigner. Mais, alors que je roule pour mes deux derniers jours dans le pays, je me laisse griser par les pistes, les paysages et le vent sur ma figure, en repensant aux mille visages de ce pays. Adieu Éthiopie, bonjour Kenya.

23

Vers l'Ouganda

J'entre sans difficulté au Kenya par le poste-frontière de Moyale. J'ai mille kilomètres à parcourir dans ce pays qui n'est qu'une étape, car j'ai décidé de concentrer mon intérêt sur l'Éthiopie, l'Ouganda et le Rwanda. Je prévois tout de même une semaine pour parcourir les vastes savanes du Nord. Mais rien ne se passe comme prévu. Nous sommes en pleine saison humide et, dès mon arrivée, une pluie torrentielle se met à tomber qui transforme les pistes en champs de boue, de véritables patinoires où mes pneus *off road* deviennent lisses, où des flaques de centaines de mètres barrent la route. À plusieurs reprises, je m'enfonce jusqu'aux genoux dans des fondrières : je suis obligée d'arpenter d'abord le terrain à pied, en long et en large, pour le sonder et épargner à Lucy les plus gros nids-de-poule et les trous de glaise. Ce qui ne m'empêche pas de finalement m'enliser. Enfoncée jusqu'au moyeu, la moto tient seule à la verticale, toute droite dans un écrin d'argile noire. Pour la libérer, je dois gratter le sol comme un chien truffier… et cela se produit plusieurs fois. Je sors de ma première journée kenyane couverte de boue des pieds à la tête, trempée, épuisée.

Dans les villages où je passe, je fais forte impression, mais le message est toujours le même : dépêche-toi de descendre vers le sud, dans quelques jours, les routes seront impraticables. Euh, pire encore que maintenant ?

Je suis inquiète car, après avoir subi les sables du Somaliland et le désert éthiopien, mon embrayage marque des signes de faiblesse : la boue menace de l'achever. Heureusement, la piste s'assèche un peu à mesure que j'entre dans la savane. Je traverse cette magnifique zone du Nord kenyan, une brousse à perte de vue avec quelques montagnes au loin : l'image d'Épinal de l'immensité africaine, une plongée en plein *Out of Africa*[1].

Les rares habitants que je croise sont des bergers qui conduisent leurs troupeaux et qui, à mon passage, me font des signes amicaux. Les hommes comme les femmes, d'une beauté farouche, sont très élancés et portent de somptueuses parures de plumes et de perles.

Alors que je roule, je sens subitement une étrange odeur de détergent brûlé et, très vite, le tableau de bord de la moto se met à clignoter. De la vapeur s'en échappe en sifflant. Je m'arrête, pour découvrir une fuite au niveau du radiateur : une sorte de fissure s'est ouverte malgré la double grille protectrice que j'avais moi-même installée. Un jet vert fluo en gicle, se répand au sol et Lucy, mi-alien mi-machine, se met à pousser des cris d'agonie. Je suis *in the middle of nowhere*, aurait si bien dit mon camarade Daniele. Je commence à examiner ma trousse à outils, à regarder comment le

1. Film de Sydney Pollack (1985), adapté du livre *La Ferme africaine* de Karen Blixen (1937).

radiateur est installé, lorsqu'un camion frigorifique s'arrête à ma hauteur. « Mais ton radiateur fuit ! » s'exclame Bobby, le chauffeur. C'est à peu près la conclusion à laquelle j'étais arrivée… « C'est embêtant, quand même ! » Absolument d'accord, c'est ennuyeux. Mais Bobby enchaîne : « Mon camion est vide et je vais à Nairobi, si tu veux je t'y emmène. » Une aubaine : la capitale est à quatre cents kilomètres, je me sens bien incapable de l'atteindre avec cette fuite. Mais alors que nous ouvrons l'arrière du fourgon, où il y a en effet largement la place de loger Lucy, un problème se pose. Sans rampe, impossible, à nous deux, de la hisser à l'intérieur. Il y a un village tout proche, me dit Bobby : nous devrions y trouver de la main-d'œuvre. Il me donne des feuilles de thé pour boucher la fissure du radiateur le temps que la moto roule jusque-là, et j'y verse mon eau potable pour tenter de redémarrer. Lucy accepte de repartir mais, très vite, le tableau de bord pris de panique se change de nouveau en sapin de Noël : sur les cinq kilomètres qui nous séparent du hameau, je devrai à plusieurs reprises m'arrêter pour remettre de l'eau. Là-bas, je trouve des bras puissants qui m'aident à faire grimper Lucy dans le camion.

Le lendemain, je suis à Nairobi. Je regrette un peu de n'avoir pu savourer les paysages, mais je remercie le destin de ce petit enchaînement de miracles : ce camion vide venu de nulle part sur une route où je n'avais croisé personne jusque-là, un chauffeur adorable, puis, à Nairobi, les propriétaires de la *guest house* qui connaissent une usine de radiateurs capable de ressouder la pièce en trois jours. Cette pause forcée m'oblige cependant à ne plus m'attarder jusqu'à la frontière ougandaise.

Deux ans après être venue escalader les monts Rwenzori, je suis heureuse de retrouver l'Ouganda, la « perle de l'Afrique » selon Churchill. Le pays regorge de beautés naturelles prodigieuses : les sommets enneigés, les collines verdoyantes, les sources du Nil, les forêts tropicales, les lacs, les immensités de savane et de brousse… Mais l'Ouganda a aussi traversé des décennies de guerre civile depuis sa déclaration d'indépendance vis-à-vis des Britanniques en 1962. Les dictateurs se sont succédé à la tête du pays, dont le fameux Amin Dada, qui fit régner la terreur de 1971 à 1979. Ce n'est que depuis 1986 et l'arrivée au pouvoir de Yoweri Museveni que le climat s'est un peu apaisé. L'Ouganda, le pays le plus jeune au monde en raison d'une politique résolument nataliste, n'est désormais plus en guerre. Mais une telle violence, si longuement subie, imprègne pour longtemps une société. L'homosexualité est un crime passable de prison à vie, les mœurs sont très surveillées, les disparités sociales énormes, la corruption omniprésente, et le président qui règne depuis près de trente-cinq ans reste accroché à son siège.

Ma première halte est Jinja, sur les bords du lac Victoria. J'y arrive par un soleil radieux. C'est une ville charmante, un peu bringuebalante, qui conserve des traces de l'architecture coloniale anglaise et des anciens comptoirs indiens[1], où il règne une atmosphère très douce. La source du Nil blanc se trouve là, tout près,

1. Les Indiens, arrivés avec les Anglais dès 1900, constituent une diaspora au sein de la population ougandaise. Chassés par Amin Dada en 1972, certains sont revenus. Ils représentent aujourd'hui 1 % de la population mais payent 65 % des revenus d'imposition.

et, à Jinja, tout est labellisé Nil : des garages aux marques de bière. Au hasard d'une promenade, je rencontre Florence, une jeune femme avec qui je sympathise et qui propose de me faire visiter son village, un hameau bâti à quelques kilomètres de là, sur les rives du fleuve. Elle y tient avec sa tante un petit stand où elle vend des denrées de première nécessité et des samossas fourrés. Chaque jour, elle se lève à 4 heures du matin pour préparer trois ou quatre cents chaussons qu'elle fait frire sur un petit réchaud. Les heures de travail sont très longues et les conditions spartiates, mais Florence ne semble pas s'en plaindre. Au moins, me dit-elle, elle est indépendante. Ses parents, lorsqu'elle était toute jeune, avaient arrangé son mariage. Avec un sale type manifestement, qui la trompait de toutes les manières possibles. Elle a fini par s'en débarrasser. Par lui dire qu'elle ne voulait plus de lui, ne l'avait jamais aimé et se débrouillerait seule pour élever leurs enfants.

Ce jour-là, elle est venue en ville acheter quelques provisions et je lui propose de jouer les taxis pour la raccompagner. Elle est ravie : elle économise un boda-boda, ces fameuses motocyclettes qui passent partout et transportent un, deux, trois, parfois quatre passagers. Dès notre arrivée, les jeunes voisines du village nous rejoignent : une petite bande de filles d'une dizaine d'années menée par Safia, une gamine à peine plus âgée, aux grands yeux curieux et au visage très fin. Une enfant encore, mais une enfant aux projets d'avenir très arrêtés. Très vite, elle me déclare : « Moi j'ai envie d'être comptable. » Comptable ? Je suis surprise de cette envie si affirmée pour un métier qui, chez nous, ne fait pas beaucoup rêver. « Oui, comptable. Je veux travailler dans un bureau, je ne veux pas faire comme mes parents. Je ne veux pas bêcher toute la journée, je ne veux pas travailler dans les champs. » Après une pause songeuse, elle reprend : « Il n'y a qu'en étudiant qu'on peut avoir un bon métier. Je compterai l'argent des autres, et ainsi je n'en manquerai pas. L'argent, c'est la liberté. Avec ça, je pourrai aider mes parents et même tout mon clan. C'est ça que je veux pour mon futur, et c'est ça que j'aurai. »

Une de ses amies enchaîne sans attendre : « Moi je voudrais être businesswoman, gagner mon propre argent, être indépendante et aussi aider ma famille. Avec des études, je pourrais tout faire. Même apprendre à conduire une voiture. » Safia et ses amies poursuivent alors chacune leur tour : « Et moi un bus ! », « Et moi un avion ! », « Je serai directrice d'hôpital », « Moi, je créerai une école ! ». J'en reste médusée, émue par un tel mélange d'audace et de détermination. Il est courant, chez nous, de demander aux enfants ce qu'ils aimeraient faire quand ils seront grands alors que, dans de nombreux autres endroits sur terre, ils apprennent très jeunes qu'ils devront suivre la voie tracée pour eux : le travail auquel la famille se consacre depuis des générations et, dans le meilleur des cas, une épouse ou un mari librement choisi. Trop d'enfants à qui j'ai posé la question, au cours de ce voyage et de ceux qui suivront, ne prennent même pas la peine de rêver. Rencontrer cette jeune fille capable d'affirmer qu'elle pourrait être pilote d'avion est un vrai bonheur.

Safia reprend soudain, très excitée : « Mais surtout, nous, on aime danser. Regarde ! » Et les voilà lancées dans une chorégraphie endiablée où je me retrouve bien vite entraînée. Nos danses et nos rires accompagnent les rayons du soleil couchant, puis Florence accueille toute la petite troupe affamée autour de son brasero pour nous offrir les derniers samossas de sa journée. En mangeant, je regarde ces filles encore toutes joyeuses de leur après-midi. Je n'avais pas rencontré une telle simplicité, une telle aisance depuis mon départ en Afrique de l'Est.

24

Kampala

Je retrouverai la même gaieté enthousiaste chez la plupart des personnes qui croiseront ma route en Ouganda. Y compris à Kampala, la capitale surpeuplée où j'arrive le lendemain. Avant de me lancer à la découverte de la ville, je m'installe au Red Lodge, un camping-auberge de jeunesse pour routards, bon marché. Je sais déjà que je passerai quelques jours dans la capitale. J'espère ici rencontrer des boxeuses dont j'ai entendu parler – une exception dans ce pays où les femmes sont peu invitées à faire du sport –, mais surtout retrouver la trace d'une organisation gay, aujourd'hui démantelée à cause de la criminalisation de l'homosexualité. Et puis, il me faut aussi changer l'embrayage : les montées de côtes deviennent épiques avec des pointes à soixante-dix kilomètres à l'heure maximum. Kampala compte trop d'embouteillages pour que je puisse prendre mon élan à chaque fois !

En clair, trois missions : trouver des personnes qui cherchent à se cacher, dénicher un club de boxe sans avoir la moindre idée de l'endroit où il se trouve, et me faire envoyer une pièce mécanique depuis la France dans un pays qui perd 40 % de ses colis. Une partie de plaisir. Je dois aimer les défis. Je m'installe donc au mieux dans mon camping et, entre mes allers et retours chez DHL et mes multiples recherches, je commence à prendre mes petites habitudes, comme mes visites à un petit marchand de fruits dont l'étal regorge d'ananas, de bananes et d'énormes avocats à la texture crémeuse.

Mais surtout, au petit déjeuner et pour le dîner, je vais systématiquement acheter des *rolex (rolled eggs)*, toujours chez le même vendeur. J'aime beaucoup la nourriture de rue, préparée au jour le jour. Le cuisinier ne fait qu'un plat, mais le fait bien : du maïs grillé, des brochettes de chèvre, de l'igname… Tout cela est délicieux mais moi, mon péché mignon ici, c'est donc le *rolex* : un chapati, c'est-à-dire une galette de pain cuite sur une plaque bien huilée, avec un œuf à l'intérieur. Le tout est roulé et fourré dans un sac plastique. J'adore la texture un peu élastique de la galette, l'omelette relevée d'un oignon, le gras salé qui s'écoule dans le fond du sac tandis que j'essaie de ne pas m'en mettre partout en contemplant le spectacle animé de la rue. Pour peu que j'aie en plus un avocat et un Coca, je suis heureuse pour la journée.

Je ne suis pas la seule à être une habituée de ce cuisinier aux mains expertes qui manipule ces *rolex* toute la journée : je croise tous les jours Justin, qui vit à deux pas. Lorsqu'il se décide à m'aborder, ce n'est cependant pas pour discuter gastronomie mais pour me parler de moto, sa passion. Il veut en acheter une coûte que coûte, après avoir réussi dans ses études ou en devenant boda-boda s'il échoue. En attendant, il me demande de le photographier sur Lucy et, pendant quinze minutes, il prend de multiples poses, comme pour un shooting de mode. Ses sœurs, Faith et Eden, viennent jeter un coup d'œil à la scène. Elles sont écroulées de rire mais grimpent finalement sur la moto à leur tour.

Nous parlons de tout et de rien jusqu'à ce qu'Eden s'exclame : « Mais demain c'est Pâques ! Tu ne seras pas avec ta famille ? Alors tu viens à la maison. On va tuer la poule, il y aura tout le monde. » Justin et Faith approuvent sans hésiter : on ne doit pas être seul le jour de Pâques. J'accepte à la condition de pouvoir aider à la cuisine et préparer la poule avec elles.

Le lendemain matin, tout est calme dans la ville. Les magasins sont fermés, et les gens que je croise se sont tous faits très élégants pour aller à l'église. Les femmes ont revêtu leurs plus beaux *gomesi*, des robes longues traditionnelles aux hautes manches bouffantes, très colorées, qui se portent avec une large ceinture de tissu uni nouée sur le devant. Les hommes sont en costume, leurs chaussures soigneusement cirées. Je commence à me demander si ma tenue est appropriée à cette invitation. Décidément, il faudrait que j'aie un habit de gala de la taille d'un mouchoir de poche, infroissable et qui puisse faire mariages, rencontres officielles, bar-mitsvas et enterrements. Toutefois, lorsque j'arrive chez Justin, ses sœurs me mettent tout de suite à l'aise. Ici, pas de chichi, je peux être en tongs et en T-shirt.

La cour de trente mètres carrés en terre battue sert de salon, de cuisine, et de lingerie. Quelques poules picorent dans un coin, le linge est étendu, un enfant joue par terre avec des bouts de bois. Ils vivent à six entre cette cour et la maison de vingt mètres carrés divisée en deux : une chambre, et un atelier pour le père de Justin. Il est couturier et je le trouve attelé à sa machine à coudre devant une pile d'uniformes scolaires. Il est en retard : tant pis pour la messe, le Seigneur comprendra et sa femme est allée à l'église à sa place.

Dans un coin, attachées les unes aux autres, trois poules attendent d'être tuées. Justin me tend un couteau qu'il vient d'aiguiser à coup de briques ; je décline en espérant qu'il saura faire cela rapidement. Deux cousins arrivent au même moment et, sans hésitation, s'occupent de la chose en se racontant les derniers ragots du quartier ; les deux filles, quant à elles, me montrent comment plumer les volatiles.

Faith a dix-huit ans, un petit garçon d'un an, et elle est déjà enceinte d'un deuxième enfant. Elle ne travaille pas, son amoureux non plus, mais elle a l'air d'être assez détendue et peu pressée de s'installer avec lui. Être fille mère semble relativement accepté par la famille.

Ne sachant pas quoi apporter à mes hôtes, j'ai acheté du chocolat dans un supermarché où vont tous les expats de la ville. Eden me regarde, interdite. Du chocolat ? Je lui explique que c'est une tradition chez moi, une histoire de cloches et de lapins. Elle me regarde dubitative, mais ravie. Elle n'en a encore jamais mangé.

Après que les plats sont mis à mijoter, les cousins se mettent à chanter et à jouer de la musique. Toute la journée, des membres de la famille ou du voisinage passent et saluent. Quand la mère de Justin revient dans son *gomesi* violet le père nous rejoint à son tour et toute la famille s'installe à terre pour le repas. Je me retrouve à côté d'Eden, qui me demande soudain si j'accepterais de l'emmener là où je loge, pour qu'elle voie comment c'est et rencontre surtout d'autres étrangers. J'accepte sans hésiter et, dans un cri d'hystérie, elle file avec sa sœur dans la chambre.

Une heure plus tard, elle en ressort pomponnée, maquillée, parfumée. Elle porte désormais de jolies ballerines et son pagne en tissu s'est transformé en minijupe. Ce n'est peut-être pas que pour parfaire son anglais qu'elle désire rencontrer des étrangers… Mais je m'inquiète surtout de la façon dont je vais pouvoir la transporter sur ma moto, ainsi habillée. Pas de problème : elle se met en amazone et « Hue Mélu » ! Le Red Lodge où nous arrivons, l'auberge de jeunesse la moins chère de Kampala où je me suis installée, n'est pas tout à fait l'endroit qu'elle avait imaginé. Difficile d'y dénicher le prince charmant exotique qui l'emmènera dans un ailleurs à paillettes. Les jeunes qui sont là sont plutôt de la main-d'œuvre un peu prépubère d'ONG ou des touristes économes, acceptant les dortoirs et les sanitaires collectifs, obsédés par leurs aventures. Elle est déçue. Mais avisant le bar, elle me prend le bras, et nous nous retrouvons rapidement devant les deux mojitos qu'elle a commandés sans hésiter, comme une habituée des lieux. Nous terminons la soirée à déblatérer sur les hommes qui, décidément, ne sont plus ce qu'ils étaient.

Sympathique, mais cela ne fait pas avancer mes recherches. En cinq jours, je n'ai guère fait de progrès. Aucune piste pour la communauté LGBT, qui semble vraiment avoir effacé toutes ses traces – ce qui en dit long sur la répression qu'elle doit subir –, et pas de nouvelles non plus de mon embrayage. Heureusement, j'ai un peu avancé sur le chapitre des boxeuses.

25

Se battre pour se libérer

L'idée que des femmes puissent boxer apparaît comme une sorte de légende urbaine. Certains me confirment que oui, elles existent, mais personne n'est capable de me donner de nom, ou de lieu où je puisse les trouver. Ma visite à la Fédération nationale de boxe n'est pas plus fructueuse : je me retrouve face à quatre hommes bedonnants, avachis, qui semblent plus intéressés par l'idée que la production française de mes films, sûrement très riche, pourrait les aider à construire un nouveau ring de compétition que par cette histoire de boxeuses. Dont ils ont malgré tout eux aussi entendu parler – l'un d'eux en a même connu une mais qui ne pratique plus. Je repars bredouille.

La chance finit par tourner dans la station-service voisine de la fédération. Pendant que je fais le plein, un jeune homme enthousiaste m'aborde pour admirer Lucy. Lorsque je lui raconte ce que je suis venue faire ici, il me répond qu'il est boxeur lui-même, et qu'il sait exactement où m'emmener. Sans attendre, il saute sur un boda-boda en me faisant signe de le suivre, et je me retrouve à zigzaguer dans la circulation de Kampala. Les motos locales sont trois fois plus petites que ma

Tiger, le pilote connaît la ville comme sa poche : je dois me concentrer pour ne pas perdre sa trace. Jamais je n'avais vu une telle densité de véhicules, de marchands, de marcheurs dans un espace aussi réduit : la ville semble n'être qu'un immense marché où s'entremêle tout ce qui peut se vendre, accroché aux maisons, posé au sol, dans un mélange d'odeurs, de couleurs et de bruits indescriptible.

Nous sortons du centre embouteillé pour entrer dans une sorte de banlieue plus pauvre, aux rues moins encombrées de véhicules, jusqu'à nous arrêter devant une ruelle qui s'enfonce entre des bâtiments affalés les uns sur les autres dont les planches semblent avoir été clouées à la va-vite. Hugo, mon guide, me recommande de laisser Lucy là : les rues de ce quartier ne sont pas accessibles à une moto aussi grosse que la mienne. J'hésite un peu, mais je lui donne raison dès nos premiers mètres. Le sol est fuyant, boueux, le moindre espace est occupé, sans nulle place où garer un véhicule. Je n'ai pas le temps d'observer plus longuement les lieux : nous nous engouffrons dans une cour de cinquante mètres carrés couverte en partie par une tôle ondulée que retiennent des planches de bois pourries. Par terre, des pneus usagés servent de banc ou d'outil d'entraînement. Dans un coin, un homme tape vivement sur un sac de sable suspendu à une poutre de fortune, derrière un mur de briques défoncé où une pancarte peinte en couleurs vives annonce : « Rhino Boxing Club ».

Plusieurs baraques se partagent l'espace. Des enfants jouent sur les côtés, une femme fait la lessive dans une bassine, des vêtements et des draps sèchent sur des fils, une femme en coiffe une autre assise sur un tabouret, des poules picorent la poussière à la recherche de grains oubliés. Et, au milieu de ce petit monde, une poignée de boxeurs s'entraînent, imperturbables. J'aime immédiatement cette atmosphère, les tintements de la chaîne qui retient le sac, le bruit des coups, les cris, les souffles de l'effort, l'odeur de la transpiration. Modeh, l'entraîneur qui possède les lieux, mène à la baguette un groupe d'une dizaine de personnes parmi lesquelles se trouvent quatre filles. Hugo, après avoir salué Modeh d'un check du poing, me les désigne, un large sourire aux lèvres. Je suis au bon endroit.

Pas le temps de faire des politesses : nous nous installons dans un coin pour ne pas déranger. J'ai fait de la boxe thaï quand j'étais plus jeune, et je comprends tout de suite que l'entraînement est sérieux. Cut, uppercut, direct du droit, attaque : il ne s'agit pas ici de loisir, mais d'exutoire, de porte de sortie. Chaque coup, chaque geste de ces garçons et filles montre combien ils en sont conscients. Les conditions sont rustiques. Le sol est gondolé, rien n'est prévu pour faire des abdos, les boxeurs portent joggings et baskets de fortune et aucun n'a de protection. Je ne vois pas de vestiaire, encore moins de douche et, plus inquiétant, aucune gourde ou bouteille d'eau. Personne ne s'arrêtera pour boire durant les heures d'entraînement auxquelles j'assisterai.

À la fin de la séance, les filles viennent me saluer, mais la discussion s'arrête là : elles ne parlent que le luganda et doivent très vite partir travailler. Modeh, qui lui non plus ne parle pas anglais, m'emmène chez Maria, une directrice d'école primaire, pour qu'elle lui serve d'interprète. En sortant de la cour, je réalise ce dont je n'avais pas encore pris conscience mais que chaque baraque, chaque rue, chaque amas de déchets raconte : nous sommes dans Katanga, le plus grand bidonville de Kampala, où s'entassent plus d'un million de personnes sur un peu plus d'un kilomètre carré et demi.

Maria a cinquante ans, et m'accueille avec chaleur. Elle est payée par une ONG danoise pour s'occuper de l'école mais fait également office de Planning familial, et de relais pour tout ce qui peut aider la communauté de Katanga. Elle a l'air très aimée, ici. J'explique ma quête et, très gentiment, Modeh me propose de revenir le lendemain, avant l'entraînement, cette fois, afin que j'aie le temps de parler avec les filles et que je filme toute la session.

Le lendemain, j'arrive très en avance et bien équipée. Maria et Modeh sont là, les filles nous disent bonjour, embrassent Maria qui leur explique la raison de ma présence. Elles hochent la tête et se lancent sans attendre dans leur entraînement, avec la même énergie que la veille. Je filme comme je peux, entre les poules et les enfants.

À la fin de la séance, Hélène vient me trouver. C'est une grande et puissante fille d'une vingtaine d'années, aux cheveux nattés et assemblés en chignon. Elle fréquente le club depuis plusieurs années. Elle a été la première à y venir, suivie par sa sœur Diana. Elle a appris que j'étais à moto et voudrait voir Lucy. Toutes les filles nous suivent et s'extasient en découvrant mon engin. Elles montent dessus, lui tournent autour en rigolant et la plus téméraire, Maureen, me demande si elle peut la démarrer. Elle a la finesse d'une danseuse mais possède la force d'une boxeuse bien trempée et la moto hurle dans les tours lorsqu'elle pousse « doucement » la manette d'accélération. Nous en rions ; la moto est adoptée, et moi aussi.

Cependant, comme la veille, les filles doivent aller travailler. Impensable d'arriver une minute en retard : elles partent en courant. Elles m'ont tout de même promis que l'entraînement du lendemain serait plus court et qu'elles auraient du temps à m'accorder. Je reprends donc le lendemain le chemin de Katanga et continue de filmer. Je suis presque déjà une habituée des lieux, et plus personne ne se pose de question sur ma présence. J'ose cette fois enfiler les gants pour échanger quelques rounds avec les filles qui frappent avec précision et fermeté. Mes propres cours sont loin, mais je suis capable de voir qu'elles retiennent largement leurs coups. Heureusement ! Car Hélène n'aurait pas beaucoup d'effort à faire pour me mettre au tapis. Mais ma présence sur leur ring fait son effet : je gagne leur respect. À la fin, c'est à nouveau Hélène qui vient vers moi pour me dire, traduite par Maria : « Je peux t'emmener chez moi, si tu veux. »

Un goûter de *rolex* dans la cour du club et nous nous enfonçons ensuite en groupe au cœur du plus grand bidonville de Kampala, leur territoire. Tout le monde est là pour me servir d'escorte : Hélène, Diana, Maria, Modeh, Afiya, Maureen et Hugo. Je les suis dans les étroites ruelles boueuses de Katanga, où des passerelles branlantes enjambent des fleuves d'ordures. Nous passons sous les fils à linge, évitons quelques audacieux boda-boda chargés à bloc, traversons les cours qui font office de cuisines. Je découvre une seconde ville, labyrinthique, avec ses coiffeurs, ses stands de nourriture, ses vendeurs de fruits à la sauvette, ses mini-épiceries, où tout le monde vit dehors, comme il peut. Nous arrivons chez Maureen, qui vit dans six mètres carrés avec ses deux filles de trois et un an. Il y a tout juste la place pour un matelas et un réchaud par terre, seules Maria et moi pouvons entrer. Des sacs sont accrochés un peu partout en hauteur. Je lui demande si le père de ses filles vit avec elles.

« Oh, tu sais, elles n'ont pas le même père. Et les deux sont partis. Une voisine garde mes filles quand je pars boxer ou travailler. Mais ce sont des filles alors, bien sûr, j'aimerais un garçon.

— Un garçon ?

— Oui, c'est mieux : il en faut au moins un pour ramener un peu d'argent. Mes filles, elles, partiront dès qu'elles auront l'âge de se trouver un mari. »

Je n'ose lui demander à quel âge cela correspond.

« Et tu vas essayer d'avoir un garçon, c'est compatible avec la boxe ?

— J'arrêterai le temps qu'il faut et je reprendrai. Mais c'est ce que j'aimerais. »

Je considère cette pièce grise et sans fenêtre où s'ébattent en riant les deux petites, et Maria, qui a tout traduit, me regarde avec douceur : « Chacun a ses propres rêves, même si cela nous paraît loin de ce que nous souhaiterions pour lui ou pour nous. »

Nous entrons juste à côté, chez Afiya, la dernière à avoir intégré l'équipe de boxe. Elle vit dans une cahute sans fenêtre de douze mètres carrés avec sa famille. Des lits pour les six membres, une télévision qui diffuse en grésillant des images d'un autre monde, une poule qui se balade dans la pièce. Dehors, de quoi cuisiner. Afiya est installée avec sa mère qui est très contente, dit-elle, que sa fille ait commencé la boxe : cela lui permettra de se défendre. Mais je remarque surtout ce qui manque dans ce logis : une salle de bains et des W.-C.

« Où sont les toilettes ?

— Ici, il n'y en a pas, répond Afiya, il y a des toilettes publiques pour le quartier.

— Elles sont loin d'ici ?

— Assez. Mais je n'y vais pas souvent. C'est trop cher.

— Trop cher ?

— Oui. Il faut payer à chaque fois que l'on veut s'y rendre. Pour nous, c'est impossible. On n'a pas de quoi. »

Je suis abasourdie.

« On essaie de ne pas trop boire. Et on va dans les caniveaux ou le ruisseau, c'est gratuit. On fait en sorte de n'y aller que la nuit et de ne pas se faire voir. Sinon tu vois… »

C'est sa mère qui complète la phrase. « Il y a les hommes, tu comprends ? »

Cela me désole. Payer pour uriner. Devoir se cacher pour ne pas se faire agresser sexuellement. L'accès à des toilettes sûres devrait être un droit pour chaque être humain, comme pouvoir manger, boire et dormir.

« Et pour l'eau ?

— Pour l'eau il y a des pompes, et ça c'est gratuit. Mais il faut y aller tous les jours. J'aide beaucoup ma mère pour ça. »

Je continue, perplexe : « Mais si tu es malade et que tu as la diarrhée ? » Elle regarde sa mère en riant. « Oh, peut-être que tu as un prix à la journée. »

Mes questions très pragmatiques leur semblent triviales. Cette situation, c'est la seule qu'elles connaissent : elles ne songent pas à s'en indigner.

Nous terminons notre « visite » chez Hélène et Diana. Elles vivent dans un étroit logis dont la pièce principale contient toute une série de lits superposés. Il y a, dans les coins, des bidons et des bassines, un réchaud, un téléviseur, unique fenêtre vers l'extérieur. « Nous sommes vingt-deux personnes à vivre ici, me dit Hélène. Mes frères et sœurs, mes parents, mes oncles et tantes, mes cousins et cousines. » Vingt-deux personnes, dans de telles conditions d'insalubrité, dans une telle misère et une telle promiscuité : je peine un peu à me représenter la chose. Mais le temps presse déjà. Les deux sœurs vont devoir aller travailler et j'ai tant de questions à leur poser.

« Comment est-ce que vous vous êtes mises à la boxe ?

— On vivait dans un village et j'ai toujours été assez forte, répond Hélène Je me sentais bien, je n'avais pas peur des garçons. Mais nous avons déménagé ici. » Elle marque une pause. « Je suis tombée sur un type qui m'a tabassée et laissée pour morte. »

Hélène ne s'étend pas plus sur l'agression, mais je sens qu'elle aurait beaucoup à dire.

« Quand je me suis sentie un peu mieux, j'ai décidé que cela ne m'arriverait plus jamais. J'étais prête à me battre pour ça. J'ai commencé à m'entraîner dans l'idée de prendre ma revanche sur cet homme. De le retrouver quand je serais assez forte, pour lui casser la figure. Je suis arrivée au Rhino, j'ai commencé à suivre l'entraînement de Modeh… Ç'a été dur, au début les hommes se moquaient de moi, mais peu à peu ils ont commencé à me respecter. Un an plus tard, j'ai retrouvé le type en question, je l'ai coincé dans un coin, je lui ai dit : “Tu te souviens ? Tu m'as agressée il y a un an.” La foule autour était scandalisée, les gens lui criaient : “Tu devrais avoir honte, tu as tapé une fille !” Mais j'ai réalisé à ce moment-là que j'étais plus forte que lui. Je n'avais plus besoin de me venger, je n'avais plus peur. Je l'ai laissé partir. »

Sa sœur, la discrète Diana, acquiesce et ajoute : « La boxe, ça donne confiance en soi, et en tout ce que l'on fait. C'est essentiel. Mais c'est aussi une manière de sortir du bidonville, si on gagne des combats. Les études sont très chères, ici. J'ai pu faire une première année de formation pour être infirmière grâce à une ONG mais je ne peux pas payer la suite. C'est 3 000 dollars l'année. »

Je m'étrangle en pensant aux 150 euros que je paie pour ma fac en France.

Modeh nous a rejointes et, depuis le début, suit discrètement la conversation. Sa voix tremble un peu lorsqu'il prend la parole à son tour, pour parler de ses élèves. « Lorsque j'ai vu arriver Hélène, j'ai cru que ce ne serait que pour une fois, juste un entraînement, dit-il. Et puis elle est revenue, encore et encore et encore. Et j'ai su qu'elle continuerait. Qu'elle pouvait faire exactement comme les hommes, être aussi forte qu'eux. »

Les femmes qui pratiquent la boxe sont très peu nombreuses en Ouganda : une dizaine dans le pays, tout au plus. Mais cela ne pose aucun problème aux hommes qui s'entraînent au Rhino avec Diana et Hélène. Ils boxent ensemble, transpirent ensemble, veillent les uns sur les autres sans faire entre eux de distinction. « Elles sont devenues ma famille, ajoute Modeh. Enfin, non, plus que ça. Elles sont mon sang. »

Je pose alors la fameuse question que j'hésitais presque à formuler après avoir constaté les conditions de vie qui étaient les leurs.

« Qu'est-ce que c'est, pour vous, la liberté ?

— La liberté, c'est pouvoir faire ce que je veux, répond Hélène. Pouvoir sortir, sans crainte d'être agressée. C'est ne pas avoir peur. »

Sa sœur reprend en regardant au loin : « La liberté, pour moi, ce n'est pas de pouvoir faire tout ce qu'on veut, mais de faire ce qui est juste. C'est une immense responsabilité d'être libre. Et je veux faire de cela quelque chose qui serve aux autres. »

Je reste sans voix devant la maturité et le courage des deux sœurs. L'une et l'autre rêvent de devenir des championnes du monde. Pour gagner de l'argent, représenter leur pays et aider leur famille, subvenir surtout aux besoins de leur mère, qui assiste à la rencontre, elle aussi, mais qui se tient dans un coin de l'unique pièce sans trop oser approcher.

« Je voudrais prouver à l'Ouganda tout entier que c'est possible, ajoute Hélène, que les femmes sont capables de grandes choses. Faire changer les mentalités. »

Cette rencontre restera parmi mes souvenirs les plus forts, et les plus déterminants. Cette sagesse du bidonville m'apparaît déjà comme une réponse essentielle à mon questionnement sur la liberté. Vivre comme on l'entend, sans avoir peur, mais en prenant ses responsabilités, en tenant compte des conséquences de ses actes, sans faire de mal. En quittant Kampala, je suis plus que jamais convaincue d'avoir un devoir envers les personnes que je rencontre et qui me donnent de leur temps, qui acceptent de se livrer, qui me racontent leur vie. Ma tâche n'est peut-être que celle-là, elle est modeste mais bien réelle : faire connaître ces existences et ce courage. Pour qu'ils puissent inspirer les autres.

26

Murchison Falls

Le lendemain, bonne surprise : mon embrayage est enfin arrivé. Je le déballe, excitée, pour me retrouver devant dix disques qui semblent identiques et qu'il me faut pourtant monter exactement dans le bon ordre et le bon sens. J'ai heureusement rencontré un motard anglais expatrié, Mike, qui met à ma disposition un espace équipé et un peu de son temps pour m'aider. Je tiens à mener moi-même l'opération. Avec son aide et celle des tutos en ligne, je finis par y parvenir. Je suis même heureuse de pouvoir récupérer l'huile usagée qui a trop souvent tendance ici à finir dans le caniveau. En fin de journée, j'ai malgré tout une appréhension en passant le premier rapport de mon nouvel embrayage. Mais tout se passe bien. À moi les montagnes et les côtes ! Ma moto est comme neuve.

Je n'ai reçu aucune réponse de la communauté LGBT, mais c'est un mal pour un bien : je peux enfin quitter l'univers citadin de Kampala pour aller découvrir le pays et je prends immédiatement la direction du nord et d'une de ses merveilles, le parc national des Murchison Falls.

Les parcs sont les seuls endroits où l'observation de la faune est encore possible en Afrique – ailleurs, les animaux se changent en viande de brousse – et il est possible d'y circuler à moto seul, sans guide. Une liberté étonnante, unique. Après le paiement des droits, j'entre dans cet immense parc, mélange de savane et de forêts. Aux chutes Murchison, le Nil blanc, dont le débit à cet endroit atteint trois cents mètres cubes d'eau par seconde, s'engouffre dans un goulet de dix mètres de large seulement, pour chuter de quarante-trois mètres de haut. Le spectacle est époustouflant.

Mais les habitants du parc me fascinent plus encore. Ici vivent en liberté des hippopotames et des crocodiles, des girafes et des éléphants, des lions et des rhinocéros, ces bêtes que tout le monde a rêvé un jour de pouvoir observer dans leur habitat naturel. Je roule au milieu des antilopes qui gambadent, des troupeaux de buffles qui broutent tranquillement. Parmi tous ces animaux qui se côtoient, j'ai le sentiment d'être un animal de plus sur une monture d'acier, inoffensive pourvu qu'elle ne s'approche pas trop. C'est beau, c'est émouvant, c'est excitant.

Une famille de phacochères passe en couinant et m'oblige à freiner – oui, la piste est à tout le monde. Au détour d'un bosquet, je me trouve soudain face à un éléphant. Il est au milieu de la piste qu'il est en train de traverser. J'en reste bouche bée et m'arrête, le cœur battant, bouleversée de voir de si près un animal si extraordinaire. Mais l'éléphant interrompt sa marche, s'immobilise et se tourne lentement vers moi. Je suis cette fois pétrifiée de peur, et les secondes qui suivent me semblent des heures. À l'entrée, on ne m'a fait aucune recommandation. Que faire, s'il menace de charger ? Est-ce que le mouvement de ses oreilles signifie quelque chose ? Dois-je rester immobile, et éviter de lui tourner le dos ? Dois-je klaxonner, au risque de lui faire peur et de le fâcher pour de bon ? Je n'en ai pas la moindre idée, je sais seulement que je serais en très, très mauvaise posture s'il décidait de m'attaquer. Ce face-à-face où nous nous jaugeons est interminable. Je décide de couper le moteur. Il hoche la tête en secouant ses grandes oreilles et finit par s'éloigner, lentement, son héron garde-bœuf toujours sur le dos.

Une chose aussi insignifiante que moi ne représentait sans doute pas une menace pour lui. Quel soulagement de le voir s'éloigner, et quelle merveille de le voir s'ébrouer librement, si proche de moi ! J'aimerais qu'il puisse le faire partout, qu'il n'y ait plus de braconniers ni d'acheteurs d'ivoire. Que plus personne n'ait besoin de tuer pour se sentir puissant… Je rêve de réserves protégées qui feraient la taille du monde.

Je reprends ma visite, toujours enchantée mais plus attentive. Je ne suis qu'invitée dans ce territoire où règnent les animaux sauvages : je mesure mon privilège, mais c'est à moi de faire attention. Je suis perdue dans la contemplation béate d'un groupe de girafes avec leur petit girafon lorsqu'une Jeep de gardiens s'arrête à mon niveau. « Il y a un lion dans les parages, me disent-ils, il faudrait que vous restiez bien dans votre véhicule. » Ils repartent aussitôt. Je ne crois pas faire partie des plats préférés des fauves, mais, en effet, je vais demeurer « dans » ma moto. Je doute cependant qu'elle soit d'une grande protection si un lion très décidé voulait m'attaquer. Je scrute les hautes herbes roussies par le soleil. Passe un troupeau de gracieux impalas : ils feront un meilleur dîner que moi.

Le soir, je m'installe dans l'un des camps qui surplombent le Nil. J'ai à peine terminé qu'un orage éclate. Depuis une cahute toute proche, une jeune femme me fait signe de venir m'abriter. Stella cuisine pour les touristes. C'est une jeune fille aux longs cheveux soigneusement défrisés et aux jambes interminables, très élégante dans son étroite jupe beige et sa veste noire. Une tenue étonnamment chic pour l'endroit. Elle éclate d'un rire communicatif qui semble être son mode d'expression quand je l'interroge :

« J'adore m'habiller. Je ne vois pas pourquoi je devrais porter une vieille chemise pour travailler ! » Cela fait plaisir à voir et à entendre. J'en profite pour en avoir le cœur net à propos d'une loi dont j'ai entendu parler, qui interdit les minijupes non conformes aux mœurs. De la même manière qu'elle a éclaté de rire, elle est soudain furibonde. « Qui sont-ils pour juger la manière dont je m'habille, dont je me sens bien ? C'est à changer de président qu'ils devraient penser, pas à mes cuisses ! »

Elle parle, sans cesser de préparer le repas, la spatule levée comme une menace contre ces hommes qui ont décidé pour elle ce qu'elle peut porter.

« En plus, leurs arguments sont tellement stupides ! Ils disent : “La minijupe vient d'Occident, c'est péché.” Très bien. Et les jeans que portent les mecs qui te disent ça, ils ne viennent pas d'Occident, eux ? Et lorsqu'un homme viole une fillette, c'est encore la minijupe qu'il faut accuser ? C'est n'importe quoi ! Mais plutôt que de s'occuper de punir les hommes, le gouvernement a fait passer sa loi "anti-pornographique". Tu connais ? »

Elle n'attend pas ma réponse et continue, toujours indignée :

« Elle dit que tu ne dois pas te promener nu, ça c'est normal ! Mais elle condamne aussi les attitudes et les vêtements "susceptibles de créer de l'excitation", donc la minijupe. Voilà. C'est quoi, hein, une "attitude susceptible de créer l'excitation" ? »

Elle s'apaise soudainement dans un nouveau rire qui balaie en un instant sa colère.

« Moi je fais quand même ce que je veux, hein. J'aime m'habiller, j'aime cuisiner, alors je fais les deux. Tu as déjà goûté au *pocho* ? »

Un peu désarmée par ce soudain changement de sujet, je la regarde préparer son plat, une sorte d'émulsion de farine de maïs formant une pâte blanche un peu gluante dans un faitout aussi noir que du charbon, sur un feu minuscule. Lorsque, plus jeune, j'étais allée au Togo pour une mission humanitaire, les cuisinières nous avaient proposé « la pâte », comme on l'appelait là-bas, nous précisant qu'une femme bonne à marier devait savoir la faire. Je ne devais pas avoir très envie d'un mari : je n'avais pas pris la peine de suivre de très près la préparation.

Stella se moque bien, elle aussi, de trouver un époux et nous papotons dans l'intimité de la cuisine, dans ce lieu où les femmes philosophent et se confient, en répétant ensemble des gestes ancestraux. Elle me parle aussi de ses rêves, en me montrant sa vieille casserole brûlée.

« Tu te rends compte que ça vient de Chine ? Que toutes les casseroles viennent de là-bas ? J'aimerais vraiment voir l'usine où ils les fabriquent. Mais je voudrais aussi aller aux États-Unis.

— Pour voir comment on fait les jeans ? je lui rétorque en riant.

— Non ! » Elle roule des yeux. « Moi, je rêve de découvrir la démocratie. En vrai, en grand. Là-bas, le président n'a droit qu'à deux mandats. Tu te rends compte ? Alors qu'ici il peut se faire élire encore et encore et encore, jusqu'à ce qu'il en ait assez. » Elle poursuit, songeuse. « En Ouganda, les gens ont peur. Le gouvernement est corrompu, et dangereux. Mais les gens devraient avoir la force de s'unir, de se battre pour leur liberté, de comprendre qu'ils ne sont pas là pour souffrir, mais pour construire leur avenir. »

Et une fois encore, elle éclate de son rire large, contagieux puis, avec un regard gourmand, me tend la cuillère pleine de *pocho* pour que je goûte le plat. Je suis surprise, c'est bien meilleur que dans mes souvenirs. La magie de Stella, sans doute. Mais la pluie s'arrête comme elle est venue. Les touristes arrivent, affamés, et Stella me quitte pour s'occuper d'eux.

Je m'installe à côté, sous le porche qui surplombe le Nil et, tandis que la nuit tombe, je contemple longuement le fleuve, imaginant son parcours de près de six mille kilomètres jusqu'à l'estuaire d'Alexandrie. Le cycle magique de l'eau. Il y a quelque chose d'apaisant dans ce mouvement perpétuel.

Une fois la nuit bien installée, j'allume mon ordinateur pour faire les copies des images du jour lorsque je constate qu'un WIFI sporadique est accessible. Je prends le temps de regarder mes mails. Le premier d'entre eux me semble bizarre, son adresse ressemble à celle d'un spam. Mais l'objet contient mon prénom, chose rare. J'ouvre. L'écriture est difficile, le message sibyllin. Mais ce n'est pas un spam. Le message vient d'un certain Frank – sans doute un faux nom – qui me dit s'être occupé à Kampala d'une association LGBT. Il a mis longtemps à me contacter car il voulait s'assurer que j'étais sincère. Pour une fois, Facebook est utile : il a pu aller sur mon profil et voir mes expéditions, et cela semble l'avoir convaincu : il me propose un rendez-vous dans un lieu excentré de Kampala, suffisamment discret pour y parler tranquillement. Le rendez-vous est pour dans deux jours, à 14 heures.

Je m'endors apaisée, bercée par le ronronnement du Nil qui s'écoule et les grognements des groupes d'hippopotames qui s'ébattent dans l'eau. Un barrissement résonne au loin. Je ressens une telle émotion que je voudrais ne pas repartir. Mais je n'ai pas le droit de rater ce rendez-vous tombé du ciel avec Frank, je sais les risques qu'il a pris en me contactant.

27

Frank

Deux jours plus tard, je roule à nouveau en banlieue de Kampala. Le rendez-vous a été fixé dans une rue peu fréquentée, où un homme semble me guetter. Je suis assez reconnaissable avec Lucy. Il s'approche en me demandant tout de même si je suis bien Mélusine, m'apprend qu'il s'appelle Joachim et me dit d'attendre là. Il appelle alors quelqu'un au téléphone, et me fait signe d'être patiente. Décidément, la sécurité est sans faille. Je me demande sur qui je vais tomber. Quelques minutes plus tard arrive un homme d'une trentaine d'années, très souriant, qui s'approche de moi l'air ravi. Il me salue avec effusion, admire la moto, et me propose d'aller boire un Coca un peu plus loin. Je viens de rencontrer Frank.

Frank avait créé une association, qui faisait aussi office de centre d'accueil, pour défendre les droits des homosexuels. Leurs locaux ont été fermés et lui-même menacé. Mais il tente de poursuivre cette activité comme il le peut, en sous-marin.

Il se montre jovial et blagueur mais reste tout de même vigilant : les voisins ont beau être relativement tolérants, nous n'avons pas intérêt à nous faire trop remarquer. La moto attire déjà les badauds et Frank me conduit, loin des oreilles indiscrètes, dans une sorte de bâtiment en cours de construction. Il accepte d'être enregistré, mais ne m'autorise à filmer que ses mains. Il me précise aussi qu'il ne m'a pas donné sa véritable identité. Je sens bien, pourtant, qu'il est heureux de pouvoir parler tranquillement, sereinement. De parler tout simplement de ce qu'il est, sans craindre d'être dénoncé ou jugé pour cela.

Avec des mots choisis, comme pour ne pas me heurter, il essaie de m'expliquer ce que subissent les homosexuels dans ce pays où le rôle de l'homme et sa virilité sont si importants. Il est impossible ici de vivre une histoire d'amour avec une personne du même sexe : l'homosexualité est socialement inacceptable et légalement interdite. Avant même que les lois se durcissent, en 2014, beaucoup d'homosexuels avaient une existence scindée en deux. D'un côté, une vie répondant aux codes de la société, avec une épouse et des enfants, et de l'autre, l'espace des rencontres furtives avec des partenaires du même sexe. Celles-ci sont devenues illégales et très dangereuses : les homosexuels « récidivistes » encourent désormais la prison à vie.

Refuser cette vie dans l'ombre signifierait choisir l'exil, devoir quitter son pays et ses proches. Comment accepter cela ? Frank lui-même a fondé une famille. Il puise dans la présence de ses enfants sa force et son courage. Mais, même ainsi, il vit la peur au ventre, dans la crainte permanente d'une dénonciation.

« L'homosexualité est tellement stigmatisée qu'il suffit aujourd'hui de dire qu'une personne est gay pour détruire définitivement sa carrière. C'est devenu un excellent moyen de se débarrasser d'une personne que l'on n'apprécie pas, m'explique-t-il. Les hommes politiques ont d'ailleurs très peur de cette accusation. Tous les membres de l'opposition – du moins les rares personnes qui osent se définir comme telles dans ce pays – craignent le jour où quelqu'un les pointera du doigt en disant : “Il est gay.” »

Je lui demande pourquoi il existe une telle stigmatisation dans son pays. Il me répond sans hésiter :

« La religion. L'extrémisme religieux est en train de prendre un pouvoir énorme dans le pays, et impose une vision de plus en plus rigoriste. Pour les catholiques intégristes, il y a le diable, les démons, et, juste après eux, les homosexuels. Ils demandaient pour nous la peine de mort ! Nous n'encourons en fait que le travail forcé à perpétuité. C'est mieux, hein ? » Il a un petit air ironique, et terriblement résigné. Puis il reprend, la gorge serrée : « Je suis très croyant, tu sais. Je crois profondément en Dieu. Mais pour beaucoup d'Ougandais, je suis impur. J'ai toujours imaginé que Dieu était amour, et je n'ai jamais compris comment on pouvait à la fois trouver normal qu'Adam et Ève soient nos deux seuls parents, admettre donc d'une certaine manière l'inceste entre frère et sœur, tout en s'acharnant à trouver impur l'amour entre deux personnes du même sexe qui sont consentantes et heureuses. Nous sommes aussi des créatures de Dieu. Serait-il sadique au point de créer une chose qu'il renierait ensuite ? Je ne le crois pas, je suis persuadé qu'il nous aime aussi. Ici on ne peut même pas parler de l'homosexualité : si tu en parles, cela veut forcément dire que tu es toi-même homosexuel, c'est tout ! Beaucoup de personnes ne sont au fond pas contre, mais elles se taisent pour ne pas risquer d'être accusées. J'essaie de leur expliquer : "Si je suis un homme et si je défends la cause des femmes, cela ne fait pas de moi une femme." Mais je les comprends. Il suffit de dire que l'homosexualité n'est pas grave pour devenir un paria et risquer le lynchage. C'est pour ça que j'ai beaucoup hésité à te rencontrer, on se méfie beaucoup. Il existe ici des journaux publics qui recherchent et exposent dans leurs pages des personnes et couples gays. Le pire, c'est le journal local *Rolling Stone*. Lui, il te traque, prend des photos et les publie avec la légende "Pendez-le". Il milite pour la peine de mort pour les gays. S'il te tire le portrait, ta vie est terminée. Tu te feras lyncher, où que tu ailles. C'est de la pure cruauté. C'est ça, mon pays. C'est pour cela que je dois me protéger en permanence. »

Je ne peux m'empêcher de remarquer combien sa jovialité contraste avec ses mots, terribles. Il me répond :

« Ils nous ont enlevé notre droit à l'amour, notre droit à choisir, ils ne m'enlèveront pas le droit de rire, de chercher à être heureux. J'ai beaucoup de chance finalement. Je suis bi. J'ai une femme que j'aime et des enfants. Mon combat, je le mène pour mes frères et sœurs qui eux sont homosexuels, et qui n'ont pas le choix. On pourra dire ce que l'on voudra : ce n'est pas nous qui choisissons. Si tu aimes les personnes de ton sexe, aucune "cure", aucune peine de prison ou lynchage ne pourra te faire changer. Car ce n'est pas un caprice. C'est ce que tu es. Alors, on fait de notre mieux. On s'organise, on s'entraide, on aide celles et ceux qui le désirent à quitter le pays, et on soutient les autres, qui veulent rester. Car même si l'on nous persécute, c'est aussi chez nous, ici. Et on se dit tous que cette aberration ne va pas durer : un jour, nous pourrons à nouveau nous montrer au grand jour. Cet espoir nous aide à tenir ! »

Ce message résonne en moi alors que Frank s'éloigne pour rejoindre sa famille, aussi discrètement qu'il est arrivé. Je suis gagnée par cette force tranquille, cette joie qui résiste à la peur.

Plus rien ne me retient désormais à Kampala.

28

Équateur

La route m'entraîne vers Fort Portal, une ville plus fraîche au milieu des plantations de thé. L'air est chargé d'humidité et les nouvelles pousses sont d'un vert éclatant. L'Ouganda est un jardin d'Éden où tout semble pousser avec une étonnante facilité.

En me dirigeant vers le parc Queen Elizabeth, je tombe sur deux cercles de béton de chaque côté de la route, qui matérialisent l'équateur. Curieux comme ces lignes imaginaires façonnent notre vision du monde : le méridien de Greenwich, les tropiques, l'équateur se reconnaissent sur tous les globes et il me semble qu'en effet le monde se divise pile à cet endroit, au niveau des sculptures que je prends en photo : le nord d'un côté, le sud de l'autre. À partir de là, il paraît que l'eau du lavabo s'écoule dans l'autre sens !

En 1991, le président Museveni a créé les sanctuaires naturels des parcs Bwindi, Mgahinga et Rwenzori, le long de la frontière avec la République démocratique du Congo. Dans le même temps, il a fait déplacer les populations qui y vivaient, en particulier la totalité d'une ethnie, les Batwas, des pygmées qui vivaient là depuis toujours. Pour protéger les gorilles… sans cependant qu'ait été donné aux Batwas un véritable nouveau territoire, ou de quoi subvenir à leurs besoins.

Dans la région de Fort Portal, j'ai rencontré Jofoulès, le dernier roi pygmée d'Ouganda. Il a été déplacé et on lui a attribué un lopin de terre et trois maisons pour l'ensemble de sa tribu. « La liberté ? Aujourd'hui, ce mot ne veut plus rien dire pour nous. » Il m'a dit cette phrase sans violence, sans plainte, sans presque de colère. La révolte est un luxe : elle demande que subsiste une bribe d'espoir, l'idée d'une autre vie. Et d'espoir, Jofoulès n'en a plus. Il sait que jamais il ne reverra sa forêt.

Il m'a accueillie en me faisant donner par son clan une danse sans joie, avant de retirer son costume de parade pour enfiler un vieux pull troué et m'emmener dans sa maison d'une seule pièce. Au mur était accroché un grand calendrier de l'association Fauna et Flora International, une ONG de défense de l'environnement, dont l'illustration est une photo de l'ancienne habitation de Jofoulès, la hutte où il vivait du temps où il habitait la forêt. « On nous a obligés à en partir, et nous n'avons plus le droit d'y retourner. » Le gouvernement a replacé les Batwas sur un bout de terre où il n'y a rien. Comment y vivre, et de quoi ? Stigmatisés pour leur petite taille, les pygmées sont considérés comme des enfants, des demi-hommes. Ils meurent de faim. Ils meurent également d'avoir été déracinés. C'est aussi cela que Jofoulès a perdu : la fierté d'appartenir à un peuple ancestral, un peuple qui, depuis des centaines d'années, avait su faire sienne la forêt. Ses dernières paroles m'ont tordu le cœur. « Avant, dans la forêt, l'air était frais. J'avais toujours quelque chose à faire, j'allais pêcher, j'allais chasser. Ici il n'y a rien à faire. On a protégé la forêt, mais nous, qui nous protège ? »

On reprochait aux Batwas de chasser et de prélever des végétaux. Pourtant, leur manière de vivre était en harmonie avec la nature : n'y aurait-il pas eu d'autres moyens de protéger les gorilles que de sacrifier la liberté d'un peuple ? Je veux croire que ce n'est pas d'abord la manne financière que représentent les droits de visite qui a présidé à une telle décision…

Je rejoins, plus au sud, la forêt dite « impénétrable » de Bwindi, une forêt classée par l'Unesco pour la richesse de sa faune et de sa flore et où vit une des plus importantes populations de gorilles des montagnes au monde. Je n'avais pas prévu ce détour, car la visite est très chère : 600 dollars. Un coût indécent, si on le rapporte au niveau de vie des habitants. Mais il n'y a sans doute pas d'autre manière de préserver efficacement les gorilles. La lutte contre le braconnage suppose que les gardes soient assez bien payés pour n'être pas corrompus, et que le gouvernement y trouve son intérêt.

Nous sommes en saison des pluies, les touristes sont moins nombreux : le parc propose un billet moitié moins cher, à 300 dollars, qui rentre au chausse-pied dans mon budget. Une chance unique. Nous serons huit, et nous aurons une heure, pas plus, avec ces impressionnants animaux, sous la surveillance très attentive de gardes. Des trackers suivent au jour le jour le déplacement des différentes familles de gorilles pour garantir aux visiteurs de pouvoir les rencontrer. Nous nous frayons un chemin entre les lianes et les hautes fougères et soudain ils sont là, à quelques mètres de nous, parfaitement tranquilles, prenant leur repas de feuilles, passant avec grâce d'une branche à l'autre, puis se laissant tomber au sol pour poursuivre leur route. C'est un spectacle à donner la chair de poule. « On les habitue petit à petit à la présence humaine. Il faut deux ans pour qu'un groupe accepte d'être observé et la visite ne doit pas dépasser une heure par jour, sinon cela les stresse », m'expliquent les gardes. Avant de poursuivre : « Les gorilles savent de toute façon très bien faire savoir quand ils ne veulent pas être dérangés. Hier, un mâle est monté dans un arbre au-dessus des touristes avec qui j'étais et, sous leur regard émerveillé, il leur a littéralement fait caca dessus. »

Heureusement pour moi, rien de tel aujourd'hui. Au contraire. Tout semble tellement paisible. Le doyen du groupe – appelé Back Silver (dos gris) en raison de son poil qui devient argenté avec l'âge – nous regarde en mâchouillant ses feuilles, impassible. Nous sommes muets, dans un premier temps profondément sidérés, silencieux. Un petit arrive devant nous en gambadant sans la moindre peur, à deux doigts de nous frôler. Sa mère regarde la scène de loin, attentive mais sans hostilité. Elle semble très bien savoir qui nous sommes. Cependant, notre guide nous fait déjà signe de reculer. Pas de discussion. Nous avions une heure. Elle est déjà passée. Nous aurions tous aimé un peu plus de temps. Mais c'est le deal.

Je redescends, émue. L'image de Back Silver, les yeux posés sur moi, mâchonnant paisiblement son repas, accompagnera mes derniers kilomètres ougandais.

Qui observait qui ?

29

Se souvenir pour se reconstruire

Je suis maintenant tout à côté de la frontière nord du Rwanda, le pays dont j'ai choisi de faire le troisième sujet de mon expédition. Nous sommes en 2014. Le pays tout entier commémore le génocide, qui a tout juste vingt ans. Comment le peuple vit-il aujourd'hui ? Quel sens la liberté prend-elle, dans un pays marqué par une telle atrocité ?

Je franchis la frontière de nuit, alors que la pluie commence à tomber dru. Impossible de rouler dans ces conditions : dans la première ville qui croise ma route, je cherche un refuge… et je toque sans le savoir à la porte d'Avega, une association créée au lendemain du génocide pour venir en aide aux veuves. Elle est présente aujourd'hui sur l'ensemble du territoire. Ils acceptent que je plante ma tente dans leur jardin.

Le lendemain matin, alors que la pluie s'est apaisée, je me lève tôt pour plier le camp et ne pas déranger. En entrant dans les locaux, je suis reçue par Francine, l'une des membres de l'association. Une belle femme au regard doux et à la voix traînante, qui m'accueille avec gentillesse. Elle est très heureuse que je m'intéresse à son association, dont elle me parle avec passion. Avega a été fondée par Esther Mujawayo, assistante sociale et psychologue. Son mari, ses parents, des dizaines d'autres membres de sa famille ont été assassinés au cours des sanglantes semaines de 1994. Le génocide a laissé plusieurs dizaines de milliers de femmes sans époux, sans ressources, traumatisées et souvent malades : le viol a été massivement employé comme arme et, parmi les femmes tutsies qui ont survécu, beaucoup ont été contaminées volontairement par le virus du sida. Avega organise des programmes dans tout le pays pour offrir à ces femmes un toit, des ressources minimales, pour leur permettre aussi de se réparer autant que possible en s'aidant les unes les autres.

Francine sourit beaucoup en parlant. Elle sourit encore, mais son sourire tremble, lorsqu'elle m'explique ce qu'elle-même a vécu pendant le génocide. Elle avait vingt-quatre ans, alors. Elle aussi a vu toute sa famille périr. Après le drame, dit-elle dans ce français si particulier, si littéraire que l'on parle encore au Rwanda, elle était « acharnée de travail ». Elle voulait soutenir celles qui avaient vécu la même tragédie, les aider à se reconstruire, à continuer de vivre, être une béquille sur laquelle appuyer leur peine. Elle me le dit, en souriant encore, d'un sourire qui m'ouvre en deux.

Elle me propose de me conduire chez Myriam, une veuve du génocide. Myriam est un peu plus âgée que Francine. C'est une femme très mince, aux attaches délicates, et qui semble aussi fragile qu'un oisillon. Elle a un beau visage à peine marqué par l'âge, une épaisse chevelure grise. Elle accepte sans discussion que je la filme pour une interview, à une seule condition : que je lui laisse un petit moment pour se préparer. Elle disparaît dans la seconde pièce de la petite maison, sa chambre à coucher, et en ressort soigneusement vêtue et coiffée, rayonnante. Hors de question de sembler négligée : ce n'est pas une question de coquetterie, mais de dignité. Myriam s'assoit et attend patiemment que je me sois installée à mon tour, avec mon équipement. Elle ne parle que kinyarwandais et Francine s'est spontanément proposée comme traductrice, mais j'ai l'impression de comprendre ce qu'elle me dit tant elle montre de simplicité dans sa manière de décrire l'innommable.

« Quand les massacres ont commencé sur ma colline, ce mois d'avril 1994, mon mari et mes enfants ont couru se réfugier dans l'église du village. Combien sont-ils à avoir eu le même réflexe ? Des milliers, je pense. » Elle marque une petite pause avant de reprendre. « Mais l'église n'a protégé personne. Les Interahamwe, les miliciens hutus, l'ont attaquée au mortier et à la hache, avant de se jeter dedans et de massacrer tout le monde à la machette. C'est ce qui s'est passé. Chez moi. Et partout au Rwanda. » Elle-même s'est cachée, elle a survécu, elle ne dit pas comment. Elle raconte simplement qu'en juin 1994, lorsque les massacres ont enfin cessé, elle était devenue muette. Il a fallu deux mois, deux mois de patience et de soins, pour qu'elle recouvre l'usage de la parole.

L'association Avega lui a fourni la petite maison en dur dans laquelle elle vit aujourd'hui, une petite terre à exploiter, une chèvre. Elle lui a offert, surtout, un espace de parole, un endroit où partager avec d'autres l'horreur de ces semaines-là, où essayer de refonder sa vie.

« Ici j'ai un toit, une petite maison, mon jardin, mon espace. Personne ne peut dire en me voyant que vit ici une victime du génocide. Je suis une mama comme les autres. »

L'association est devenue sa vie. Mais que pense-t-elle aujourd'hui du Rwanda ? « J'aime mon pays. Nous avons un bon gouvernement. Il est juste dans ses efforts pour permettre la réconciliation, aider le Rwanda. C'est mon pays, tu sais. J'aime sa vie, ses collines. » Son regard se perd au loin. « Jamais je ne pourrais en partir, jamais je ne pourrais quitter ma colline », termine-t-elle avec ce beau sourire frêle qui ne la quitte pas.

Quelle force il faut avoir pour réussir à pardonner à la vie comme elle le fait. Myriam porte en elle une lumière impossible à décrire, un amour pur du vivant. Elle est devenue inébranlable.

Le génocide rwandais trouve ses racines dans son histoire et notamment son passé colonial. La colonisation belge a divisé la population en trois groupes ethniques : Tutsis, Hutus et Twas (les pygmées du Rwanda). Une division souvent très artificielle, avec inscription dans des fichiers et sur les cartes d'identité de l'appartenance ethnique. La manœuvre a créé une minorité « riche » à qui l'on a confié le pouvoir – les Tutsis –, et permis une identification de chacun : les bases du drame étaient posées. Dans les années 1950, les Belges ont changé d'alliance et privilégié les Hutus qui ont repris le pouvoir et commencé une discrimination envers les Tutsis. Après l'indépendance du Rwanda en 1962, les fossés n'ont cessé de se creuser entre les deux ethnies pour aboutir, après l'assassinat de Juvénal Habyarimana, président du Rwanda, et du président du Burundi, Cyprien Ntaryamira, le 6 avril 1994, à l'un des plus grands génocides de l'histoire africaine. Huit cent mille morts au Rwanda en l'espace de trois mois, dans un pays deux fois plus petit que la Suisse et qui comprenait alors six millions d'habitants. Le nom du pays est devenu synonyme de cauchemar, et évoque ces fleuves de sang dans les marais et les papyrus, ces cent jours où des hommes se sont chaque matin saisis de leur machette pour traquer leurs voisins comme des bêtes.

Une telle horreur ébranle toute foi en la bonté humaine. Et pourtant, vingt ans plus tard, il semble que l'espoir puisse naître de la cendre. Partout où je roule, je croise des monuments commémorant le génocide. Hutus, Tutsis, Twas sont des mots désormais bannis des cartes d'identité et les différenciations ne sont plus autorisées.

L'amour du pays où nous sommes nés n'est pas raisonné. Cet attachement à un environnement familier se passe d'arguments : aucun autre décor ne peut avoir sa saveur, et qu'importe au fond son charme et sa beauté. En parcourant le Rwanda, je comprends pourquoi ce pays est surnommé « pays des mille collines ». Il y en a partout, d'une splendeur à couper le souffle. Des collines et des collines encore, verdoyantes, où s'échelonnent des cultures de bananes ou de thé en terrasse, des vallées encaissées, des marais.

Avant de descendre vers la capitale, Kigali, je décide d'aller visiter le Parc national des volcans au nord-ouest, un territoire de gorilles de montagnes, et d'escalader le mont Bisoke où je rejoins un groupe de marcheurs. Un petit trek de six heures en bonne compagnie mais sous une pluie diluvienne. À la pause, je jette en toute bonne conscience ma peau de banane – tout ce qu'il y a de plus biodégradable – quand un garde me hurle : « Ce n'est pas bien, c'est interdit, on ne doit rien jeter ! » Je deviens toute rouge, il court ramasser la peau, la regarde comme si c'était un déchet radioactif, et me la rend. « Ah, ces Français crados qui n'écoutent rien, doit-il se dire. Cela incite les animaux à s'habituer à nos déchets et à faire moins d'efforts pour se nourrir. Du coup ils risquent de se rapprocher des villages, surtout les gorilles ! »

Je n'aime pas trop prendre un savon, mais j'avoue qu'un tel zèle a quelque chose de rassurant. Le Rwanda est d'ailleurs l'un des pays d'Afrique les plus propres qui soient. La défense de l'environnement y est privilégiée dans la relance économique : il a été le premier pays au monde à interdire les sacs plastique en 2008, et tous les plastiques à usage unique y ont été bannis en 2019. La France n'envisage une telle mesure que pour 2040 !

La politique de protection écologique est performante et intelligente sur bien des points. Dans le Parc des volcans, par exemple, ils ont recruté comme gardiens et guides les braconniers qu'ils ont sensibilisés aux problèmes environnementaux et formés. Qui mieux qu'eux connaissaient ces montagnes ? Je repense à Jofoulès et aux Batwas, désolée que l'Ouganda n'ait pas eu la même démarche.

Et le travail de protection ne s'est pas arrêté aux sites les plus touristiques. Le Rwanda a également mis en place une valorisation de l'agroforesterie pour limiter la déforestation, avec un plan de reboisement dont l'objectif était de 30 % du territoire pour 2020[1]. Une initiative spectaculaire. Lorsque la valorisation de la pêche a été décidée sur le lac Kivu, frontalier avec le Congo, les pêcheurs ont de même été encouragés à utiliser des trimarans traditionnels, faits de bois et sans moteur, plutôt que des embarcations modernes motorisées.

Beaucoup de projets sont ainsi raisonnés, afin de protéger l'environnement sans repousser les populations et en évitant des déstructurations sociales profondes. Autant d'actions qui préfigurent un avenir écologique et inclusif.

1. Les chiffres sont en réalité à 22 % en 2020 contre 10 % en 2009, ce qui est déjà honorable.

30

Les chemins de l'école

Le Rwanda est un tout petit pays, et les routes y sont plutôt bonnes : j'ai l'impression que je pourrais le traverser en une journée dans sa totalité si je le désirais. Quelle différence avec l'immense Éthiopie ! Alors je prends mon temps et je m'arrête plus souvent qu'ailleurs pour admirer les paysages : je ne me lasse pas de ces collines qui se succèdent les unes aux autres. C'est lors d'une de ces pauses photos qu'une petite KTM s'arrête à côté de Lucy et qu'en descend Jock, un exubérant Américain qui s'enthousiasme pour ma moto, en riant de la sienne qui paraît toute petite à côté. Quand il apprend que je suis française, il est plus joyeux encore : il adore mon pays, surtout depuis qu'il a participé au Tour de France cycliste. Son vrai truc, ce n'est pas la moto mais le vélo, et il est d'ailleurs ici pour entraîner l'équipe nationale du Rwanda. Sans attendre, il m'invite à dormir chez lui, dans son centre de formation.

C'est toute la beauté de l'itinérance, le mélange d'images et de projets que l'on a nourris, et de péripéties inattendues. Ma première expédition vers le Japon m'a appris qu'il fallait avancer étape par étape pour ne pas se noyer dans un projet trop lointain, trop peu palpable et lourd à porter. En restant flexible, disponible par rapport aux événements qui surviennent – comme ma rencontre avec Myriam –, je puise pleinement mon sentiment de liberté.

Je suis donc Jock sans hésiter. Il habite à quelques kilomètres à peine, et à cinq cents mètres de la route principale, au milieu de la forêt. Il y a des lieux où l'on se sent immédiatement chez soi. C'est le cas chez Jock et Kimberley, sa compagne, qui rayonnent de gentillesse. Vivent avec eux deux Rwandais rieurs et passionnés de vélo. Les autres membres de l'équipe, qui d'habitude sont là eux aussi, ont rejoint leur famille pour la saison des pluies. Leurs entraîneurs leur enseignent les techniques du sport en essayant du mieux qu'ils peuvent d'apporter un petit plus, de les aider à être indépendants, de faire en sorte qu'ils puissent faire autre chose s'ils échouent dans le cyclisme. Chaque sportif, lorsqu'il participe à une course, gagne un peu d'argent. Un pourcentage de cette somme est déposé dans une cagnotte collective qui permet ensuite d'aider les uns et les autres, à la manière d'un microcrédit. « Avant, m'explique Kimberley, c'était nous qui leur prêtions de l'argent. Mais comme nous sommes des étrangers et que, dans leur esprit, nous sommes forcément très riches, ils prenaient cela pour un emprunt à très long terme : ils nous remerciaient chaleureusement, mais peu remboursaient. À présent, ils sont maîtres et responsables de leur argent, ils réfléchissent ensemble à ce pour quoi la somme sera utilisée… et bien sûr, ils remboursent. La dernière fois, ils ont pu refaire ainsi la toiture de la mère de l'un d'entre eux. »

Le centre mène également une action auprès des écoles : ils prêtent des vélos aux élèves qui ont un long trajet à faire, en priorité aux filles. Certains doivent en effet marcher plus de deux heures : c'est long et dissuasif. Les vélos apportent une première solution. « Nous ne posons qu'une seule condition : que ce soit bien eux qui les utilisent, pas leurs parents ou leurs aînés, m'explique Kimberley. Et nous les formons aussi à les réparer. Des outils sont mis à leur disposition à l'école : aucune excuse pour ne pas utiliser les vélos, qui à la fin de leur scolarité vont à d'autres enfants. »

En me baladant le lendemain dans les hameaux alentour avec Kimberley, je croise une jeune fille qui a bénéficié de ce programme : Joséphine, quinze ans à peine et un enfant de neuf mois dans les jupes. Lorsque je lui demande à qui est ce bébé, l'adolescente bredouille qu'il est le sien. La question m'échappe, étourdiment : « Et son père ? » Silence. C'est sa mère qui me répondra, plus tard. « Avant qu'elle n'ait un vélo, Joséphine allait à l'école à pied. Le chemin est très long. Et les chauffeurs boda-bodas rendent volontiers service aux filles, ici, mais pas pour de l'argent. Quel que soit leur âge. Il n'y a d'ailleurs pas qu'eux qui aiment "rendre service" sur le chemin. » J'apprendrai que beaucoup de jeunes filles vivent avec ce risque, et tombent enceintes de cette manière. Leur accès à l'école est ainsi semé d'embûches, comme me l'explique encore Kimberley :

« En plus des trajets trop longs avec les risques d'agression, il y a aussi les règles.

— Les règles ?

— À l'école, il n'y a pas toujours de toilettes, ou de lavabo, et les protections hygiéniques sont encore assez rares ici. Lorsqu'elles ont leurs règles, les filles n'osent plus aller à l'école. »

Mais la mère de Joséphine reprend, toujours positive. « Je veux que ma fille étudie. Ce petit garçon, tant pis, c'est la vie. C'est mon petit-fils, j'en prends soin quand elle part s'instruire. Mais je ne veux pas que Joséphine soit comme moi, incapable de lire ou écrire. Alors ce vélo, c'est une bénédiction, une deuxième chance. On en prend grand soin, c'est moi qui vous le dis ! »

Lorsque je quitte Kimberley et Jock, le lendemain, je ne troque tout de même pas ma Tiger contre un vélo : trop de collines. Cependant je suis séduite par l'énergie et l'intelligence organisationnelle de leur association, qui mêle sport d'élite et soutien aux populations fragiles. Le sens du sport pour moi. Même si mon sport du jour consiste surtout à tourner ma poignée pour les deux heures de route jusqu'à Kigali.

J'aperçois de loin les buildings modernes de la capitale mais, lorsque je rentre dans la ville, je ne vois personne dans les rues. Pas un chat. Une impression de fin du monde, alors que tout semble si moderne dans cette ville étonnante. Nous ne sommes pourtant ni dimanche ni le jour d'une fête importante. C'en est même inquiétant. Heureusement, j'aperçois un policier au loin que j'aborde aussitôt. Il me regarde sévèrement, comme si je venais de poser une question vraiment idiote, et me lâche :

« C'est l'*umuganda*, voyons ! » Devant mon air dérouté, il reprend plus gentiment. « Vous venez d'arriver, vous ! C'est le dernier samedi du mois. Ce jour-là, tout le monde doit donner une matinée pour la communauté. Aujourd'hui, il a été décidé qu'elle serait consacrée à des discussions, dans chaque quartier, pour résoudre les petits problèmes du quotidien. Ne vous inquiétez pas, cet après-midi, tout le monde sera de sortie. Il fait beau ! »

L'*umuganda*, qui signifie « Ensemble, pour un but commun » en kinyarwandais, a été instauré en 2009, d'après les coutumes de l'ancienne culture rwandaise où chacun devait un temps pour sa communauté. Cette mesure destinée à ce que la population se parle, œuvre ensemble et préserve son territoire semble porter ses fruits, et mon policier m'en parle maintenant avec enthousiasme.

« Tout le monde s'y met, de dix-huit à soixante-cinq ans. Les gens nettoient leur rue, par exemple. Et lorsque vous nettoyez la rue, vous avez aussi moins envie de jeter des déchets, non ? Tout est possible tant que c'est au service de la communauté. Même les médecins soignent gratuitement, ces jours-là. »

Il ne me dit pas qu'une amende assez sévère punit celles et ceux qui voudraient s'y soustraire. Mais l'initiative génère vingt millions de dollars par an et crée de la cohésion sociale. Elle est vraiment représentative du projet gouvernemental global.

Il ne m'a pas menti. L'après-midi, la ville s'anime. Kigali est une ville branchée, aux nombreux cafés, plus développée que toutes celles que j'ai vues en Afrique de l'Est. Une Singapour de l'Afrique, dit-on, et cette réputation ne semble pas tout à fait usurpée. Je m'y repose une journée en flânant dans les rues, avant de me décider à visiter le musée du génocide, passage obligatoire de la ville.

Les lieux me laissent sans voix. Dans les dernières salles peintes en noir, des familles de victimes ont assemblé des photos sous des lumières tamisées. Des centaines de photos des victimes du génocide, dans des scènes d'avant : un homme devant un barbecue, une belle dame souriante dans sa robe de mariée, un garçon qui souffle ses bougies d'anniversaire, deux vieux qui se tiennent la main, un jeune portant une casquette à la Michael Jordan. Des images qui datent d'il y a tout juste vingt ans. J'avais quatorze ans, et des amis qui soufflaient eux aussi leurs bougies, qui eux aussi étaient fans de basket. Ce pourrait être des amis, c'était hier. Des anonymes disparus qui ne sont plus des chiffres, mais des individus réels, des vies humaines. Une nausée me prend à cet instant. Elle ne me quittera pas durant plusieurs jours.

Ce travail de mémoire, même s'il est douloureux, est sans doute indispensable. Partout, dans chaque village, sur les stèles de commémoration, les mots « Génocide, plus jamais ça » répètent l'idée que le pays doit changer. Ce « plus jamais ça », les Européens l'avaient dit eux aussi après la Première Guerre mondiale, sans succès. Mais la population meurtrie du Rwanda semble avoir entrepris un chemin valeureux pour rendre la chose possible. Elle a privilégié la mémoire, cherché l'équilibre en donnant aux femmes les mêmes rôles qu'aux hommes, en cherchant la parité dans les instances dirigeantes. Elle a essayé, aussi, de rendre justice autant que faire se peut.

Je suis intimement convaincue qu'il est crucial pour une victime d'être reconnue comme telle, mais qu'il est crucial aussi que justice soit faite. Certains parleront de pardon, d'autres diront qu'il faut continuer d'avancer envers et contre tout, qu'il faut apprendre à oublier. Quelques-uns en sont capables, peut-être. Mais, sans justice, comment espérer une entente et une concorde véritables ?

Le Rwanda, dont les prisons regorgeaient de personnes en attente de jugement, a pris le parti d'organiser les tribunaux populaires des *gacacas* pour les crimes les moins graves. Les juges ont été choisis par chaque communauté, qui a nommé des personnes qu'elle considérait comme intègres : les *inyangamugayo*.

Entre 2005 et 2012, douze mille cent tribunaux ont vu le jour et deux millions de personnes ont été jugées pour leurs crimes dont beaucoup poursuivent encore des travaux forcés. Je croiserai le long des routes nombre d'entre eux, reconnaissables à leurs tenues roses, surveillés par quelques gardes. Ces hommes qui aujourd'hui bêchent les champs se rappellent-ils pourquoi ils ont levé leur machette ? Regrettent-ils leur geste ? Et leurs victimes, peuvent-elles vraiment pardonner ?

Les juges de ces tribunaux étaient des citoyens certes reconnus par leurs pairs pour leur exemplarité, mais trop rapidement formés et dont beaucoup étaient eux-mêmes des victimes. Je rencontrerai plus tard Marie, l'une de ces *inyangamugayo*. Elle a été violée, délibérément contaminée par le virus du sida, et sa famille a été en partie décimée. Elle me reçoit dans la petite pièce qui lui sert de chambre et que son corps massif emplit presque. Un corps qui tremble de colère, une voix tonitruante qui semble vouloir percer les murs. Elle ne mâche pas ses mots, Marie. Elle mène une lutte acharnée pour que justice soit rendue, aujourd'hui encore. Dans son pays bien sûr, même si une partie du travail a été faite. Mais son indignation, sa colère se tournent vers l'étranger, là où se cachent les vrais bourreaux, les initiateurs du génocide dont plusieurs sont encore en liberté.

Apprenant que je suis française, elle me lance : « La liberté n'aura aucun sens pour moi tant qu'il restera des meurtriers à juger. Chez vous, en France, des génocidaires se cachent et vous ne faites rien. Rien ! Parle donc à ton gouvernement ! Seuls trois coupables ont été condamnés en France en vingt-cinq ans. Et le pire d'entre eux, Félicien Kabuga, celui qui a financé le génocide, qui a fait venir les milliers de machettes chinoises pour armer les milices, qui possédait la radio des Mille Collines qui nous traitait de cafards, qui appelait à nous massacrer, se pavane dans vos rues. Comment veux-tu que je sois calme, comment veux-tu que je sois sereine quand vous protégez l'homme qui a le sang de centaines de milliers de morts sur les mains[1] ? »

Elle parle un français parfait mais ne s'exprime avec moi qu'en anglais : une langue qui n'a pas colonisé son pays. Comment ne pas comprendre sa colère ? Comment, aussi, juger de manière magnanime l'innommable, tout

1. Félicien Kabuga, considéré comme le cerveau du génocide, a finalement été arrêté par la police française le 16 mai 2020 à Asnières-sur-Seine, à quatre-vingt-quatre ans. Son extradition vers le Rwanda a été acceptée par la justice.

en l'ayant vécu ? Même les bourreaux doivent pouvoir s'expliquer, aidés d'un avocat, ce qui a souvent fait défaut. Pour autant, au Rwanda, ces tribunaux ne sont pas remis en cause : ils ont le mérite d'avoir pris en compte la douleur des citoyens et d'apporter une réponse populaire.

En dehors du Rwanda, en particulier en France, j'entendrai plusieurs critiques sur ces tribunaux. Paul Kagame, le président rwandais, est aussi considéré par certains comme un dictateur, qui musèle la presse. Mais ici, au Rwanda, j'entends surtout des Rwandais se dire fiers de leur pays, fiers de dire : « Nous ne voulons pas oublier, nous ne devons pas retourner dans ce cercle de la haine. » Fiers aussi de ce que leur pays est en train d'accomplir. Alors certes, Kagame n'est pas un saint. Mais quelle personne fallait-il pour reprendre le pays en main après un génocide civil ? Quand je traverserai le Burundi pour terminer mon voyage – un pays qui a subi la même histoire, vécu les mêmes guerres civiles –, je constaterai l'immense différence de développement entre ces deux pays. Le second semble encore englué dans ses problèmes ethniques et reste considéré aujourd'hui en état de guerre civile, le premier a instauré un régime de sécurité sociale et une politique environnementale que bien des pays pourraient lui envier. Évidemment, tout n'est pas parfait. Kagame avait promis de ne pas se présenter plus de deux fois, il est toujours là, après trois mandats. Mais le Rwanda semble solide avec un Parlement élu qui laisse la place à toutes les communautés, et où les femmes sont représentées à plus de 50 %.

Même Marie y croit. Elle m'emmène le soir dans son groupe de parole, pour me montrer comment elle travaille, comment elle aide ceux qui le désirent à s'exprimer sans risquer d'être interrompus, comment elle œuvre au jour le jour pour construire ce futur où l'espoir remplacera la peur. Elle y croit aussi fort que sa colère est grande.

31

Les tambours sacrés

Après toutes ces émotions intenses, j'ai besoin de souffler un peu. Je m'accorde quelques jours de balade dans le pays, à la découverte de ses plus beaux paysages. Je sors rapidement de Kigali, et laisse presque Lucy décider du chemin. Les collines me semblent plus nombreuses encore au sud du pays, et je suis séduite par le calme du lac Kivu, que j'aperçois depuis les hauteurs avant de descendre profiter de ses côtes. Au Rwanda non plus je ne suis jamais seule, et je suis souvent accueillie, là où je passe, par de grandes poignées de main et des sourires. Ma seule déception est qu'il n'existe pas dans ce pays de marchands ambulants vendant du maïs grillé ou des brochettes de chèvre comme partout ailleurs en Afrique. Les Rwandais ne mangent d'ordinaire que chez eux car il est tabou de manger en public. Mais je découvre bien vite qu'il existe de petites cantines, où ils peuvent manger cachés des passants. Je suis ravie de pouvoir y goûter les différents plats traditionnels proposés sous forme de buffets : *isombe* avec sa feuille de manioc, *mizuzu*, bananes plantain frites, ignames bouillies, patates douces, *ubugali*

– une sorte de polenta –, ragoûts… Je goûte à tout mais sans *akabanga*, le piment local que l'on me propose toujours en me taquinant.

Après une dernière boucle pour traverser la splendide forêt d'altitude de Nyungwe où je passe une nuit magique dans ma tente à écouter les animaux, j'arrive à ma dernière étape dans le sud du pays, à Butare. Ville universitaire spécialisée dans l'environnement, Butare est constituée d'une longue rue principale, traversée de plusieurs rues adjacentes, jalonnée par quelques cafés où se réunissent les étudiants. Mais il y a aussi, ô miracle, un salon de thé-glacier, le Inzozi Nziza, « rêve sucré ». Je m'y précipite.

L'endroit est petit, chaleureux, tenu par une poignée de jeunes femmes animées. En dégustant ma glace au chocolat, je parcours du regard les nombreuses affiches et photos qui, au mur, parlent d'un groupe de « tambourineuses ». Des images impressionnantes de femmes déchaînées devant d'immenses tambours, à l'entraînement ou lors de compétitions. Lorsque la serveuse, une toute jeune femme souriante et chaleureuse, m'apporte mon café, je reconnais l'une des filles des photos.

« C'est toi, là ? »

Elle me répond en rougissant mais visiblement très heureuse :

« Oui. C'est moi. Avec mon groupe de tambourineuses. C'est le premier et le seul du pays. »

Je lui demande si elles s'entraînent souvent.

« Trois fois par semaine, et plus s'il y a des concours. Tu voudrais venir ? »

Il ne faut pas me le dire deux fois. Le lendemain, je suis Marie-Louise jusqu'à une salle de spectacle où elle me présente une à une les femmes de tous âges qui arrivent pour la répétition. Certaines portent des boubous élaborés, d'autres sont en uniforme de bureau. Chacune va se saisir, dans la réserve, d'un tambour impressionnant et elles s'alignent en arc de cercle sur la scène. Quelques minutes plus tard, la salle résonne d'un son puissant qui envahit bientôt tout l'espace.

Ce ne sont pas que les tambours qui s'expriment. Les corps, eux aussi, deviennent des instruments. Les femmes crient, bondissent, dansent, elles hurlent en riant, elles crient qu'elles existent. C'est vivant, joyeux, entraînant, et dans tout mon corps, je ressens l'envie de suivre le rythme, de participer et de crier avec elles. À l'instant où une courte pause est déclarée, Marie-Louise vient me prendre par la main, me met devant un tambour, me donne deux baguettes et me fait un signe sans ambiguïté. À ton tour !

Je n'ai jamais fait cela et on ne peut pas dire que j'aie le rythme dans la peau. Alors je tape timidement le cuir, de peur de le percer, ce qui fait beaucoup rire Marie-Louise et ses amies. Elle se met alors au tambour d'à côté, et avec de grands gestes affirmés, elle frappe violemment son tambour pour me montrer qu'il ne faut pas hésiter. Alors, je m'y mets. Je suis le rythme qu'elle me montre, parfois lent, parfois rapide. Quelques autres filles nous rejoignent. Nos mouvements sont très simples, loin de la frénésie que j'ai pu voir tout à l'heure, et pourtant ils me transportent déjà. Chaque coup sur le tambour se répercute dans mes bras, dans mon corps, et je vibre avec lui, entourée de ces femmes puissantes. C'est formidablement jouissif et libérateur : je comprends le plaisir que doit éprouver la petite bande à se rassembler pour créer cette musique qui s'entend à des kilomètres. Lorsque l'entraînement reprend, je comprends mieux ce qui m'avait impressionnée plus tôt : ces filles sont incroyablement à l'aise avec leurs corps. Elles bougent sans crainte des regards, sans retenue : chacun de leurs mouvements, chaque pore de leur peau me semble exprimer une liberté totale, au point que je les envie un peu.

Au moment de ranger les instruments, plusieurs tambourineuses viennent vers moi. Je n'ai pas beaucoup participé mais cela a suffi pour changer leurs regards. Moi aussi, je connais la joie que procure le tambour. J'ai effleuré son pouvoir sacré. Je m'autorise alors à leur proposer quelques interviews. Plusieurs acceptent : je m'installe dans l'herbe avec Marie-Louise, Françoise, une petite femme à l'énergie explosive, et Nathalie, « l'ancienne » du groupe : elle a quarante ans. Non sans qu'elles aient auparavant enfourché Lucy pour sentir « le parfum de la liberté », comme me l'a dit Françoise, qui n'hésite pas à tambouriner sur le réservoir.

« C'est Kiki qui a lancé ce projet il y a quelques années, m'explique Marie-Louise. Dans ce centre culturel, on faisait du chant ou de la danse, mais bien sûr pas de tambour. On n'était que cinq au début, les autres étaient trop effrayées pour s'y risquer.

— Pourquoi effrayées ?

— Le tambour était interdit aux femmes au Rwanda. Seuls les hommes pouvaient en jouer. Alors aucune femme n'avait osé s'y mettre.

— Sauf Kiki, reprend Nathalie. Elle était audacieuse. Et elle voulait vraiment quelque chose de nouveau, qui nous appartienne, qui nous rassemble. Moi au début je n'osais pas, je regardais de loin, et puis un jour j'ai essayé.

— Les hommes ont d'ailleurs mal vécu l'initiative. Ils nous disaient : "Comment pouvez-vous faire ça ? Pourquoi ? Vous trahissez la culture du Rwanda. De toute façon vous n'y arriverez jamais." »

Elles éclatent de rire en pensant à cette remarque, et je ris aussi.

« Je leur répondais : "Qui vous a dit que seuls les hommes avaient le droit de jouer du tambour ?" reprend Marie-Louise. Mais j'ai fini par aller aux archives nationales, pour savoir si en effet cela était interdit. J'ai découvert que non, que simplement les tambours étaient très lourds et que la coutume voulait que les femmes restent à la maison pour s'occuper de la cuisine et des enfants. »

Son aplomb me ravit, cette façon si habile de prendre les hommes à revers et de leur montrer, l'air de rien, que la tradition ne suffit plus pour justifier les interdits. Françoise poursuit, des étoiles plein les yeux :

« Nous avons participé à un concours avec des hommes et nous avons gagné le premier prix. C'était extraordinaire. Nous, nous devons faire changer les choses, faire changer les mentalités. Et ce genre de victoire démontre que c'est possible.

— Vous vous considérez comme des modèles pour les femmes rwandaises ? »

En posant la question, je pense d'abord à leur engagement féministe. Mais c'est sur un plan différent que Marie-Louise me répond :

« Je pense, oui. Avant, il y avait d'un côté les Hutus, de l'autre les Tutsis et les Twas. Tu as vu ce que ça a donné. »

Un léger voile passe dans le regard si rieur de Nathalie. Elle laisse sa camarade poursuivre.

« Dans notre groupe, il y a de tout. Des Twas, des Hutus, des Tutsis. Est-ce que tu le vois quand on joue ensemble ? Non, et c'est cela qui est beau. Certaines sont orphelines ou veuves, d'autres sont des épouses ou des filles de génocidaires. Cela n'a plus d'importance.

— Quand nous tambourinons, nous ne faisons qu'un, reprend Nathalie. Nous sommes une équipe, il n'y a plus d'ethnies. Nous sommes toutes rwandaises ! C'est comme ça que nous ferons changer les mentalités. Plus des groupes comme le nôtre existeront, plus nous repousserons le risque de revivre ce qui s'est passé. »

Les trois femmes se taisent, soudain graves. Mais Nathalie éclate de rire et m'interpelle.

« Mais sérieusement, pour moi, la vraie question c'est : comment on fait pour se trouver un p'tit Français comme mari ? »

Nous poursuivons encore longtemps la conversation, sur un ton léger, partageant nos rêves et espoirs, cette envie que nous avons d'un monde où la liberté sera une réalité pour les femmes autant que pour les hommes, pour tous les humains. Quand, en fin d'après-midi, Françoise et Nathalie se lèvent, je suis un peu déçue de les voir partir. J'ai l'impression que ce sont déjà des amies.

« On doit y aller, me dit Françoise. On a deux heures de marche pour rentrer. Et je dois préparer le repas du soir. »

Après une grande accolade, les trois femmes s'éloignent, en continuant de plaisanter et de rire. Je les regarde et les revois, virevoltantes, jouer de leur tambour. Leurs battements ne sont pas seulement l'illustration d'une émancipation féminine possible, mais un appel au pardon, à la paix, à la reconstruction et à l'union des êtres humains. La dernière phrase de Marie-Louise résonnera longtemps dans ma tête.

« Quand je tambourine, j'oublie toutes mes mauvaises pensées. J'ai l'impression d'être dans un autre monde. Un monde où je n'ai plus peur, où tout devient possible. Un monde à moi. Pendant quelques heures, je me sens simplement libre. »

32

Derniers kilomètres

Mon voyage touche à sa fin. Dans quelques jours déjà, après quatre mois d'aventure, je devrai mettre ma moto sur un bateau, en Tanzanie, au bord de l'océan Indien. Je quitte le Rwanda le cœur gros tant ce pays m'a marquée, et descends vers Bujumbura, au Burundi. Je déguste des bières Primus bien fraîches avec des brochettes de chèvre en discutant avec des habitants animés, sans pouvoir m'attarder. Mais j'apprécie ces derniers milliers de kilomètres. Je poursuis en Tanzanie au travers des immenses savanes sèches, campe sous les baobabs, guettant les antilopes ou les éléphants. Je roule de manière presque continue sur une route peu fréquentée et cela me laisse le temps de méditer sur ces derniers mois. Je digère doucement tout ce que j'ai absorbé. La Tanzanie semble avoir oublié l'existence des panneaux d'entrée de village et d'indication de vitesse, pas celle des radars. Je roule donc derrière les bus, qui me servent de bouclier. J'arrive ainsi assez rapidement dans la capitale tanzanienne, Dar es Salam, une ville de commerce qui donne sur l'Orient, grouillante, aux immeubles gris et tristes sous un ciel bleu aveuglant. Dar es Salam est une ville où l'on arrive et dont on repart rapidement. La fin de cette aventure africaine.

Conclusion

À mon retour, je n'ai qu'une certitude : je repartirai. J'aime autant rentrer chez moi, dans ma maison, mon foyer, que de partir vers l'inconnu. J'ai intrinsèquement besoin des deux.

Il y a bien longtemps, j'ai compris que je n'avais pas besoin de demander la permission ni d'être un homme pour faire ce que je voulais. Mais j'ai dû dépasser mes peurs, apprendre à tomber et me relever avec ou sans ma moto, et trouver ma légitimité. La liberté s'arrache, se prend et s'apprend. Mes parents ont tout fait pour que je sois libre, mais ce n'est qu'en partant seule, en me confrontant à moi-même, que j'ai pris conscience de qui j'étais. J'ai goûté ce moment où j'ai senti avec acuité que je prenais mes décisions pour et par moi-même. J'ai vu naître ce « je » qui n'était pas en opposition au tout mais qui, au contraire, en faisait pleinement partie. Je suis une poussière d'étoiles, une exploratrice, une humaniste, une féministe, une motarde, avec ses colères, ses joies, ses démons, sa soif de curiosité. Je suis un être humain.

Alors j'ai pu repartir, moins pour me chercher que pour apprendre à connaître d'autres mondes, d'autres vies, la réalité de ces pays en mutation qui nous paraissent parfois trop lointains pour que nous cherchions à les comprendre et dont j'ai décidé de faire les terrains de prédilection de mes expéditions. Ces pays oubliés aux coutumes si différentes des nôtres et qui nous inquiètent parfois, qu'ils soient démocraties, dictatures ou théocraties.

Sans que je m'en rende d'abord compte, la liberté s'est imposée comme l'axe principal de mes interrogations puisque, au travers d'elle, c'est un tout qui se détermine : la liberté d'une personne raconte le système dans lequel elle vit, la perception qu'elle a de cette liberté raconte qui elle est. Et me voilà encore aujourd'hui face à cette question que j'ai déjà posée à tant de monde : c'est quoi la liberté ? Notre instant de liberté ? Ce moment où nous nous sentons pleinement nous-mêmes ?

Une quête sans fin, passionnante, et où ma propre vision évolue au fil des réponses que je reçois. La liberté est-elle de faire ce que l'on veut tant que l'on ne fait de mal à personne, de vivre près des siens, d'avoir un toit, de manger à sa faim, de pouvoir choisir son président ou son mari, de vivre en paix, de savoir que ses enfants iront bien, d'aimer qui l'on veut, de rêver, de pouvoir dire non, d'avoir le choix, de ne plus avoir peur ? Protéiforme, multiple, elle nous renvoie à notre désir propre autant qu'à notre humanité et à notre libre arbitre. Ce sujet, je le touche du doigt à mon retour d'Afrique sans pouvoir dire encore que je l'ai compris, et je décide de lui consacrer mes prochaines expéditions. Je repense à celles et ceux qui, par leur exemplarité, m'ont montré le chemin vers plus d'équité, de liberté et de joie : Dabdeh, le ministre du Somaliland, Zumra, ma mère, mon père, Hélène, Tana, Myriam, Francine, Christian… Ils m'ont nourrie, élevée, inspirée, je suis libre grâce à eux, je tâcherai de me montrer digne de leur enseignement.

Alors je repartirai, encore et encore, avec cette question toujours au bout des lèvres et que je vous pose à présent : pour vous, c'est quoi la liberté ?

Votre vision de la liberté

Je vous invite, si vous en avez envie, à partager ce qu'est pour vous cette notion intangible de la liberté en essayant de répondre à trois questions : qui êtes-vous ? Quelle définition donneriez-vous de la liberté ? Qu'est-ce que c'est, pour vous, un moment de liberté ou un moment où vous vous sentez libre ? Écrivez-le, dessinez-le, ou filmez-le et envoyez-le-moi à shareyourfreedom@melusinemallender.com. Cela restera entre nous, si vous le souhaitez. Mais si vous m'y autorisez – et que vous me le spécifiez lors de votre envoi – je le partagerai sur mes réseaux avec le hastag **#shareyourfreedom**. Vous pourrez faire de même sur les vôtres, et nous créerons ainsi toutes et tous ensemble une grande chaîne de la liberté.

Merci d'avance… Et au plaisir de vous lire !

Remerciements

À ceux qui m'ont permis de grandir.

Christian, qui a toujours été encourageant et d'un immense soutien dans toutes mes aventures. Il a su être présent, toujours enthousiaste pour que je puisse donner le meilleur de moi-même (y compris pour ce livre).

Ma mère, qui m'a toujours encouragée à écrire et pour qui la liberté était vitale.

Mon père, ma sœur, ma famille, mes proches, mes amis.

Toutes les personnes ici et au travers du monde, qui m'ont aidée et qui m'ont donné foi en l'humain. Et toutes celles qui ont bien voulu partager leurs histoires avec moi, avec ou sans caméra.

À celles et ceux qui ont permis ce livre.

Ce récit raconte une partie de ma vie et je n'aurais pas eu le courage de me lancer dans l'écriture sans la présence de ma co-autrice Marion Cocquet. Elle a su m'accompagner dans ce projet qui me faisait peur avec le plus grand respect. Elle m'a patiemment écoutée pendant des heures, a lu mes textes, vu les films, et a eu à cœur de retranscrire le plus fidèlement possible mon univers et mon histoire.

À Claire, mon éditrice qui a cru en moi et en ce livre et qui a fait preuve d'une grande patience.

À toute l'équipe de Robert Laffont, qui a la passion des mots.

À tous les partenaires qui m'ont accompagnée au cours de mon chemin.

Honda France (Sébastien Pernel), Triumph France (Jean-Luc Mars et Éric Pécoraro), Lady-Zig-Zag (Joëlle et Philippe Guenet), Touratech (Yvon Bodelot), Bridgestone, Metzeler, Bering, Scorpion, Five, Falco et Mottowear.

Table des matières

Troisième partie
LES GRANDS LACS D'AFRIQUE

Cet ouvrage a été composé et mis en pages
par ÉTIANNE COMPOSITION
à Montrouge.

MIXTE
Papier
FSC FSC® C003309

L'éditeur de cet ouvrage s'engage dans une démarche de certification FSC® qui contribue à la préservation des forêts pour les générations futures.

Pour en savoir plus :
www.editis.com/engagement-rse/

Cet ouvrage a été achevé d'imprimer en septembre 2020
sur les presses de Normandie Roto Impression s.a.s.
61250 Lonrai (Orne)
N° d'édition : 61236/02 - N° d'impression : 2003724
Dépôt légal : septembre 2020

Imprimé en France